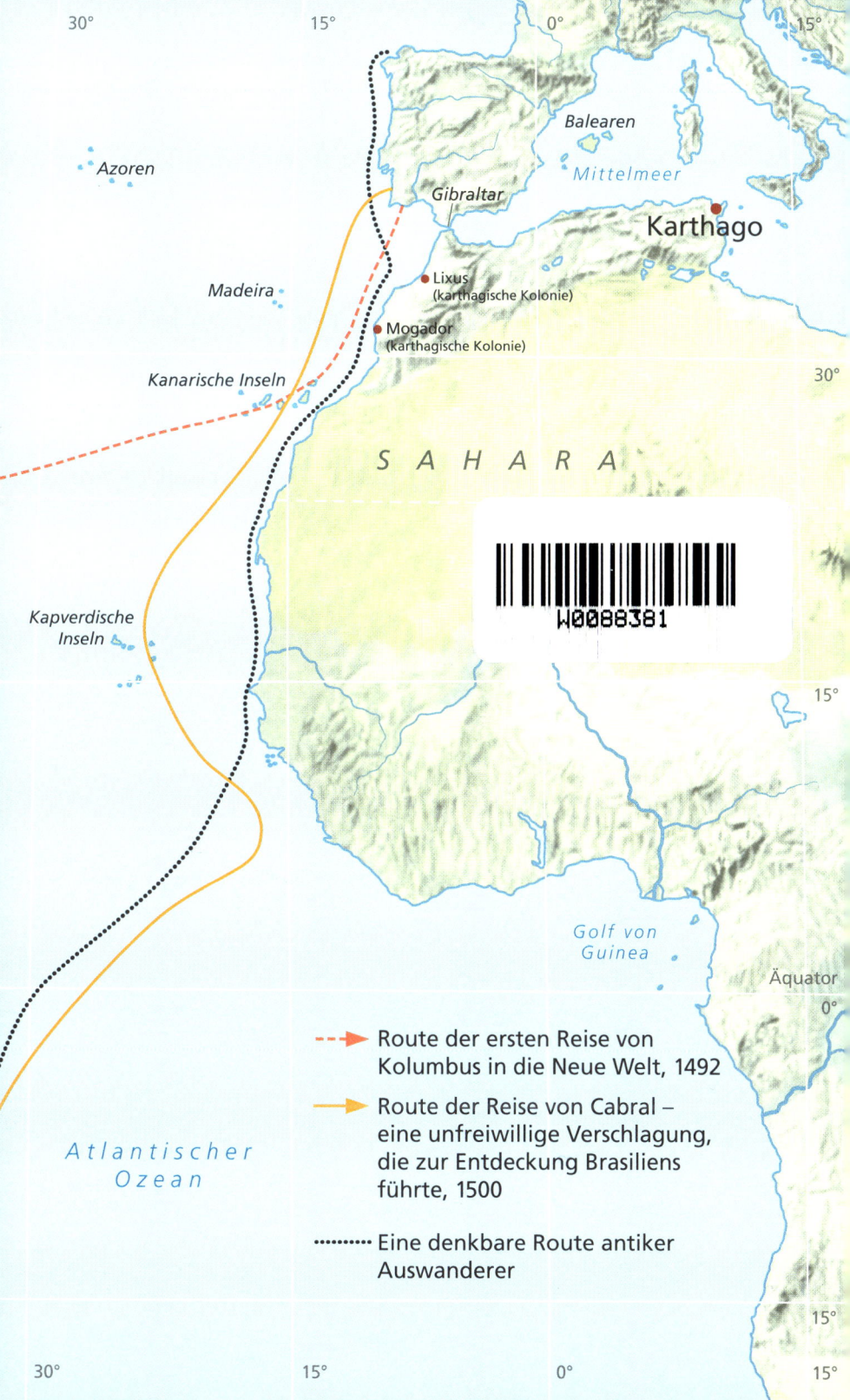

30°   15°   0°   15°

Azoren

Balearen

Mittelmeer

Madeira

Gibraltar

● Lixus
(karthagische Kolonie)

Karthago

Kanarische Inseln

● Mogador
(karthagische Kolonie)

30°

S A H A R A

Kapverdische
Inseln

15°

*Golf von
Guinea*

Äquator

0°

- - -▶ Route der ersten Reise von
Kolumbus in die Neue Welt, 1492

*Atlantischer
Ozean*

──▶ Route der Reise von Cabral –
eine unfreiwillige Verschlagung,
die zur Entdeckung Brasiliens
führte, 1500

········· Eine denkbare Route antiker
Auswanderer

15°

30°   15°   0°   15°

In den peruanischen Anden, in der kaum erforschten Region der rätselhaften, vor Jahrhunderten untergegangenen Chachapoya, stießen Abenteurer auf uralte steinerne Rundbauten und gewaltige Festungen, die nirgendwo in Amerika ihresgleichen finden – die aber bis ins Detail den zweitausend Jahre alten Ruinen von Bauwerken spanischer Kelten entsprechen. Zufall, könnte man meinen. Aber Hans Giffhorn entdeckte weitere Indizien, die für eine Herkunft der Chachapoya aus dem antiken keltisch-kathargischen Kulturraum sprechen: ähnliche Götterdarstellungen, fast identische Steinschleudern, die gleiche Technik der Schädelöffnung. Mehr noch: In uralten Mumien der Chachapoya konnte die aus der Alten Welt stammende Tuberkulose nachgewiesen werden, und neue genetische Untersuchungen ergaben Indizien für eine Verwandtschaft von Nachkommen der Chachapoya mit spanischen Kelten. Hans Giffhorn weist nach, dass es keltischen Kriegern durchaus möglich war, nach Peru zu gelangen, und er berichtet fesselnd von seiner akribischen Spurensuche am Amazonas und in den Anden, aber auch in Labors, Museen und Archiven. Sein bahnbrechendes Buch präsentiert erstmals das Ergebnis von vierzehn Jahren interdisziplinärer Forschung von Archäologen, Paläopathologen und Humangenetikern.

Hans Giffhorn ist Professor i. R. für Kulturwissenschaften an den Universitäten Göttingen und Hildesheim. Er verbindet seine Forschung mit der Produktion von Dokumentarfilmen, meist für ARD, ZDF und Arte, und unternahm dafür bisher rund fünfzig Reisen in alle Welt, darunter achtundzwanzig nach Südamerika.

Hans Giffhorn

WURDE AMERIKA IN
DER ANTIKE ENTDECKT?

Karthager, Kelten
und das Rätsel
der Chachapoya

C.H.Beck

1. Auflage in der Beck'schen Reihe 2013

Mit 102 farbigen Abbildungen
und 4 Karten (Peter Palm, Berlin)

2., überarbeitete Auflage in C.H.Beck Paperback 2014

Originalausgabe
© Verlag C. H. Beck oHG, München 2013
Gesetzt aus der Dante MT bei Fotosatz Amann, Memmingen
Druck und Bindung: Kösel, Krugzell
Umschlagentwurf: Geviert – Büro für Kommunikationsdesign, München,
Michaela Kneißl
Umschlagabbildungen: *vorne:* Sarkophage der Chachapoya,
hinten: Eingang zur Festung von Kuelap;
beide Abbildungen © Juan Manuel Borrero / Album / AKG
Printed in Germany
ISBN 978 3 406 66488 5

www.beck.de

INHALT

3.
VON DER ALTEN WELT IN DIE ANDEN:
REKONSTRUKTION EINER AUSWANDERUNG 141

4.
DIE URSPRÜNGE DER
CHACHAPOYA-KULTUR 193

5.
DAS LETZTE VERBLEIBENDE RÄTSEL:
HINWEISE AUF «HELLHAARIGE CHACHAPOYA» 231

ANHANG

ZUR ENTSTEHUNG
DIESES BUCHES

Dass vor etwa tausend Jahren Wikinger die Atlantik-Küste Nordamerikas erreichten, wird heute nicht mehr bestritten. Aber waren die antiken Karthager in Südamerika, und siedelten Kelten in den Anden? Immer wieder tauchen solche Vermutungen auf. Überzeugende Beweise oder plausibel belegte Theorien konnte jedoch bisher noch niemand präsentieren. Denn Verbindungen zwischen den antiken Kulturen des Mittelmeerraums und den Kulturen der Neuen Welt hat es nie gegeben, und alle frühen Hochkulturen Südamerikas entstanden ohne irgendwelche Einflüsse aus der Alten Welt: Da sind sich die Kulturpolitiker der lateinamerikanischen Staaten und die internationale Fachwelt einig. Dieser Überzeugung war auch ich – bis ich in Südamerika auf Indizien stieß, die mir zu denken gaben und zu einem langjährigen, interdisziplinären Forschungsprojekt führten, dessen Ergebnisse in diesem Buch erstmals der Öffentlichkeit vorgestellt werden.

Ich bin Kulturwissenschaftler und Dokumentarfilmer. Auf den meisten Drehreisen begleitete mich mein 2006 verstorbener Kameramann und stets zuverlässiger Freund Jochen Philipp. Seine Begeisterung für alles Unerforschte steckte mich immer wieder an und führte zu oft recht abenteuerlichen Recherchen.

So verschlug uns im Februar 1998 die Suche nach einem als ausgestorben geltenden Kolibri (wir fanden und filmten ihn) in eine abgelegene, unwegsame Region in den Anden Nordostperus.

Dort lernten wir den Ethnologen und Archäologen Dr. Peter Lerche kennen, der schon seit den 1980ern in der Region lebt – damals der einzige Wissenschaftler, der sich ganz der Erforschung der zu der Zeit fast völlig unbekannten (und bis heute nur ansatzweise erforschten) Chachapoya-Kultur widmete. Er machte mich mit den beeindruckenden Zeugnissen dieser Kultur und auch mit einigen ihrer Geheimnisse und Widersprüche bekannt. Das weckte meine Neugier und löste Gedankenspiele aus: Könnte diese merkwürdige Kultur Wurzeln in der Alten Welt haben, etwa irgendwo im Mittelmeerraum?

Lange Zeit fand ich meine Vermutungen selbst zu waghalsig, und ich suchte systematisch nach Argumenten, die solche Ideen widerlegen. Mir war (und ist) es nicht wichtig, ob die Chachapoya-Kultur tatsächlich etwas mit der Alten Welt zu tun hat. Doch ihrem rätselhaften Ursprung wollte ich auf die Spur kommen. So folgten weitere Recherchen und zahlreiche Reisen nach Südamerika, in den Mittelmeerraum und auf Atlantikinseln. Manche der ersten spontanen Ideen hielten der Überprüfung nicht stand und wurden verworfen. Aber zu meiner eigenen Überraschung stieß ich auch immer wieder auf neue starke Argumente für antike transatlantische Kontakte.

Die Quellen, auf die ich mich dabei stützte, waren vielfältig: Forschungsberichte aus der wissenschaftlichen Literatur, eigene Beobachtungen und Entdeckungen vor Ort und vor allem viele intensive Gespräche mit Spezialisten verschiedener Fachgebiete. Sie lenkten mich oft auf neue Spuren und bewahrten mich vor Fehldeutungen.

Doch was ich immer noch vermisste, waren sachliche und intensive Diskussionen mit kompetenten Archäologen, die sich nicht nur mit einer bestimmten Region auskannten, sondern auch mit den Beziehungen antiker Kulturen zueinander und vor allem mit antiker Seefahrt. Im Jahr 2007 traf ich auf die Archäologin Dr. Karin Hornig aus Freiburg – Expertin für genau diese Fragen: ein Glücksfall.

Aber nicht nur Zeugnisse der Kultur der Chachapoya und Entsprechungen bei antiken Kulturen der Alten Welt warfen Fragen auf, sondern auch die Körper der Chachapoya (Mumien, Skelette, Schädel). Und auch jahrhundertealte Berichte über das Aussehen der Chachapoya irritierten mich. Hier stießen die Methoden der Kulturwissenschaft und der Archäologie an ihre Grenzen. Jetzt ging es um Fragen aus den Bereichen der Anthropologie und Genetik.

Auch da war das Glück auf meiner Seite. Prof. Dr. Dr. Michael Schultz von der Universität Göttingen ist Archäologe und Anthropologe, Weltruhm erlangte er außerdem als Paläopathologe; er ist Präsident der Paleopathology Association, der Gesellschaft für Paläopathologie der USA, und Mitherausgeber mehrerer internationaler Fachzeitschriften. Er hatte mich schon bei unseren ersten Kontakten vor vielen Jahren ermutigt, weiterzumachen. Vielleicht hätte ich sonst schon längst aufgegeben.

Hilfe bekam ich auch von dem Molekulargenetiker Prof. Dr. Manfred Kayser, der in seiner Abteilung Forensische Molekularbiologie am Erasmus University Medical Centre in Rotterdam international führende Forschung zu den Zusammenhängen zwischen Aussehen von Menschen (wie Haarfarbe), DNA und Herkunft betreibt.

Die erst vor wenigen Monaten abgeschlossenen Untersuchungen von Michael Schultz und Manfred Kayser zu Mumien, Schädeln und Nachfahren der Chachapoya lieferten Ergebnisse, die die Theorie besonders eindrucksvoll bestätigen. Und jetzt, nach vierzehn Jahren intensiver Recherchen, wagen wir es, die Indizien und Überlegungen vorzustellen – in der Hoffnung, dass dadurch sachliche Diskussionen und weitere Forschungen angeregt werden.

Goslar, im Oktober 2012   *Hans Giffhorn*

ZUR ZWEITEN AUFLAGE

Die erste Auflage dieses Buches hatte eine erfreulich positive Resonanz. Mich haben unzähligen Rückfragen, Ermutigungen und Anregungen von interessierten Lesern und Fachleuten der verschiedensten Gebiete erreicht. Einige davon habe ich für die vorliegende zweite, überarbeitete Auflage dankbar aufgegriffen.

Bei meinen Forschungen bin ich häufig auf Detailinformationen einer Vielzahl von Fachleuten, insbesondere von Archäologen angewiesen. Außer den im Vorwort zur ersten Auflage vorgestellten Experten möchte ich die brasilianischen Archäologen Eduardo Neves, Universität Sao Paulo, Anne-Marie Pessis, Universität Recife, und Denise Schaan, Göldi-Forschungsinstitut Belém nennen. Eine besondere Rolle für die Überarbeitung des Buchs spielten Gespräche und Briefwechsel mit Fach-

leuten aus Barcelona, Mallorca, Menorca und Galicien. Ich danke dem
Paläopathologen Doménec Campillo, Spezialist für Schädeltrepanationen der Iberischen Halbinsel, den Professoren für Archäologie und Alte
Geschichte Victor Guerrero, Balearen-Universität Mallorca, Lluis Plantalamor, Museu de Menorca, Mahón, Xavier Caamano Gesto, Universität
Santiago de Compostela, sowie den Archäologen Toni Puig und Jordi
Hernandez Gasch aus Mallorca. Ihre Informationen widerlegten einige
meiner Arbeitshypothesen, eröffneten aber zugleich neue und weitaus
plausiblere Perspektiven.

Zu einer wesentlichen Bereicherung entwickelte sich der offene und
konstruktive Gedankenaustausch mit einem international führenden
Chachapoya-Experten, dem US-amerikanischen Archäologen Warren B.
Church. Seine Anregungen und Informationen wirkten sich auf manche
neue Passagen dieser Ausgabe aus. Churchs Forschungen zu den Ursprüngen der Chachapoya-Kultur bilden die Grundlage für viele meiner
Schlussfolgerungen. Er kennt meine Theorie und hat mich ermutigt, sie
und die ihr zugrundeliegenden Indizien der internationalen Fachwelt bekannt zu machen.

Goslar, im Januar 2014   *Hans Giffhorn*

1.
DIE RÄTSEL
DER CHACHAPOYA

1 *Die gewaltige Mauer der Festung Kuelap*

RUNDBAUTEN UND
ROTE HAARE

Wenn man vom Flughafen von Lima, der Hauptstadt Perus, eine Stunde nach Nordosten in das Städtchen Tarapoto fliegt, sich dort ein Taxi nimmt und immer nach Westen fährt, gelangt man an den Ostrand der Anden, durchkreuzt dann – auf einer erst vor wenigen Jahren fertiggestellten Straße – steile, zerklüftete und von undurchdringlichem Dschungel bedeckte Berge, passiert tiefe Schluchten und Steilhänge am Rand 1000 Meter tiefer Abgründe und muss nach rund zweiundzwanzig Stunden Fahrt (wenn man Glück hatte und nicht wieder ein Erdrutsch oder eine Überschwemmung die Straße blockierte) anhalten: Ein Schlagbaum versperrt den Weg. Aus einer winzigen Station kommt ein Polizist, notiert die Daten des Reisepasses in ein Buch (damit die Behörden im Notfall wissen, welche Botschaft sie benachrichtigen müssen) und öffnet den Schlagbaum. Wenn man dann auf der schmalen, vor einiger Zeit in den Steilhang gefrästen, Angst einflößenden Piste weiterfährt und schließlich, in gut 3000 Metern Höhe über dem Meeresspiegel, das Ende des Wegs erreicht hat (nach jetzt über fünfundzwanzig Stunden Fahrt, ja, das ist tatsächlich der

schnellste und bequemste Weg), muss man nur noch einen Pfad zu einer Bergkuppe ersteigen und steht nach einer weiteren Stunde (keuchend, wegen der dünnen Luft) plötzlich vor einem riesigen Bauwerk: Kuelap, die gewaltigste Festung Amerikas.

Kuelap entstand fernab von allen anderen peruanischen Hochkulturen, nach neusten Schätzungen peruanischer Archäologen irgendwann zwischen 100 vor und 400 nach Christus. Das war lange, bevor es die Inka gab.

Eine wuchtige, über 1200 Meter lange, oft 8 Meter dicke und bis zu 20 Meter hohe Mauer aus teils tonnenschweren, sorgfältig bearbeiteten Steinblöcken umschließt 415 kreisrunde Wohnhäuser und viele andere Bauten wie innere Verteidigungstürme und Lagerräume. Die Baumasse der Anlage, so berechnete ihr Entdecker, übertrifft die der Cheopspyramide um das Dreifache.[1]

Das Innere der Festung erreicht man durch drei raffiniert konstruierte Eingänge: Je tiefer man in die Festung eindringt, desto mehr veren-

2 *Eingang in die Festung Kuelap*

gen sich die Eingänge. Schließlich bleibt nur noch Raum für eine einzelne Person – keine Chance für Eroberer (siehe dazu Abb. 10, S. 26).

Die Wohnhäuser im Innern der Festung zeugen von hohen Ansprüchen an Hygiene und Komfort, sie besitzen zum Beispiel ein intelligent angelegtes Abwassersystem.

Nirgendwo sonst in der Neuen Welt findet man etwas Ähnliches. Die Festung ist viel gewaltiger und viel älter als die berühmte Inka-Stadt Machu Picchu. Wie es möglich war, in dieser Umgebung ein solches Bauwerk zu errichten, gegen wen die Festung schützen sollte und wer die Festung gebaut hat – all das weiß man nicht.

Das bekannteste und auffälligste Merkmal der Chachapoya-Kultur sind die Wohnhäuser dieses Volks. In den Wäldern und auf Bergkuppen der Region stießen Abenteurer und Forscher auf Tausende von Ruinen kreisrunder Steinhäuser. Andere Arten von Wohnhäusern fand man dort nie. Offenbar errichteten die Chachapoya alle ihre Wohnhäuser von den ersten Anfängen bis zum Ende ihrer Kultur nur in dieser Bauweise.

3 Wohnhäuser in Kuelap

Verblüfft erkannten die Archäologen, dass dies einzigartig ist: Von keiner anderen antiken Kultur der Region ist diese Bauweise bekannt.[2] Die Amazonasindianer zum Beispiel verwendeten nie Steine, nur Holz, Schilf, Palmenblätter und Lehm, und rechteckige und ovale Bauformen herrschten dort vor. Andenkulturen wie die Inka bauten ihre Wohnhäuser gewöhnlich rechteckig.

Und noch überraschender: Man kennt keinerlei Vorläuferkulturen, aus denen sich die Bauweise der Chachapoya entwickelt haben könnte, und auch im Chachapoya-Gebiet selber entdeckte man nirgendwo so etwas wie einfachere Vorformen der Bauweise der Rundbauten und der Festungen. Schon die ältesten Funde zeigten die hochentwickelte Baukunst, wie sie zum Beispiel in der Festung Kuelap zum Ausdruck kommt. Plötzlich war diese Kultur da – scheinbar wie aus dem Nichts! Bis heute sind die wenigen Archäologen, die sich mit den Rundbauten Nordostperus befassen, ratlos.

Auch bei keiner anderen antiken Hochkultur auf der Erde ist diese Bauweise üblich. Römer, Griechen, Karthager und Phönizier, aber auch die Germanen konstruierten ihre Wohnhäuser rechteckig. Lediglich im keltischen Kulturraum – zum Beispiel in Irland und Wales – stieß man häufiger auf Ruinen von Wohnhäusern, die eine gewisse Ähnlichkeit zu den Chachapoya-Rundbauten aufweisen.

Im Archäologischen Museum St. Fagan in Wales hatten die Archäologen keltische Wohnhäuser rekonstruiert. Und für die Verzierung eines der Häuser wählten sie Zickzacklinien. Seltsam: Auch die Chachapoya schmückten manche ihrer Häuser mit Zickzack-Ornamenten.

Offenbar schätzten die Kelten dieselben Muster wie die Chachapoya. So finden sich auf vielen keltischen Artefakten aus der Zeit vor rund zweitausend Jahren Ornamente, die zum Teil exakt den für die Chachapoya typischen Zickzack- und Rautenmustern entsprechen.

Aber wie hätten Chachapoya und Kelten vor über zweitausend Jahren miteinander in Kontakt kommen können? Das gesamte Amazonasgebiet und der Atlantik liegen zwischen den beiden Kulturen, fast 9000 Kilometer Luftlinie. Und selbst wenn Kelten in der Lage gewesen wären, das Chachapoya-Gebiet zu erreichen – aus welchem Grund hätten sie eine solche wahnwitzige Reise auf sich nehmen sollen?

4 *Rund gebautes keltisches Haus aus Wales, der Eingang ist mit Zickzack-Ornamenten verziert.*

5 *Zickzack-Ornamente an Chachapoya-Bauten*

Als die Inka im 15. Jahrhundert in die Berge Nordostperus vordrangen, trafen sie – so ihre Berichte[3] – auf ein ungewöhnliches Volk: wilde Krieger, größer und hellhäutiger als sie selber und ihre bis dahin härtesten Gegner. Die Inka nannten das geheimnisvolle Volk «Chachapoya», die «Nebelwaldkrieger» oder «Wolkenmenschen».[4] Wie sie wirklich hießen, weiß niemand.

Wie könnten die Vorfahren der Chachapoya ausgesehen haben? Einige ihrer Skelette und Mumien wurden vermessen, dabei stießen die Archäologen auf ein weiteres Rätsel: Unter diesen Menschen gab es manche, die zu Lebzeiten 1,80 Meter groß waren! Die Indianer sowohl der Anden als auch des Amazonasgebiets sind meist kleiner als 1,60 Meter.[5]

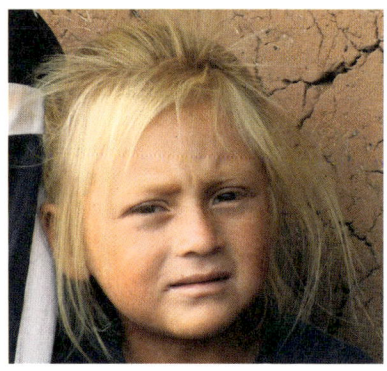

6–9 «Gringuitos»:

Vieles, was man bisher zu den Chachapoya entdeckt hat, passt nicht so recht zu Indianern. In Berichten und Artikeln zu diesem Volk wird immer wieder erwähnt, dass die Menschen weiß und manchmal blond seien – das sei den spanischen Konquistadoren aufgefallen.[6] Zwar ignorieren die meisten Fachleute solche Hinweise oder bestreiten ihre Relevanz, doch für die Tatsache, dass sich solche Berichte ausgerechnet in Bezug auf die Chachapoya häufen, findet sich nirgendwo in der wissenschaftlichen Literatur eine Erklärung.

In manchen abgelegenen, nur über haarsträubende Pisten erreichbaren, uralten Indianerdörfern dieser Region begegnet man seltsamen Menschen: mit roten und blonden Haaren, Sommersprossen und tiefbraunen Augen. Man nennt sie hier «Gringuitos», kleine Gringos, der Spitzname für Ausländer mit mittel- und nordeuropäischem Aussehen. Die Einheimischen betrachten die Gringuitos als Kuriosität, als eine seltsame Besonderheit des Chachapoya-Gebiets. Und niemand weiß, wie sie hierher gelangt sind.[7]

Der Anthropologe und Paläopathologe Michael Schultz von der Universität Göttingen – zuständig auch für Altamerikanistik – beschäftigte sich mit Fotos dieser Menschen. Sein erster Eindruck: «Die sehen aus, als wenn sie vor zweihundert Jahren aus Irland eingewandert wären.» Doch

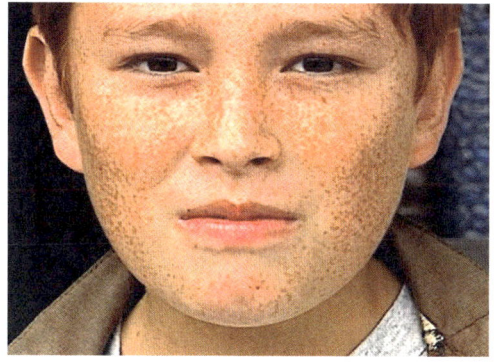 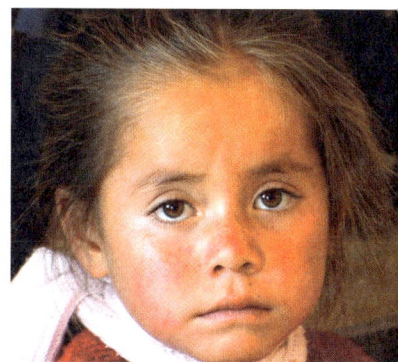

Ungewöhnliche Menschen in abgelegenen Indianerdörfern

ihre Familien, so hört man in den Dörfern, hätten schon immer hier gelebt, schon vor der Ankunft der Konquistadoren.

Der Genetiker Manfred Kayser von der Erasmus-Universität in Rotterdam, Fachmann für die Zusammenhänge zwischen Aussehen, Herkunft und Vererbung, stellte zu Fotos der Gringuitos fest: «Das Aussehen
dieser Menschen passt nicht gerade zu dem typischen Bild, das wir von
den südamerikanischen Ureinwohnern oder den Nachfahren der spanischen Besiedlung haben. Natürlich würde man Menschen mit schwarzem
Haar erwarten, aber diese Leute sind teilweise blond, teilweise rothaarig.
Auch treten in Europa gewöhnlich rote Haare und Sommersprossen zusammen mit blauen oder grünen Augen auf, hier jedoch mit braunen Augen. Wenn man bedenkt, dass das Menschen sind, die in Peru leben und
als amerikanische Ureinwohner angesehen werden, möchte man meinen,
das kann nicht wahr sein.»

Mit Hilfe von DNA-Analysen – so Kayser – könnte man vielleicht
manches herausfinden. Doch von Analysen, die Aufschluss über die Herkunft dieser Menschen liefern könnten, weiß man im Chachapoya-Gebiet
nichts.

Offiziell zuständig für alle archäologischen Forschungen in Peru ist
das staatliche «Instituto Nacional de Cultura» (INC). In den einzelnen

Provinzen wird die Forschung von regionalen Büros des INC verwaltet.
Ein großer Teil des Chachapoya-Gebiets liegt in der Provinz Amazonas,
und deren Hauptstadt wurde von ihren spanischen Gründern «Chachapoyas» getauft (die Konquistadoren hatten von den Inka den Namen des
hier ansässigen Volkes erfahren). Im Büro des INC in Chachapoyas arbeitet die Archäologin Rocío Paz Sotero. Sie ist hier zuständig für die Forschungen zu den Chachapoya, aber: «Über die Chachapoya gibt es bisher
noch keine gründlichen Forschungen.» Auf meine Frage: «Und welchen
Ursprung hat die Chachapoya-Kultur?» winkt Frau Paz Sotero ab: «Darüber weiß ich nichts.»[8]

Je mehr ich über die Chachapoya-Kultur erfuhr, desto mehr Rätsel tauchten auf. Was weiß man überhaupt? Zwar kursieren eine ganze Reihe von
Vermutungen, doch gesicherte Fakten sind rar. So wird zu weiten Phasen
der Geschichte der Chachapoya nur spekuliert oder festgestellt: «Wir wissen es nicht.» Das gilt insbesondere für die Anfänge der Chachapoya-Kultur.

EIN EINZIGARTIGES
KRIEGERVOLK

Von den Anfängen
bis zum Angriff der Inka

Schon seit Urzeiten, vielleicht schon seit über 8000 Jahren, lebten im Gebiet der Chachapoya-Kultur verschiedene Indianervölker. Vermutlich waren sie vorwiegend Jäger und Sammler, die in Höhlen oder Blätterhütten lebten und irgendwann auch begannen, Keramik herzustellen.[9] Dann müssen sich Menschen eines anderen Kulturkreises in dieser Region niedergelassen haben.

Sie bauten Festungen wie Kuelap und ihre kreisrunden Steinhäuser, überzogen – viele Jahrhunderte vor dem Erscheinen der Inka in Peru – die Region mit befestigten Siedlungen und errichteten «kunstvolle Steinterrassen» und «in den Flussauen ausgefeilte Bewässerungssysteme»[10] für die Landwirtschaft. Sie legten ein ausgedehntes Netz von Straßen an, die mit bearbeiteten Steinen gepflastert waren.

Die Einwanderer müssen diese Techniken wohl schon vom Beginn ihrer Kultur an beherrscht haben, sonst wäre in dem kargen, steilen Gelände zum Beispiel die Versorgung der für den frühen Bau von Kuelap eingespannten Menschenmassen kaum möglich gewesen. Vermutlich haben sie diese hoch entwickelte Kultur mitgebracht. Woher?

Doris Kurella, Spezialistin für das alte Peru, stellte fest: «Da im Bereich der Chachapoya-Kultur bisher sehr wenige Ausgrabungen stattgefunden haben, kennt man … hier weder die materielle Kultur noch die Sozialstruktur wirklich.»[11] Den Historikern bleibt nur, anhand der wenigen archäologischen Funde Rückschlüsse zu versuchen.

Das beeindruckendste bekannte Bauwerk der Chachapoya, die gewaltige Festung Kuelap, erlaubt zumindest Spekulationen über die Gesellschaftsform ihrer Urheber. Die anderen antiken Monumentalbauten Lateinamerikas wurden von zentral regierten Staaten mit einem quasi allmächtigen Gottkönig an der Spitze und gehorsamen Untertanen geschaffen. Es läge also nahe, eine ähnliche Gesellschaftsform auch bei den Chachapoya anzunehmen.

Doch eine Überraschung: Im Gegensatz zu den meisten alten Reichen in Lateinamerika sind keinerlei Zeugnisse bekannt, die von irgendwelchen Chachapoya-Herrschern berichten – keine Bildnisse, noch nicht einmal Legenden. Und auch die archäologischen Funde scheinen die Annahme eines «Reichs» der Chachapoya umfassend zu widerlegen. Der Wissenschaftsjournalist Michael Zick stellt 2011 fest: «Es gibt bislang nicht einen einzigen archäologischen Hinweis für einen über allen thronenden König.»[12]

Die Festung Kuelap ist ausschließlich zweckmäßig gebaut. Anders als bei den großen Bauten anderer alter Hochkulturen finden wir keinen Schmuck und keine Symbole für die Macht eines Herrschers oder einer Religion. Im gesamten Chachapoya-Gebiet gibt es nichts, was zum Beispiel den berühmten Prachtbauten und Herrscher-Palästen der Inka, Maya und Azteken gleicht. Solche Bauten wurden von Heeren hoch spezialisierter Künstler und Handwerker gestaltet. Sie hatten die Aufgabe, Ruhm und Macht des Herrschers und der durch ihn vertretenen Götter zu dokumentieren.

«Die Chachapoya-Kultur prägte Zweckmäßigkeit, nicht Prunk», sagt Peter Lerche.[13] Zweckmäßig waren die überall angelegten Terrassen und die Bewässerungssysteme für eine produktive Landwirtschaft.[14] Die spanischen Eroberer der Neuzeit haben dann alles untergepflügt oder verfallen lassen. Die Terrassen verschwanden – mit dem Ergebnis, dass heute die Landwirtschaft der Region nur noch weit weniger Menschen ernähren kann als vor fünfhundert oder tausend Jahren.

Zweckmäßig waren auch die Rundbautensiedlungen, meist auf Hügeln und durch Mauern geschützt. Die Chachapoya-Wohnhäuser wurden alle als schlichte, etwa gleichgroße Rundbauten errichtet. Lediglich einige Schmuckfriese zieren einen Teil der Häuser – vielleicht Ehrenzeichen für besonders tapfere Krieger. Selbstverständlich bauten die Chachapoya auch rechteckige Häuser – doch nur als Ställe oder Lagerräume.

Die Baumeister, Steinmetze und Künstler der Chachapoya hätten gewiss Prachtgebäude errichten können: Das beweisen ihre anspruchsvollen Bauten, Skulpturen und Textilien. Und der Bau von Kuelap zeigt, dass sie auch zu jahrzehntelanger disziplinierter Gemeinschaftsarbeit und straffer, effektiver Organisation fähig waren. Aber offenbar fehlte der gemeinsame Wille, Pracht- und Repräsentativbauten zu errichten, und es gab auch niemanden, der sie dazu zwingen konnte. So kann man einen von Anfang an ausgeprägten Freiheitsdrang annehmen. All das weist auf eine Kombination von Fähigkeiten und Eigenschaften, die für präkolumbische Indianergesellschaften äußerst ungewöhnlich ist.

Die Befunde der Archäologen lassen eine Gesellschaftsform vermuten, die etwa der der Kelten im vorrömischen Gallien und Spanien entspricht: eine in Clans oder Häuptlingstümer untergliederte, vielfältige Völkergemeinschaft, die sich im Kriegsfall zusammenschloss und vor allem durch gemeinsame Kulturmerkmale verbunden war.[15]

Diese neue Kultur hat sich vermutlich bald ausgebreitet. Die archäologischen Funde der letzten Jahre zeigten, dass viele der Rundbauten-Siedlungen mehrere tausend Menschen beherbergt haben müssen und dass die Chachapoya-Kultur zeitweilig ein weit größeres Gebiet umfasste, als bisher angenommen wurde: wohl mehr als 230 Kilometer in Ost-West-Richtung und rund 300 Kilometer in Nord-Süd-Richtung, das heißt von Moyobamba im Osten bis (wie man seit kurzem weiß) über den Río Marañon hinaus nach Cajamarca im Westen (siehe Karte hinten im Buch). Zeitweilig haben vermutlich zwischen 500 000 und eventuell sogar einer Million Menschen im Kulturbereich der Chachapoya gelebt.[16]

Die archäologischen Funde erlauben noch einige weitere Vermutungen: Die Geschichte der Region muss recht wechselhaft verlaufen sein. Die Vorfahren der Chachapoya durchlebten vergleichsweise friedliche Phasen, doch häufiger waren sicher kriegerische Epochen. Überall stießen die Archäologen auf Spuren von Kriegen. Der Krieg bestimmte offenbar das Leben. Sicher fanden nicht nur Grenzstreitigkeiten, sondern auch blutige innere Konflikte regelmäßig statt.[17]

Wie Krieg und Frieden, so wechselten bei den Chachapoya auch

10 *Die Gestaltung der Portale antiker Festungen weist gewöhnlich auf die Macht des Herrschers hin und will den Besucher einschüchtern. Nicht so in Kuelap: Zwar beeindrucken die tonnenschweren Steinblöcke und die 20 Meter hoch aufragenden Mauern, doch die Konstruktion orientiert sich ausschließlich an der Zweckmäßigkeit. Es gibt keine Verzierungen, und vor dem Eintritt in die Festung muss man sich durch einen immer schmaler werdenden Gang zwängen. Feindliche Eindringlinge hatten keine Chance.*

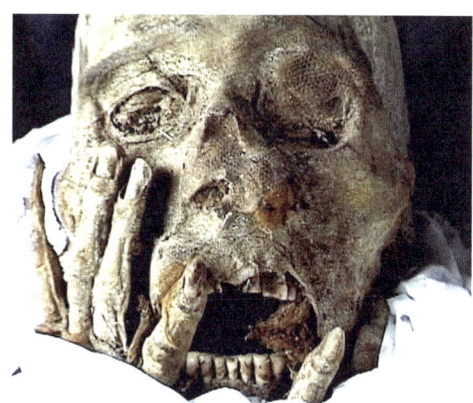

11 Präparierte Chachapoya-Mumie

relativ isolierte Phasen mit Zeiten intensiverer Handelsbeziehungen und vielleicht auch Vermischungen mit benachbarten Indianervölkern. Die Chachapoya «unterhielten Handelsbeziehungen in das östliche Tiefland sowie zum Pazifischen Ozean.»[18]

Es liegen deutliche Belege für Einflüsse aus anderen Regionen vor: Im 13. Jahrhundert zum Beispiel begannen die Menschen des Chachapoya-Gebiets, für ihre Toten Skulpturen und Häuser aus Lehm zu errichten. Zu den archaischen Steinskulpturen und -reliefs kamen Darstellungen von Tieren der Hochanden, wie Lamas oder Kondore, oder des nahen Amazonasgebiets, große Schlangen, Jaguare, Affen. Einflüsse aus dem Amazonasgebiet wirkten sich auch auf die Ornamente und die Form der Keramik aus.

Ein aufwändiger Totenkult wurde wohl von Anfang an betrieben. Doch irgendwann – vermutlich etwa im 15. Jahrhundert und eventuell angeregt durch die Inka – begannen die Nachfahren der Gründer der Kultur, ihre Toten zu mumifizieren: Sie entnahmen die inneren Organe, präparierten die Haut mit Pflanzenextrakten und stopften die Wangen mit Baumwolle aus, um das Gesicht lebendiger erscheinen zu lassen.[19]

Bei einem offenbar talentierten und lernfähigen Volk mit einer so langen Geschichte sollte man auch eine «Höherentwicklung» erwarten. Doch dafür gibt es keinerlei Anzeichen. Auch das gehört zu den Rätseln dieser Kultur. Peter Lerche ist der Meinung: «Eine tatsächliche Entwicklung der Chacha-Kultur kann man bislang nicht nachvollziehen.»[20]

Inka-Kriege, spanische Eroberer
und das Ende der Chachapoya

Unser Wissen über die Vergangenheit der Chachapoya ist vor allem deshalb so begrenzt, weil man weder schriftliche noch mündliche Berichte der Chachapoya zu ihrer Geschichte fand. Alles, was man weiß, verdankt man der sehr begrenzten Zahl archäologischer Funde und den vereinzelten, oft ungesicherten und knappen Erwähnungen der Inka und der spanischen Chronisten des 16. und 17. Jahrhunderts. Und auch diese liefern über die Zeit vor dem Jahr 1470 keinerlei Informationen.

Doch das Wenige, was sich über die Epoche danach erschließen lässt, ist aufregend genug. Offenbar hat sich während der gesamten Geschichte der Chachapoya nichts an ihrem Freiheitswillen und kriegerischen Charakter geändert. Es gab sicher immer wieder mächtige Feinde. Doch die Chachapoya konnten stets ihre Unabhängigkeit gegen alle Angriffe von außen erfolgreich verteidigen – bis zum Jahr 1470.

Etwa um 1200 entstand weit südlich der Chachapoya-Region ein neues Reich: das Inka-Imperium. Die Inka unterwarfen die Nachbarvölker und breiteten sich schnell aus; ihr Heer wurde immer gewaltiger und effektiver.

Um das Jahr 1470 griffen die Inka auch die Chachapoya an. Und sie wurden mit einer Reaktion konfrontiert, die sie in dieser Form bei keinem anderen Volk Südamerikas erlebt hatten. Ein Chronist der Inka, Garcilaso de la Vega, berichtet: «Nach alter Inka-Sitte schickte der große Túpac Inka Yupanqui seinem riesigen Heer einen Boten voraus, ihnen Frieden anzubieten. Die Chachapoya erwiderten entschlossen, dass sie für ihre Freiheit zu sterben bereit wären. Der Inka solle tun, was ihm beliebe, sie wollten nicht seine Vasallen werden.»[21]

Noch etwas wirkte äußerst befremdlich auf die Inka: Chachapoya-Frauen nahmen aktiv an den Verhandlungen über Krieg und Frieden

teil[22] – unvorstellbar bei den Nachbarvölkern. Bei den Indianervölkern
sowohl im angrenzenden Amazonasgebiet als auch in den Anden definiert sich der Wert der Frauen bis heute durch die Söhne, die sie gebären,
und durch ihren Fleiß bei der Feldarbeit. So war das schon zur Zeit der
Ankunft der Spanier und sicher auch lange davor. In den Kriegen der Inka
wurden Frauen als Lastenträgerinnen und zum Bedienen der Männer eingesetzt, und – falls sie hübsch genug waren – als Geschenke an gefügige
Führer unterworfener Völker und an geachtete Verhandlungspartner
(wovon auch die Konquistadoren bei ihren Verhandlungen mit Inkafüh-
rern profitierten[23]). Von allen anderen Bereichen der Gesellschaft wie zum
Beispiel politischen Entscheidungen wurden die Frauen ferngehalten.

Ganz anders bei den Chachapoya. Dort galten die Frauen als stark
und stolz und wurden hoch geachtet.[24]

Nach vielen Jahren blutiger Kriege zwangen die Inka die Chachapoya
in die Knie, und sie führten – wie in allen Teilen ihres Reiches – ihre Sprache, das Quechua, als Amts- und Umgangssprache ein. Damit hatten die
Chachapoya offenbar keine Probleme.[25] Eine Sprache, die alle, auch die
Nachbarn der Chachapoya und die verschiedenen Volksgruppen innerhalb des Chachapoya-Gebiets verstehen, ist einfach zweckmäßig. Das
passt zu der pragmatischen Grundeinstellung, die auch in anderen Bereichen der Chachapoya-Kultur zum Ausdruck kommt. Als gut sechzig Jahre nach den Inka die Spanier kamen, nannten sich die Chachapoya schon
selber «Chachas» – so ihr Name bei den Inka[26]. Eine eigene Sprache der
Chachapoya wird in keinem der Berichte mehr erwähnt.

Die Inka organisierten allerdings in den unterworfenen Gebieten
auch Verwaltung, Abgaben und Arbeitsverpflichtungen. Das betraf die
Lebensqualität der Chachapoya, und damit fanden sie sich offenbar nicht
ab; Untertanen wollten sie nicht sein. Auch nach dem Sieg der Inka gab es
immer wieder blutige Aufstände. Der Chronist Cieza de Leon schrieb,
dass kein Volk den Inka so viele Probleme bereitet habe wie die Chachapoya.[27] «Las tierras de los rebeldes», das «Land der Rebellen» wurde die Region auch von Chronisten genannt.[28]

Auf die ständigen Rebellionen reagierten die Inka mit Deportationen
größerer Bevölkerungsgruppen in entfernte Teile des Inkareichs[29] und
mit blutigen Strafexpeditionen. Das kostete die Chachapoya Tausende

von Toten. Doch die Inka scheinen auf die Rebellionen nicht mit Hass, sondern eher mit Bewunderung reagiert zu haben: Bei ihnen galten die Chachapoya als außergewöhnliche Menschen. In die Inkahauptstädte Cusco und Quito deportierte Chachapoya-Krieger gewannen dort schnell Einfluss: als stolze, oft arrogante Elitetruppen und Leibgarden der Inkaherrscher.[30]

Im Jahr 1535 kamen neue Menschen nach Nordostperu: spanische Konquistadoren.[31] Äußerst kriegerisch, rebellisch, tapfer – das waren die Eigenschaften, die auch den Konquistadoren auffielen, als sie zum ersten Mal den Chachapoya begegneten. «Diese weißen und hochgewachsenen Menschen waren im ganzen Andenraum berühmt wegen ihrer kriegerischen Einstellung. ‹Ein Volk des Krieges›, schreibt der Chronist Pedro Pizarro.»[32] Und der Chronist Cieza de Leon betont: «Das Volk ist mutig.» Auch die Eigenschaften «stolz», «unbändig», auch «streitsüchtig» und «hochmütig» schrieben die Chronisten den Chachapoya zu.[33] Eine Erklärung dafür, warum gerade bei den Chachapoya diese Eigenschaften so stark ausgeprägt waren, steht noch aus.

Die ersten Begegnungen der Konquistadoren mit den Chachapoya verliefen überraschend friedlich: Die Spanier wurden von den Chachapoya als Befreier begrüßt. Was dann geschah, beschreiben die spanischen Chronisten.

Drei Jahre zuvor hatte der Eroberer von Peru, der Konquistador Francisco Pizarro, den letzten Inkakaiser Atahualpa in Cajamarca gefangen genommen. Dieser für die Inka völlig verblüffende Handstreich öffnete den Spaniern den Weg für die Eroberung Perus. Am 26. Juli 1533 töteten sie Atahualpa. Doch ihnen standen noch viele Schlachten bevor. In den spanischen Kriegsberichten findet sich eine spannende Geschichte: Es ist das Jahr des Herrn 1537. Der Konquistador Francisco Pizarro hat die ehemalige Inkahauptstadt Cusco besetzt. Aber die Inka geben sich nicht geschlagen. Hundertfünfzigtausend todesmutige und kampferfahrene Soldaten unter dem Inka Manco greifen die zweihundert spanischen Soldaten unter Pizarro an. Eine aussichtslose Situation für die Konquistadoren. Aber das Unglaubliche geschieht: Ein Jahr lang halten die Spanier der Übermacht Stand, und zum Schluss siegt Pizarro.

12 *Die Schlacht um Cusco zwischen Spaniern und Indianern.*
Kupferstich von Theodor de Bry, nach 1597

In der Schule lernen die Peruaner, dass Pizarros Sieg bei Cusco den
Weg für die spanische Kolonisierung des westlichen Südamerika frei-
gemacht hat. Aber wem die Konquistadoren diesen unerwarteten und
entscheidenden Sieg letztlich verdankten, darüber schweigen die Schul-
bücher.

Doch in den Berichten der Chronisten finden sich Informationen. Die
zweihundert Spanier hatten beim Kampf um Cusco Verbündete, etwa
vierzigtausend einheimische Krieger: Cañaris aus Südecuador und die
Chachapoya. Besonders rühmten die Chronisten das geheimnisvolle Volk
aus dem Nordosten der peruanischen Anden. Sie nannten es das «tapfers-
te Volk Perus».[34]

Aber die «neuen Freunde» brachten den Chachapoya kein Glück. Die
Konquistadoren wollten nun auch sie zu ihren Untertanen machen. Und
wieder wehrten sich die Chachapoya erbittert.[35] Doch dann kam ein
Feind, gegen den sie machtlos waren: von den Spaniern eingeschleppte

europäische Krankheiten der Neuzeit, Pocken, Masern, Grippe. In wenigen Jahrzehnten rafften diese Krankheiten – so die einheimischen Historiker – alle Chachapoya dahin.[36]

Ihre Hinterlassenschaften schliefen einen Dornröschenschlaf – bis über vier Jahrhunderte später Abenteurer auf die Ruinen ihrer Bauten und auf Reste ihrer Körper stießen.

Kunst, Handwerk und Religion

Mit Entdeckungen, die weitere Informationen zur Geschichte der Chachapoya liefern, ist kaum zu rechnen. Die archäologischen Funde erlauben allerdings durchaus Rückschlüsse auf die Kultur der Chachapoya. Und auch diese Kultur ist in vielerlei Hinsicht rätselhaft.

Man entdeckte vielfältige und beeindruckende Beispiele künstlerischer Gestaltung. So zieren aufwändig gearbeitete Reliefs mit verschiedenen Motiven viele Felsen und gelegentlich Mauern. Ob aber diese Reliefs mythologische Bedeutung oder kultische Funktion hatten oder nur zur Dekoration dienten, darüber können die Archäologen nur spekulieren.

Im Museum in Leymebamba kann man heute kunstvoll gearbeitete wuchtige Steinschalen bewundern. Sie sind geschmückt mit raffinierten Ornamenten und mit realistisch gestalteten Porträts, deren Gesichtszüge eher europäisch als indianisch anmuten. Solche Schalen und Porträts findet man nirgendwo sonst im präkolumbischen Südamerika.

13 Chachapoya-Steinschale mit einem europäisch wirkenden Porträt

Einen seltsamen Kontrast zu all dem bildet die schlichte, schwarz-braun gefärbte und eindeutig indianisch geprägte Keramik, die man massenhaft in den Chachapoya-Gräbern fand.[37] Es scheint, als hätten hier zwei völlig unterschiedliche Kulturen miteinander gelebt.

Raffiniert wirken wiederum die Textilien der Chachapoya. Ihre Webtechnik war schon lange vor der Ankunft der Spanier im ganzen Andenraum berühmt. Auch die Inka bewunderten diese Stoffe und importierten sie in ihre Hauptstadt Cusco. Sie selber konnten nicht so fein weben, berichtet der Chronist Cieza de Leon.[38] Viele uralte Chachapoya-Stoffe sind erstaunlich gut erhalten und können heute im Centro Mallqui in Leymebamba bestaunt werden.

Für die Religionspraxis der Chachapoya gibt es eine Reihe von Zeugnissen, nicht nur die mündlichen Überlieferungen und magischen Traditionen der Indianer im Chachapoya-Gebiet, sondern auch zahlreiche Funde.

Forscher entdeckten tief im Wald Kultsteine und Stelen mit Darstellungen von Spiralen.[39] Spiralornamente waren bei den Chachapoya verbreitet, während sie bei indianischen Felsgravuren außerhalb des Chachapoya-Gebiets eher selten auftauchen. Dort findet man stattdessen häufig konzentrische Kreise, die wiederum bei den Chachapoya fehlen.

Außerdem verehrten die Chachapoya Naturgötter: nicht nur Tiere des Waldes, sondern auch Bäume, Flüsse, Steine. Ihre religiösen Kulte fanden zu einem Teil in ihren Siedlungen statt, vor allem aber in der freien Natur. Offensichtlich gab es «eine immense Zahl von Kultorten wie Hügel, Felsen, Seen oder Bäume».[40]

Am Ende des 15. Jahrhunderts verordneten die Inka-Eroberer den Chachapoya ihren Sonnenkult, duldeten aber, wie es ihre Gewohnheit war, auch die alten Riten.[41] Dazu gehörte vor allem der extrem aufwändige Totenkult. Offenbar glaubten die Chachapoya an ein Leben nach dem Tod, und sie scheuten keine Mühen und Risiken, um ihren Toten einen würdevollen und vor Grabräubern sicheren Platz zu verschaffen, meist hoch oben in steilen Felswänden.

Die Begräbnisrituale wechselten im Lauf der Zeit. Besonders auffällig sind die vielen großen Lehmfiguren – Sarkophage, in denen ab etwa 1200 n. Chr. die Chachapoya ihre Toten bestatteten.

Kopftrophäen
und durchbohrte Schädel

Die Schädel auf einigen der Sarkophage verweisen auf Merkmale der
Chachapoya-Kultur, die unseren heutigen Vorstellungen von einer hochentwickelten Zivilisation wenig entsprechen: Bei den Schädeln handelt es
sich um abgeschlagene Köpfe von Feinden, mit denen die letzte Ruhestät-
te von angesehenen Kriegern geschmückt wurde.

Auch Menschenopfer waren häufig. Der Archäologe Klaus Koschmieder entdeckte verschiedene Chachapoya-Skelette mit Verletzungen, die
eindeutig auf Menschenopfer hinweisen.[42] Und die Kuratorin des Museums von Leymebamba, Marcelita Hidalgo Pineda, zeigte mir eine Mumie
und erläuterte: «Das ist ein Mädchen, dreizehn bis vierzehn Jahre alt. Sie
wurde geopfert, sie starb an einem Schlag hier auf den Kopf.»

Besonders entsetzt waren die Zeitgenossen, auch die ansonsten nicht
gerade zimperlichen Inka, jedoch über einen anderen Brauch der Chachapoya, der ihre Kriegsführung prägte. Sie schnitten ihren getöteten Geg-
nern auf dem Schlachtfeld die Köpfe ab, trugen sie stolz nach Haus und
bewahrten sie als kostbare Trophäen auf.[43] Erst mit den Siegen der Inka
endete diese barbarische Sitte.

Dazu sei angemerkt, dass Kulte um abgetrennte Köpfe im präkolumbischen Amerika weit verbreitet waren – allerdings in anderen Ausprä-
gungen als bei den Chachapoya. Bei den Azteken wie auch bei mehreren
Andenkulturen wurden abgeschlagene Köpfe von Kriegsgefangenen aufbewahrt und abgebildet, um die den Göttern gewidmeten Menschenopfer zu dokumentieren, und die Herstellung von Schrumpfköpfen durch
Indianer des nahen Amazonasgebiets war verbunden mit magischen Ritualen, die den Geist des Feindes bannen und ihn an einer Rache hindern
sollten. Bei den Chachapoya aber fand man weder Hinweise auf einen religiösen Hintergrund ihres Trophäenkopfkults noch auf irgendwelche
nachträglichen Bearbeitungen oder magische Rituale. Sie trennten einfach die Köpfe getöteter Feinde ab und schmückten damit ihre Häuser
oder die Sarkophage von Kriegern. Offenbar ging es ihnen nur darum,
ihre Erfolge als Krieger zu demonstrieren.

14 *Die großen Lehmfiguren in den Felswänden sind Sarkophage*

Die Toten der Chachapoya geben noch ein weiteres Rätsel auf. Bei einer meiner ersten Reisen nach Peru hatte ich ein eigenartiges Erlebnis: Eines Tages kam Besuch in mein Basislager, eine alte Hacienda mitten im Chachapoya-Gebiet. Es hatte sich in der Gegend herumgesprochen, dass ich mich für die Chachapoya interessiere. Wohl deshalb besuchte mich ein Bauer aus der Nachbarschaft. Er hatte am selben Tag im Wald eine bisher unbekannte Chachapoya-Grabstätte entdeckt, und nun brachte er einen großen Sack mit seinen Funden mit. Zunächst breitete er Knochen vor mir aus: menschliche Ober- und Unterschenkelknochen. Die Leiche wurde wohl ursprünglich mumifiziert: Am Knie waren noch Fleischreste erhalten. Dann kramte der Bauer einige Keramikscherben hervor. Zum Schluss kam die Überraschung: ein Schädel mit sauber gebohrten Löchern.

Die Chachapoya beherrschten also die medizinische Kunst der Schädeleröffnung, der Trepanation. Der Schädelknochen des Patienten wird bei der Trepanation geöffnet, um zum Beispiel böse Geister oder Überdruck nach Verletzungen aus dem Gehirn entweichen zu lassen.

Trepanationen bilden seit vielen Jahren einen Forschungsschwerpunkt von Michael Schultz an der Universität Göttingen.[44] In seinem Institut lagern weit über hundert Schädel, wohl nirgendwo in Europa gibt es eine größere Sammlung von trepanierten Schädeln. Ich zeigte ihm die Aufnahmen von der Entdeckung des Chachapoya-Schädels, und er erläuterte die verschiedenen Formen der Trepanation, die an dem Schädel durchgeführt wurden: «Eine Öffnung wurde – wie es auch bei den Inka üblich war – in den Knochen geschabt. Der Patient hat das überlebt, die Wunde ist verheilt, das zeigen die Ränder. Das ist Schabetrepanation.» Die vier kreisrunden Löcher daneben stammen, erklärte er, von einer «Bohrtrepanation, mit einem konischen Bohrer. Also zwei ganz unterschiedliche Verfahren.»

Die Schabetrepanation ist nichts Außergewöhnliches, sie wurde weltweit überall in prähistorischen Populationen praktiziert, auch in Südamerika und auch bei den Chachapoya. Außergewöhnlich ist die andere, weit kompliziertere Technik: «Interessant ist nun, dass bei den Chachapoya auch ein Bohrer zur Anwendung kam, der ein konisches Loch produzierte, also das außen breiter war, einen größeren Durchmesser hatte als in der Tiefe.» Und das Irritierende daran ist, dass die Chachapoya-Bohrtrepanationen keiner der sonst üblichen Techniken ähneln. Schultz stellte fest: «Das, was wir hier bei den Chachapoya haben, lässt sich nicht vergleichen.»

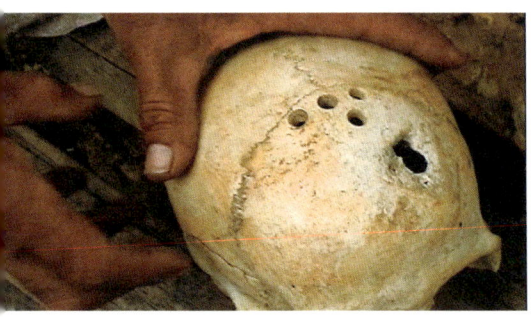

15 Ein Schädel aus einer Chachapoya-
Grabstätte, der die typischen Bohrlöcher
aufweist

Für die Chachapoya aber scheint diese spezielle Technik typisch zu sein, wie Fotos von einigen Schädeln zeigen, die von der Archäologin Inge Schjellerup entdeckt wurden.[45] Eine so spezielle ausgefeilte Technik resultiert nicht aus einem vereinzelten Experiment, sondern muss ein von Generation zu Generation weitergegebener Bestandteil der Kultur der Chachapoya gewesen sein. Von wem könnten sie diese Technik gelernt haben?

Auch die Inka verwendeten konische Bohrer, allerdings setzten sie die in anderer Form ein: Sie bohrten einen Kreis von Löchern und konnten dann die Knochenplatte dazwischen entfernen. Haben die Chachapoya vielleicht von Bohrtrepanationen der Inka gelernt?

Auch Peter Lerche begutachtete den Fund. Die Keramikscherben, die der Bauer zwischen den Knochen gefunden hat, erlauben eine Einschätzung des Alters der Grabstätte. Und Lerche konnte die Scherben auf Anhieb einordnen: «Wenn man daran denkt, dass man diese Scherben, die eindeutig prä-inkaisch sind, nahe bei diesem Schädel gefunden hat, dann wissen wir, was wir bislang nicht wussten: dass die Vor-Inka-Chachapoya schon diese Trepanationstechnik beherrscht haben. Das ist für die Wissenschaft ein ganz schön wertvoller Fund.»

Von den Inka haben die Chachapoya ihre Technik also nicht gelernt. Umgekehrt, vermutete Schultz: «Möglicherweise haben die Inka das bei den Chachapoya abgeguckt.» Aber auch viele andere Völker Amerikas kannten die Schädeltrepanation, und genau wie in der Alten Welt war auch in Südamerika eine Vielzahl unterschiedlicher Trepanationstechniken üblich.[46] So könnte die spezielle Technik der Chachapoya vielleicht ursprünglich von einer anderen amerikanischen Kultur entwickelt worden sein.

Doch Schultz setzt dem entgegen, dass die an dem Chachapoya-Schädel angewandte Technik – eine kleine Gruppe von kreisrunden Löchern, die mit einem konisch geformten Bohrer hergestellt wurden – von keiner anderen Kultur Amerikas bekannt ist: «In der Nordamerikanischen Region gibt es zu dieser Zeit überhaupt keine Trepanationen. Und auf dem amerikanischen Doppelkontinent sind die bisher gefundenen Schädeleröffnungen aus dem Gebiet der Chachapoya offenbar die ältesten – und zwar in Bezug auf die Anwendung der Bohrtechnik.»

So stellt sich Schultz die Frage: «Wer hat den Chachapoya das beigebracht? Mit anderen Worten: Wie sind sie auf diese Art der Bohrung gekommen – in diesem speziellen, man könnte sagen Design, in dieser Anordnung der Bohrlöcher?»

Eine der wenigen Überlieferungen zu den Chachapoya besagt, dass ihnen die besten und mächtigsten Ärzte und Schamanen des Andenraums zur Seite standen.[47] Nun zeigen aber die glatten Ränder der Bohrlöcher auch bei zwei der von Inge Schjellerup entdeckten Schädel, dass die Patienten die Operation nicht überlebt haben. Daraus lässt sich folgern, dass das öfter geschah, dass diese Technik also nicht sehr effektiv war. Da die Chachapoya ja auch andere, erfolgreichere Methoden wie die Schabetechnik kannten, fragt man sich, warum sie trotzdem diese spezielle Bohrtechnik anwendeten. Bleibt als Erklärung eigentlich nur, dass es sich um eine tief verwurzelte, vielleicht mit magischer Bedeutung besetzte Tradition handelte – und die muss einen Ursprung haben. Wo?

Schädeltrepanation gab es auch in der Alten Welt schon vor Jahrtausenden bei verschiedenen Kulturen. Allerdings sind zum Beispiel von dem Seefahrervolk der Karthager keine Trepanationen bekannt. In der Kultur der Kelten dagegen war der menschliche Kopf extrem wichtig – der Wohnort der Seele. Deshalb spielten bei ihnen sowohl der Trophäenkopfkult und als auch Trepanationen eine besonders große Rolle.[48]

Aber nirgendwo in der Literatur auch zu anderen Kulturen der Alten Welt fand Schultz eine Entsprechung zu den trepanierten Chachapoya-Schädeln. Lediglich ein einziger Schädel aus der Sammlung seines Instituts ähnelt ein wenig der Chachapoya-Technik. Er stammt von einem den Kelten nahestehenden Stamm auf der Balkanhalbinsel. Die kleeblattförmig angeordneten Löcher wurden allerdings mit einer ganz anderen Technik hergestellt: mit einem Kronentrepan, einem Spezialinstrument, das griechische Ärzte etwa 500 vor Chr. entwickelten.

Es scheint, als sei auch die Trepanationstechnik der Chachapoya genauso einzigartig wie vieles andere an ihrer Kultur. Für das Rätsel, welchen Ursprung diese Technik hat, findet sich vorerst keine Lösung.

DIE ENTDECKUNG
DER CHACHAPOYA-KULTUR

Könnte die Tatsache, dass sich so viele Fragen zu den Chachapoya nicht beantworten lassen, vielleicht mit Problemen bei der Erforschung ihrer Kultur zusammenhängen? Im Vergleich zu anderen präkolumbischen Hochkulturen Amerikas haben sich bisher nur sehr wenige Forscher mit den Chachapoya befasst. Dennoch häufen sich gerade bei dieser Kultur zum Teil abenteuerliche Spekulationen zu ihrem Ursprung, wie wir sehen werden. Warum? Tasten wir uns weiter an die Rätsel heran, und zwar über den am besten dokumentierten Bereich: die Entdeckung und die Entdecker der Chachapoya-Kultur.

Das größte bisher bekannte Bauwerk der Chachapoya, die Festung Kuelap, wurde durch einen Zufall entdeckt. Eine Geschichte wie aus einem Abenteuerroman: Im Januar 1843 durchstreift Don Juan Crisóstomo Nieto, Richter aus Chachapoyas, die Berge seiner Heimat, weil er irgendwelche Grenzstreitigkeiten aufklären muss. Nach einem anstrengenden Zweitagesritt auf dem Maultier gelangt er zu dem Gehöft El Tingo an den Ufern des Río Utcubamba. Von dort aus wandert er auf einem steilen, steinigen Pfad den gegenüberliegenden Berg hoch. Nach drei Stunden Marsch brauchen die Maultiere eine Pause, die Luft ist dünn in rund 3000 Metern Höhe. Richter Nieto sieht sich in der Gegend um – und steht plötzlich vor einer gewaltigen Mauer. Er kann es nicht fassen: Eine riesige, vom Wald verborgene Festung krönt die Bergkuppe (siehe Abb. 1 und 2, S. 14 ff., und Abb. 83, S. 225).

Schon bald darauf berichtet Richter Nieto der Regierung von seiner Entdeckung. So beschreibt er die Festung: «Das wunderbarste Bauwerk, das man sich vorstellen kann.» Und: «Das genial konstruierte gigantische Stein-Monument weist darauf hin, dass einst eine kultivierte, gebildete

Nation diese Region bewohnt hat.» Richter Nieto rechnet auch als Erster aus, dass die Baumasse Kuelaps das Dreifache der Baumasse der Cheopspyramide ausmache.[49] Danach geriet Kuelap aber wieder weitgehend in Vergessenheit, fast hundert Jahre lang. Zwar besichtigten und vermaßen noch einige Forscher die Anlage und staunten über die vielen anderen Bauwerke und Skulpturen der Region,[50] als Teile einer zusammenhängenden Kultur sahen sie ihre Entdeckungen jedoch noch nicht. Die Chachapoya-Kultur blieb weiter unbekannt, denn die zerklüftete und durch tiefe Schluchten vom Rest der Welt abgeschnittene Region ist nur äußerst mühsam zu erreichen.

Besonders unzugänglich sind die Berge weit im Südosten des Chachapoya-Gebiets, in der Provinz San Martín. Menschenleerer und undurchdringlicher Urwald bedeckt die steilen Hänge – auch heute noch die wohl wildeste Gegend Südamerikas.

Die Regierung erklärte weite Teile dieser Region zum Sperrgebiet, weil es einfach zu gefährlich ist, hier einzudringen – nicht nur, weil sich Wanderer schnell verlaufen können und dann verhungern oder in Schluchten stürzen, sondern auch, weil hier die Reste inzwischen entmachteter Guerilla-Organisationen ihre Verstecke unterhalten.

Doch genau in dieser Region brachte im Jahr 1963 eine Entdeckung neue Impulse: Bauern stießen mitten im Wald auf seltsame, vom Dschungel überwucherte Gebäude.[51] Zwei sehr unterschiedliche Forscher hörten davon: Federico Kauffmann-Doig, einer der bekanntesten Archäologen Perus, und der amerikanische Abenteurer Gene Savoy.

Zwei Jahre später leitete Kauffmann-Doig, unter anderem begleitet von dem deutschen Archäologen Wolfgang W. Wurster, die erste wissenschaftliche Expedition dorthin.[52] Wurster berichtete später darüber, doch als Teil der Chachapoya-Kultur sah auch er die Bauten noch nicht.

Gene Savoy, der sich als «der wahre Indiana-Jones» einen Namen gemacht hat, durchzog zu der Zeit den Ostabhang der Anden Nordperus auf der Suche nach vergessenen Inkastädten, ließ sich ebenfalls von Einheimischen zu den von den Bauern beschriebenen Gebäuden führen und taufte sie «Gran Pajatén». Was er gesehen hatte, war eine Chachapoya-Rundbauten-Siedlung.[53]

Und während Kauffmann-Doig rätselte, welcher peruanischen An-
den-Kultur die Entdeckung zuzuordnen sei,[54] verbreitete Savoy – mit gro-
ßem Medienaufwand und auch in mehreren TV-Dokumentationen –
ganz andere Überlegungen zum Ursprung der neu entdeckten, geheimnisvollen Kultur. Er hatte im Chachapoya-Gebiet noch eine weitere
Entdeckung gemacht: Glyphen in den Lehmwänden einer Totenstadt der
Chachapoya («Pueblo de los muertos»), und für ihn waren die Glyphen
semitische Schriftsymbole und zugleich Abbildungen phönizischer Schiffe, die «bewiesen», dass die Phönizier vor 3000 Jahren Gold aus dem
Chachapoya-Gebiet an König Salomon geliefert hätten. Immerhin, mit
auf den ersten Blick ähnlichen Schiffen unternahmen Phönizier weite
Handelsreisen.

Savoy lieferte auch eine Darstellung der Motive und Hintergründe
der phönizischen Reise vom östlichen Mittelmeer bis in die peruanischen
Anden: Die Phönizier hätten im Auftrag von König Salomon einen
schwunghaften Handel mit den «Chachapoya-Königen» getrieben. Die
Handelsreisen seien dokumentiert, und zwar in der Bibel: Das Chacha-
poya-Königreich sei in Wahrheit das sagenhafte Goldland Ophir, dem König Salomon seine Schätze verdanke.

Es stimmt: In der Bibel wird beschrieben, dass die Phönizier Gold aus
Ophir nach Palästina brachten, allerdings außerdem Federn indischer
Pfauen und Elefantenstoßzähne, und zwar fast tausend Jahre vor den
ersten Anfängen der Chachapoya-Kultur. Das jedoch verschwieg Savoy
elegant. Zum Ausgleich erfuhren seine Leser endlich, wo El Dorado liegt:
natürlich im Chachapoya-Gebiet. Und nebenbei: Die von ihm erfundenen
«Chachapoya-Könige» seien zugleich die Könige von Atlantis.[55]

Savoy wusste damals allerdings nicht, dass die Lehmwände, in die die
Glyphen eingearbeitet sind, erst etwa 1200 n. Chr. entstanden. Peter Lerche interpretierte die Zeichen als Darstellungen von Schlangen.[56]

Dann kam die Erforschung der Chachapoya-Kultur wieder zum Erliegen.
Doch das lag nicht an Savoy. Ende der 1960er Jahre begannen schlimme
Zeiten für Peru: Die Guerilla-Organisation «Leuchtender Pfad» gewann
durch Terrorakte mehr und mehr Einfluss. Besonders abgelegene und unwegsame und für Polizei und Militär unkontrollierbare Regionen wie das

Chachapoya-Gebiet waren davon betroffen. Die Aktivitäten konkurrierender Guerilla-Gruppen machten Reisen in die Region zu einem lebensgefährlichen Abenteuer, und an systematische archäologische Forschungsprojekte war im Chachapoya-Gebiet in der Zeit nicht zu denken.

Seit Ende der 1970er wurde die Region ein wenig sicherer, und hin und wieder wagten sich kleine Forschergruppen in die Region, insbesondere wieder Savoy und Kauffmann-Doig. Auch der Archäologe Warren B. Church begann damals mit seinen bis heute andauernden Forschungen. Man entdeckte weitere Zeugnisse der «Chachapoya-Kultur» – allmählich setzte sich dieser Begriff unter einigen Fachleuten durch. Kaufmann-Doig berichtet zu seinen Reisen ins Chachapoya-Gebiet Anfang der 1980er Jahre: «Kein einziger Archäologe war damals in der Gegend, die Straßen waren schlimm bzw. gar nicht vorhanden. Es hat sich ja niemand dafür interessiert, denn man kannte die Chachapoya ja gar nicht.»[57] Erst 1994 gelang eine teilweise Entwaffnung der Guerilleros. Doch noch heute verschwinden immer wieder Reisende spurlos.

Ganz ohne Besucher blieb die Region dennoch nicht. Reisende staunten über Kuelap und die Relikte der Chachapoya, sahen die von Gene Savoy entdeckten Glyphen und trafen auf die seltsamen blonden und rothaarigen «Gringuitos». Und schon entstand eine neue Theorie zum Ursprung der Chachapoya: Die Glyphen seien Bilder von Wikingerschiffen und die Gringuitos Nachkommen der Wikinger.

Eine besondere Rolle kommt dabei dem Franzosen Jacques de Mahieu zu. Er wurde am Ende des Zweiten Weltkriegs als Nazi-Kollaborateur zum Tode verurteilt, konnte jedoch nach Argentinien fliehen und machte dort als Vertreter des sogenannten «Wissenschaftlichen Rassismus» Karriere. Unter anderem entwickelte er die Theorie von einem Reich «nordischer Herrenmenschen», der Wikinger, die vor tausend Jahren fast ganz Südamerika kontrolliert und unter anderem den Inka-Adel gestellt hätten. Die Chachapoya-Region sei eine Hochburg der Wikinger gewesen. Sie hätten auch den Bau von Kuelap organisiert, um von dort aus den Zugang zum Amazonas zu überwachen.

Allerdings war zu der Zeit der Bau von Kuelap schon seit Jahrhunderten abgeschlossen. Und irgendwelche Entsprechungen zur Kultur der Wikinger sucht man bei den Chachapoya vergebens. Die Wikinger lebten zum Beispiel in rechteckigen Holzhäusern, nicht in steinernen Rundbauten. Die im Zusammenhang mit der Wikingertheorie immer wieder behaupteten Äußerungen von Chronisten, die Chachapoya hätten blaue Augen, erwiesen sich bisher ausnahmslos als gefälschte Zitate. Noch 1981 veröffentlichte Mahieu seine Thesen, auch in Südamerika. Und bis heute heizen einheimische Fremdenführer die Fantasie von Chachapoya-Touristen gern mit solchen Geschichten an.

Mitte der achtziger Jahre begann eine neue Etappe ernsthafter wissenschaftlicher Erforschung der Chachapoya-Region: Der Ethnologe Peter Lerche suchte wie viele junge Wissenschaftler ein Forschungsgebiet, auf dem noch Neues zu entdecken war, und stieß auf die Chachapoya. Er war fasziniert, wanderte von Deutschland nach Peru aus, ins Chachapoya-Gebiet, und schrieb seine Doktorarbeit über die Chachapoya.[58]

Seitdem lebt er dort, hat die peruanische Staatsbürgerschaft angenommen und widmet sein Leben der Erforschung dieser geheimnisvollen Kultur – der erste Wissenschaftler, der sich hier dauerhaft ansiedelte. Er durchstreifte die Urwälder auf der Suche nach Spuren, durchforstete die Berichte der Inka und der spanischen Chronisten und sammelte in den abgelegenen Dörfern der Region mündliche Überlieferungen, die Hinweise auf das Leben der Chachapoya geben konnten. So wurde Peter Lerche zum vielleicht umfassendsten Kenner der Chachapoya.

Die Rätsel der Chachapoya Kultur haben auch ganz andere Menschen inspiriert. Mitte der 1990er kam ein junger amerikanischer Genetiker ins Chachapoya-Gebiet: Joel Myres. Seine Auftraggeber waren die US-amerikanischen Mormonen. Sie hatten von den Gringuitos gehört und suchten hier nach Spuren eines der – so ihr Glaube – «verlorenen» und nach Amerika ausgewanderten «Stämme Israels». Das sei im 6. Jahrhundert vor Christus gewesen. Joel Myres ist im Jahr 2002 gestorben, und seine Forschungsergebnisse sind verschollen.

Kaum eine antike Kultur Südamerikas löste in einem solchen Ausmaß Fantasien aus wie die der Chachapoya. Aber nichts von all dem ist bisher bewiesen, und viele Bestandteile dieser Theorien stehen in klarem Widerspruch zu den bekannten Fakten.

Peter Lerche konzentrierte sich derweil auf «ordentliche» Forschung, darauf, Merkmale der Chachapoya-Kultur zu entdecken und Zusammenhänge und ihre Bedeutung zu ergründen.

Anfang der 1990er Jahre befassten sich auch einige weitere Archäologen etwas intensiver mit den Chachapoya, unter anderen die Forscherinnen Inge Schjellerup[59] und Adriana von Hagen.[60] Doch bis zum Jahr 1997 hatten nur wenige Fachleute überhaupt zur Kenntnis genommen, dass außer den lange bekannten Kulturen der Anden in den Bergwäldern Nordostperus noch eine weitere Hochkultur existierte.

Das änderte sich durch eine Entdeckung.

Bauern waren etwa 80 Kilometer südlich der Stadt Chachapoyas tief im Nebelwald des Chachapoya-Gebiets, an der Laguna de los Condores, dem Kondorsee, auf eine bis dahin unberührte Chachapoya-Grabstätte

16 Der 2900 Meter hoch gelegene Kondorsee im Norden Perus [links]

17 Die Grabstätte mit Peter Lerche im Februar 1998 [links unten]

18 Einer der ersten Schnappschüsse: Die am Uferhang des Sees verborgene Grabstätte der Chachapoya bei ihrer Entdeckung im April 1997 [rechts unten]

gestoßen. Sie setzten sich mit professionellen Grabräubern und Hehlern in Verbindung und begannen, Objekte, die sie für wertvoll hielten, abzutransportieren. Doch dann gerieten sie wegen einer Frau in Streit und denunzierten sich gegenseitig bei der Polizei. Die Polizei benachrichtigte daraufhin Peter Lerche. Er war damals der einzige Fachwissenschaftler vor Ort. Und im April 1997 machten sich, geführt von den geständigen Grabräubern, vier Polizisten, einige Familienmitglieder von Polizei und Grabräubern sowie Peter Lerche auf den Weg: zehn Stunden ungemütlicher Ritt von Leymebamba, dem nächsten Ort. Als der Wissenschaftler die Grabstätte das erste Mal betrat, bot sich ihm ein einzigartiger Anblick. Teils waren er und seine Begleiter entsetzt, teils begeistert: so viele intakte Mumienbündel, und das im feuchten Klima des Nebelwaldes! Aber die Grabräuber hatten auch gewütet, wenn sie nicht so viel Gold fanden wie erhofft: Überall lagen zerfetzte Mumien herum. Dennoch registrierte man über zweihundert erstaunlich gut erhaltene Mumien, die zweifelsfrei aus der Zeit vor der Entdeckung Amerikas durch Kolumbus stammten.

Ein paar Tage später brachte Peter Lerche einen Fotografen, der für internationale Magazine arbeitete, zum Kondorsee. Er schoss schockierende Bilder, die die Verwüstungen der Grabstätte dokumentieren. Sie gingen später um die Welt: ein Aufruf zum Schutz der Chachapoya-Relikte und selbst für die allermeisten Fachleute das erste Mal, dass sie etwas von den Chachapoya hörten. Um weiteren Zerstörungen durch Grabräuber vorzubeugen, transportierten Peter Lerche und einheimische Helfer die Mumien einige Monate später nach Leymebamba.

Im Februar 1998 kamen mein Kameramann Jochen Philipp und ich zum ersten Mal ins Chachapoya-Gebiet – auf der Suche nach der Wundersylphe, einer verschollenen Kolibriart. Schnell lernten wir Peter Lerche kennen. Und dann wurden uns die fünf Monate zuvor geborgenen Mumien in ihrem neuen Domizil in Leymebamba gezeigt. Eine freundliche Dame begrüßte uns, führte uns in ein altes Haus in einer Seitenstraße und öffnete eine knarrende Holztür: ein düsterer Lagerraum, der mit über zweihundert Säcken gefüllt war. In jedem Sack steckte eine Mumie.

Die Dame und ihre Kolleginnen waren für die Verwahrung und die ersten Untersuchungen der Mumien zuständig. Sie halfen mit Eifer und mit einem gewissen Stolz bei den Aufnahmen. Sie trugen einige Mumien auf den Balkon des Hauses, dort war besseres Licht zum Filmen. Sie packten sie aus, demonstrierten, wie sie die Haut der Mumien reinigen, und präsentierten auch Pappkartons voller Grabbeigaben, die die Grabräuber am Kondorsee übersehen hatten: erstaunlich gut erhaltene Papageienfedern, mumifizierte Katzen und eine Fülle von prächtigen, fein gewebten Stoffen.

Dann kam das, was die Damen offenbar als den Höhepunkt der Aktion geplant hatten. In einer Ecke stand ein kleiner Pappkarton (ein Bierkarton mit der Aufschrift «Cristal», das einheimische Bier). Sie trugen ihn ans Licht und sagten: «Das ist unser Schätzchen, unser kleiner Liebling.» Sie öffneten den Karton, entfernten vorsichtig ein paar Lagen Packpapier, und wir erblickten ein vor etwa fünfhundertfünfzig Jahren gestorbenes Chachapoya-Baby! Auch die Mumienexpertin Sonia Guillén stieß später dazu und informierte uns über alles, was man bis dahin zu den Mumien herausgefunden hatte, insbesondere über die kunstvolle Balsamierungstechnik der Chachapoya.

Ich war fasziniert. Eine dermaßen reiche Kultur und kaum erforscht! Das weckte meine Neugier und löste meine bis heute andauernden Recherchen und eine Vielzahl weiterer Reisen aus.

19 Aufbewahrt in einem Bierflaschenkarton: ein vor etwa 550 Jahren gestorbenes Chachapoya-Baby

Obwohl das Gebiet nicht sehr groß ist, erforderten die Wege zu den
verschiedenen Zeugnissen der Chachapoya-Kultur viel Geduld, gute Ner-
ven und Kondition. Doch das ist normal in einer abgelegenen, zerklüfteten, dünn besiedelten und weder wirtschaftlich noch touristisch erschlos-
senen Region. Jeden Tag, an dem wir nicht in irgendwelchen Büros saßen,
um Drehgenehmigungen von den einheimischen Behörden zu bekommen, waren wir unterwegs, brachen oft schon vor Sonnenaufgang auf
und kämpften mit allerlei kleinen und großen Problemen, um unser je-
weiliges Ziel zu erreichen. Auf den stundenlangen Fahrten auf rutschi-
gen schmalen Wegen entlang tiefer Schluchten haben wir oft trotz der
Kälte vor Angst geschwitzt. Immer wieder blockierten Erdrutsche die
Straße, oder es ging nur zu Fuß und mit einem störrischen Maultier (für
die schwere Kamera-Ausrüstung) weiter. Und meist kehrten wir erst spät
in der Nacht in unser Basislager zurück, verdreckt und erschöpft.

Die Recherchen führten zunächst zu einem (im Jahr 2000 gesen-
deten) Dokumentarfilm über die Chachapoya und meinen ersten vagen
Ideen zu deren Ursprung[61] – und schließlich zu diesem Buch.

Zurück ins Jahr 1998: Damals war die Chachapoya-Kultur selbst den meisten Fachleuten völlig unbekannt. Auch in den Museen der peruanischen
Hauptstadt Lima mit ihren Hunderttausenden von Exponaten zu präkolumbischen Kulturen suchte ich vergeblich nach irgendwelchen Hinweisen auf die Chachapoya.

Doch die Entdeckungen vom Kondorsee hatten Folgen. Nach unserem ersten Besuch kamen noch weitere Teams zu den Mumien – unter
anderem Discovery-Channel und National Geographic – und sendeten
aufregende Dokumentationen. Auch Peter Lerche berichtete später ausführlich über den Fund.[62] «Der wohl größte Mumienfund in der Geschichte der Andenarchäologie»[63], kommentierte die Zeitschrift GEO im Juli
1998 in ihrer ersten größeren Veröffentlichung über die Mumien vom
Kondorsee.

Auch Fachleute hatte die Entdeckung neugierig gemacht. Schon
Ende 1997 begann (mit finanzieller Hilfe der österreichischen Regierung
und fachlicher Unterstützung durch die Universität Wien) der Bau des
Centro Mallqui Leymebamba, eines kleinen Museums am Ortsrand von

Leymebamba. Es ist speziell für diese archäologischen Kostbarkeiten konzipiert und wird von Sonia Guillén, Perus führender Mumienexpertin, geleitet. Seit dem Jahr 2000 lagern die Mumien dort, fachgerecht in einem klimatisierten Raum untergebracht. Hier begannen in den folgenden Jahren auch umfangreiche Forschungen an den Mumien, deren Ergebnisse später den Paläopathologen Michael Schultz so erstaunten und die uns helfen sollten, den Rätseln um dem Ursprung der Chachapoya auf die Spur zu kommen.

Ansonsten hat sich bis heute an der Forschungssituation nichts Wesentliches geändert. 2007 wurde Peter Lerche zum Bürgermeister der Provinzhauptstadt Chachapoyas gewählt und kämpfte in seiner vierjährigen Amtszeit gegen Korruption und für die Rettung der Relikte der alten Kultur seiner Wahlheimat.

2008 und dann wieder 2011 konnten Archäologen anhand von C14-Analysen die Bestimmung des Alters von Kuelap korrigieren. Und immer wieder mal werden von einzelnen abenteuerlustigen Forschern wie dem

20　Die Mumien vom Kondorsee
lagern heute im Museum Centro Mallqui in Leymebamba

deutschen Archäologen Klaus Koschmieder[64] neue Skelette, Gräber, Mumien, Bauten und auch große Stadtanlagen im Dschungel entdeckt. Aber eine systematische Erforschung hat noch nicht begonnen. Und zur Frage des Ursprungs fanden die Archäologen auch in den letzten Jahren nichts Neues heraus.

Schon 1997 stellte Inge Schjellerup fest: «Im Vergleich zu anderen Regionen Perus, in denen archäologische Forschung seit Jahrzehnten weit intensiver durchgeführt wurde und weitreichende Resultate und Perspektiven erbrachte, ist der Wissensstand zu den Chachapoya immer noch sehr schwach und erfordert weit mehr Arbeit in der Zukunft.»[65]

Das gilt bis heute. Aber die Diskussion ist im Gang.

ZUM URSPRUNG
DER CHACHAPOYA

«Wir wissen es nicht»

Die in Peru zu den Chachapoya forschenden Archäologen kennen natürlich die abenteuerliche Entdeckungsgeschichte der Chachapoya-Kultur und auch die parallel dazu aufgetretenen Spekulationen zu ihrem Ursprung: die haarsträubenden Theorien von Gene Savoy zu Phöniziern, Ophir und Atlantis, von Mormonen zum verlorenen Stamm Israels oder von diversen anderen Amateurforschern zu Wikingern als Vorfahren der Chachapoya. Und verständlicherweise möchte keiner der Archäologen irgendetwas mit solchen Ideen zu tun haben.

Doch im Zusammenhang mit der Chachapoya-Kultur stößt man auf so viel Einzigartiges und Mysteriöses, dass sich die Frage nach ihrem Ursprung nicht ignorieren lässt. Auch in der neueren und seriösen archäologischen Fachliteratur finden sich Überlegungen zur Ursprungsfrage. Was wird dort diskutiert? Zur Frage: «Weiß man inzwischen, woher die Chachapoya stammen?» meint Rocío Paz Sotero, die Archäologin des «Instituto Nacional de Cultura» in Chachapoyas: «Man kennt ihre Herkunft nicht genau. Früher hat man gedacht, dass sie aus anderen Hochandengebieten stammen, andere meinten von Westen, von der Pazifikküste.» Die Pazifik-Theorie wurde schnell verworfen. Zu den großen Kulturen der Moche, der Nasca oder der Paracas-Halbinsel am Westrand der Anden zum Beispiel entdeckte man keine Verwandtschaftsbeziehungen.

Auch einige andere Kulturen wurden zeitweilig diskutiert. Auslöser hierfür waren unter anderem Funde von Artefakten unterschiedlicher Herkunft im Chachapoya-Gebiet. Es zeigte sich jedoch, dass sich daraus lediglich auf Handelsbeziehungen der Chachapoya schließen lässt. Entfernt ähnliche Rundbauten, beispielsweise in Kolumbien, lösten ebenfalls Spekulationen aus. Insbesondere der Archäologe Warren Church wies detailliert nach, dass keine der Theorien, die eine Einwanderung aus anderen Regionen Amerikas als Ursprung der Chachapoya-Kultur annehmen, durch Kulturparallelen belegt werden konnte.[66] Das gilt auch für die noch heute verbreitete Theorie, dass die Chachapoya aus den peruanischen Hochanden stammten und von dort nach Osten zum Andenabhang gewandert seien. Der Erfolg dieser Theorie hängt damit zusammen, dass sie von dem Archäologen Federico Kauffmann-Doig stammt, der als der «Nestor der peruanischen Archäologie» gilt.[67] Eines seiner Argumente sind die Lamadarstellungen ungeklärter Herkunft, die man im Chachapoya-Gebiet fand. Sie würden die Einwanderung aus den Hochanden beweisen.[68] Aber eigentlich zeigen sie nur, dass die Menschen hier Lamas kannten – und auch in der großenteils auf rund 3000 Metern Höhe liegenden Chachapoya-Region waren Lamas zu Hause. Kauffmann-Doigs Hauptargument ist aber: Die Zeugnisse der Hochkultur der Chachapoya, insbesondere die großen steinernen Bauten, können nicht von Amazonasindianern geschaffen sein. Folglich müssen sie der «savia andina» – der Kraft der peruanischen Andenkulturen – entstammen.[69] Die wenigen konkreten Belege für Verwandtschaftsbeziehungen zu anderen Andenkulturen, die er nennt – vor allem Skulpturen und Bauten aus Lehm[70] – stammen

21 *Lama-Felszeichnungen im Chachapoya-Gebiet*

alle etwa aus dem 12. Jahrhundert n. Chr. Sie können also nichts mit dem Ursprung der Chachapoya zu tun haben, denn inzwischen haben C14-Analysen in Kuelap erwiesen, dass die Chachapoya-Kultur seit mindestens 400 n. Chr. existiert.

Dass diese Auffassung nach wie vor vertreten wird, mag daran liegen, dass sie dem offiziellen Verständnis der peruanischen Kulturpolitik entspricht. Im Jahre 2007 jedenfalls ernannte die Regierung Perus Kauffmann-Doig zum Botschafter des Landes in Deutschland.

Peter Lerche sah schon 1996 die Frage nach der Herkunft der Chachapoya differenzierter: Er stellte fest, dass die Keramik der Chachapoya deutliche Einflüsse aus Amazonien zeigt, und entdeckte eine Reihe von Felszeichnungen und Reliefs, die Tiere aus dem östlichen Tiefland darstellen. Daraus schloss er, dass der Weg in die Anden die Vorfahren der Chachapoya durch das Amazonasgebiet geführt haben muss.[71]

Der Archäologe Klaus Koschmieder sieht das ähnlich. Sein Hauptargument: Die Chachapoya praktizierten die Jagd nach Trophäenköpfen, und ähnliche Sitten gibt es auch im Amazonastiefland.[72]

Doch als Stammväter der Chachapoya kommen auch die bekannten Amazonaskulturen nicht in Frage. Zwar waren vor der Ankunft der Konquistadoren weite Teile des Amazonasgebietes – ganz anders als heute – dicht mit großen, kriegerischen Völkern besiedelt. Doch für keines der typischen Merkmale der Chachapoya-Kultur findet sich im Amazonasgebiet eine denkbare Vorläuferkultur. So waren nicht nur Steinbauten, sondern auch die Steinschleuder, Hauptwaffe der Chachapoya, in Amazonien vor Kolumbus unbekannt.[73]

Die Suche nach dem Ursprung der Chachapoya-Kultur in den benachbarten Regionen oder bei einer anderen Kultur in Peru führte die peruanischen Archäologen nicht weiter. Auf meine Frage, ob die Wurzeln der Chachapoya-Kultur «grundlegend anders» seien als alle anderen bekannten Kulturen Südamerikas, antwortete die Archäologin Rocío Paz Sotero: «Klar, sie sind ganz anders.»

Inzwischen sehen das wohl mehrere an diesem Thema arbeitende Archäologen genauso. Adriana von Hagen etwa schlägt dieses Erklärungsmodell vor: Die Chachapoya-Kultur wurde vor Ort von den Indianern entwickelt, die schon seit Jahrtausenden in der Region lebten.[74] Auch

Warren Church sah das ähnlich, schließt inzwischen allerdings die Möglichkeit von späteren Einwanderungen nicht aus. Doch eine Erklärung zum Beispiel für die spezielle Siedlungsform in steinernen Rundbauten, die sorgfältig gearbeiteten Mauern mancher dieser Rundbauten und viele der zum Teil riesigen Festungsmauern der Chachapoya-Bautradition liefern Adriana von Hagen und Church nicht.

Bleibt also nach wie vor nur die von Peter Lerche schon 1995 formulierte Aussage: «Plötzlich erschien, ohne irgendwelche erkennbaren Vorläufer, das Phänomen der Chachapoya-Kultur.»[75] Die Aussage gilt noch heute für viele der beeindruckendsten Merkmale dieser Kultur: «Die Chachapoya-Kultur kam ‹wie aus dem Nichts›.»[76]

Ganz ergebnislos verliefen die Forschungen und Diskussionen der letzten Jahre jedoch nicht. Heute sind mehrere Experten der Ansicht, dass sich die Chachapoya-Kultur ausgehend vom Südostteil des Gebiets, vom Einzugsbereich des Río Huallabamba, einem Nebenfluss des Amazonas, ausbreitete. Sie stützen sich dabei weniger auf kulturelle Gemeinsamkeiten mit Amazonien (deren Erklärungswert erwies sich als nicht tragfähig), sondern eher auf Funde in dieser Region. In jüngster Zeit entdeckte weitere Chachapoya-Orte sprechen dafür, ihr «Siedlungsgebiet immer weiter im Osten, bis ins Amazonas-Tiefland hinab», anzunehmen.[77]

Die Archäologin Rocío Paz Sotero bestätigt das: «Heute gehen die Archäologen davon aus, dass sie aus der Richtung San Martín kamen.» (San Martín ist die Provinz, die die Anden mit dem Amazonasgebiet verbindet.) Auf meine Frage: «Alles weist also darauf hin, dass sie aus Amazonien gekommen sind?» antwortet Rocío mit einem klaren «Ja.» Ich hake nach: «Doch auch im Amazonasgebiet haben die Archäologen nirgendwo eine mögliche Vorläuferkultur gefunden. Wo lag der Ursprung der Chachapoya?» Rocío: «Das weiß man nicht.»

Der Wissenschaftsjournalist Michael Zick machte dieselbe Erfahrung, als er in Peru forschende Archäologen nach ihren Erkenntnissen zum Ursprung der Chachapoya fragte: «Die Wissenschaft beschränkt sich auf die peruanische Standardaussage: Wir wissen es noch nicht.»[78] So begann ich im Jahr 1998 nach Hinweisen Ausschau zu halten, die eventuell etwas weiter führen könnten.

Rätselhafte Parallelen
zu Kelten und Karthagern

Als Student der Anthropologie und Ethnologie hatte sich Peter Lerche in Deutschland auch mit den Kelten befasst. Und schon bei seinen frühen ethnologischen Studien zu den Chachapoya fielen ihm gewisse Parallelen auf: Der kriegerische Charakter, der Stolz und der unbedingte Freiheitswille der Kelten erinnert an die Kämpfe der Chachapoya gegen die Inka. Dieselbe Haltung erlebten die Römer bei ihren Kriegen gegen die keltischen Gallier und die Kelten der Iberischen Halbinsel. Natürlich gab es auch viele andere freiheitsliebende Völker. Aber Peter Lerche entdeckte noch weitere auffallende Parallelen: die in Clans beziehungsweise Häuptlingstümer gegliederte Gesellschaftsstruktur beider Kulturen und auch die Rolle der Frau in der Gesellschaft. Die Inka staunten über die soziale Bedeutung, die die Chachapoya ihren Frauen zumaßen. Und offenbar nahmen die Frauen in der keltischen Gesellschaft eine ähnliche Position ein – zum Erstaunen der Griechen und Römer, bei denen die Frauen eine vergleichsweise untergeordnete Rolle spielten.[79] Äußerste Tapferkeit im Krieg, kunstvolle Webtechnik und eine Vielzahl weiterer künstlerischer und handwerklicher Techniken, die eine hochentwickelte Zivilisation ausdrücken – all das haben Kelten und Chachapoya gemeinsam.

Aber auch die Traditionen der Menschenopfer und des speziellen Trophäenkopfkults der Chachapoya finden sich in sehr ähnlicher Form bei den Kelten, und auch die Kelten ließen erst davon ab, nachdem Eroberer ihnen eine neue Kultur aufgezwungen hatten. Waren es bei den Chachapoya die Inka und ihr Sonnenkult, so standen die Kelten unter dem Druck der Römer und des Christentums.

Wie die Bräuche der Chachapoya, so erschreckten auch die Kulte der Kelten die Zeitgenossen – dokumentiert bei den Griechen, Römern und Karthagern – und erfüllten sie mit Abscheu. Menschenopfer waren bei den Kelten verbreitet, wie zahlreiche Berichte und viele Funde von Moorleichen mit eingeschlagenem Schädel beweisen.[80] Und der Kult um Trophäenköpfe gehörte zu den auffälligsten keltischen Traditionen.[81]

22, 23 Ein Chachapoya-Kultstein und ein keltischer Kultstein

Der griechische Geograf Strabon schrieb über die Kelten: «Zu ihrem Unverstand kommt noch das Barbarische und Widernatürliche: Beim Verlassen des Schlachtfeldes hängen sie die Köpfe der Gegner um den Hals ihrer Pferde und nehmen sie mit, um sie an ihre Hauseingänge zu nageln.»[82] Und Diodor bestätigt: «Den gefallenen Feinden schlagen sie die Köpfe ab … Diese Kriegsbeute nageln sie dann an die Häuser an.»[83] Kein Schauermärchen: Man fand an Keltenhäusern viele Schädel mit Nagellöchern.

Die Chachapoya benutzten keine Nägel, aber auch sie schmückten ihre Gebäude mit den abgetrennten Schädeln von Feinden. In Wandnischen fanden peruanische Archäologen immer wieder menschliche Schädel. Und wie die Chachapoya, so dokumentierten auch die Kelten den Trophäenkopfkult in ihren Kunstwerken, etwa in Skulpturen.

Auch die Naturreligion der Chachapoya findet eine recht genaue Entsprechung in den religiösen Praktiken der Kelten: «Griechen und Römer, die prächtige Tempel errichteten, wunderten sich über die simplen Heiligtümer der Kelten, die unter freiem Himmel ihre Götter anbeteten», berichtet Juliette Wood in ihrem Werk «Die Lebenswelt der Kelten».[84] Und wie die Chachapoya verehrten auch die Kelten ihre Götter an heiligen Steinen und verzierten diese mit Spiralen, die für sie ein Symbol des Göttlichen waren.[85] Auch die Kultsteine der Kelten[86] und der Chachapoya weisen oft deutliche Ähnlichkeiten auf.

Peter Lerche verfolgte diese Spur nicht weiter – zu abstrus schien ihm die Idee von Kontakten zwischen Chachapoya und Kelten. Bei meinen ersten Reisen fielen mir noch verschiedene andere Parallen auf, deren Beweiskraft ich mit meinem damaligen Wissen nicht beurteilen konnte. Manches davon entpuppte sich später als sehr beweiskräftig, anderes erwies sich als Sackgasse. In diesem Kapitel zeige ich auch die «Sackgassen».

Eine ganze Reihe von Parallelen zwischen Kulturmerkmalen der Chachapoya und der Alten Welt weisen auf das Mittelmeer hin. Für die antiken Mittelmeervölker war das Meer ein wesentlicher Bereich ihres Lebens, und in stilisierter Form taucht es ständig in ihren Kunstwerken auf: als Mäanderornament. Auch bei den Chachapoya – 4000 Kilometer vom Atlantik entfernt, durch die Anden vom Pazifik getrennt und in einer

24, 25 Die Mäanderornamente, mit denen die Chachapoya diese wuchtigen Steinschalen schmückten, gleichen Ornamenten aus dem antiken Mittelmeerraum und dem keltischen Kulturbereich.

26, 27 Keltischer Gott mit Stierhörnern, Chachapoya-Skulptur mit Stierhörnern

Region ohne schiffbare Flüsse – erscheinen die Mäanderornamente. Sie spielen eine große Rolle in der Chachapoya-Kultur. Im Centro Mallqui, dem Museum in Leymebamba, kann man massive Steinschalen mit Mäandermustern bestaunen, und auch als Schmuckfriese an Häusern und auf Textilien kommen sie häufig vor.[87]

Stiere, Ziegen oder ähnliche Tiere gab es nicht im präkolumbischen Südamerika. Aber auf manchen Textilien der Chachapoya findet man seltsame Wesen: Menschen mit Hörnern. Im Herbst 1999 hatte ich etwas im Bürgermeisteramt von Leymebamba zu erledigen. In einer dunklen Ecke des Warteraums stand unbeachtet eine seltsame Steinskulptur (inzwischen hat sie ihren Platz im Centro Mallqui gefunden). Ein menschenähnlicher Kopf mit Stierhörnern!

Der höchste karthagische Gott war Baal Hammon. Oft erscheint er als ein Mischwesen zwischen Mensch und Stier. Aber deutlicher als auf die Karthager weist die Chachapoya-Skulptur auf keltische Religionen hin. Die Kelten verehrten eine ganze Reihe Götter mit gehörnten Köpfen, mit Widderhörnern und vor allem mit Stierhörnern.[88]

Gehörnte Mensch-Tier-Mischwesen stellten die Chachapoya auch auf Wandmalereien dar. So fand man zum Beispiel in einer uralten Chachapoya-Grabstätte eine Figurendarstellung – laut «Instituto Nacional de Cultura» eine Gottheit –, deren Verzierungen am Kopf sich kaum anders als ein stilisiertes Hirschgeweih interpretieren lassen.

28, 29 Chachapoya-Götterdar-
stellung mit Hirschgeweih als
Felsmalerei – und eine
keltische Götterdarstellung mit
Hirschgeweih als Relief

Der wichtigste Gott der Kelten, Cernunnos, wurde meistens mit einem
Hirschgeweih dargestellt.[89] Auf einem kunstvollen keltischen Metallre-
lief[90] hält Cernunnos eine Schlange in der Hand. Die Schlange war für die
Kelten ein göttliches Wesen.[91] Und auch die Chachapoya verehrten die
Schlange als ihr heiligstes Tier.[92]

Bei einer unserer Touren durchs Chachapoya-Gebiet gerieten mein Kameramann und ich eines Tages in das alte Dorf Jalca, einem früheren Zentrum der Chachapoya (Lerche 1986). Dort feierten die Bewohner gerade
ein Fest und tanzten zum Spiel zweier einheimischer Musikanten auf der
Straße. Mit einer Hand hielten die Musiker eine Flöte und spielten eine

monotone, sich ständig wiederholende Melodie aus nur vier Tönen, mit
der anderen Hand schlugen sie auf einer kleinen Trommel einen treibenden Rhythmus. Einheimische berichteten, dass diese Art von Musik nur
im Chachapoya-Gebiet gespielt werde. Ein Relikt aus der Kultur der
Chachapoya?

Die Melodie, die Instrumente und der Trommelrhythmus kamen mir
sofort bekannt vor:[93] Sie glichen verblüffend einem uralten Musikstück,
das mit Trommel und Flöte seit ewigen Zeiten am Ende jedes Dorffestes
auf der Mittelmeerinsel Ibiza gespielt wird: «La Rondada». Wie die Chacha-
poya-Musiker spielen auch die Bauern Ibizas mit einer Hand die Flöte, mit
der anderen Hand eine kleine, an der Hüfte befestigte Trommel.

Die Chachapoya benutzen auch Pan-Flöten – offenbar schon seit dem
Beginn ihrer Kultur, lange vor dem Aufstieg der Inka, wie Grabfunde
zeigten.[94] Pan-Flöten kannten auch die Kelten,[95] und auf Ibiza spielen
noch heute die Schafhirten urtümliche Melodien auf einer archaischen
Form der Panflöte, der *Xeremia*. Nirgendwo sonst in Europa findet man
etwas ähnliches wie Ibizas Bauernmusik, hier gibt es sie seit den Zeiten
der Karthager, der früheren Herren der Insel.

Vieles aus der Zeit der karthagischen Herrschaft ist auf Ibiza erhalten geblieben. So stehen die in Europa einzigartigen, aber an das Hinterland
Karthagos erinnernden Häuser der Bauern Ibizas zum Teil seit über zweitausend Jahren. Wenn mal eine Mauer einfällt, wird sie stets so aufgebaut,
wie sie vorher war. In ihren Häusern finden Bauern noch heute immer
wieder uralte Münzen. Manche davon sind aufschlussreich. So stießen
wir auf eine römische Münze mit dem Abbild des Kaisers Caligula. Zweihundert Jahre nach der Zerstörung Karthagos wurde die Münze geprägt.
Die Rückseite zeigt ein Bild des karthagischen Gottes Bes, der Ibiza seinen Namen gegeben hat: *I-bus-im*, die Insel des Bes.

Die Römer haben Ibiza nie erobern können. Erst Jahrzehnte nach
dem Fall Karthagos, im Jahr 123 v. Chr., gelangte Ibiza unter römische
Kontrolle. Doch die Römer arrangierten sich hier friedlich mit den Karthagern: Ibiza wurde zu einer *«civitas foederata»*, einem «Bundesgenos-
sen», und konnte seine karthagische Kultur weiter pflegen.[96] Das und die
jahrtausendelange Isolation der Insel ist der Grund, weshalb heute

nirgendwo sonst auf der Welt so viele Zeugnisse der karthagischen Kultur zu bewundern sind wie auf Ibiza.

Überall auf Ibiza fand man kleine Statuen mit einem für einen Gott äußerst ungewöhnlichen Aussehen. Sie stellen den uralten karthagisch-ägyptischen Gott Bes dar, den Schutzgott des Hauses, der Familie und der Ahnen. Noch heute lebt der Gott Bes in der Erinnerung der Bauern Ibizas: als Hausgeist Barruguet.

Der Kult um Bes war über eine sehr lange Zeit in vielen Teilen des Mittelmeers extrem populär. Und es sind massenhaft Bes-Statuen erhalten. In den Details weichen sie voneinander ab, doch die besonderen Proportionen zeigen alle Darstellungen: kurze krumme Beine, dicker Bauch, riesiger Kopf mit seltsamer Kopfbedeckung, Knubbelnase und gewaltigen durchlöcherten Ohren.

Peter Lerche, der seit Jahrzehnten auf der Suche nach Relikten

30, 31 Der karthagische Gott Bes und Chachapoya-«Pinchudos»

vergangener Zeiten die Wälder seiner Wahlheimat durchstreift, entdeckte
vor kurzem in einer Chachapoya-Grabstätte einen mit einer seltsamen
Figur geschmückten Stützbalken und ließ ihn ins Museum nach Leymebamba bringen. Die Proportionen der Figur sind ungewöhnlich: ein
riesiger Kopf mit Knubbelnase, großen perforierten Ohren und Kopfschmuck sowie kurze, krumme Beine. Eine Götterfigur, da sind sich die
Archäologen einig. Sie haben an den Eingängen von Chachapoya-Häu-
sern viele solcher Figuren entdeckt – mit unterschiedlichen Details, doch
stets mit denselben Proportionen.

Den meisten Bes-Darstellungen aus dem karthagischen Kulturraum
ist noch ein weiteres Merkmal gemeinsam: die Betonung des Geschlechts-
teils. Das gilt auch für viele der an den Gott Bes erinnernden Chachapo-
ya-Skulpturen. *Pinchudos* nennen sie die Einheimischen – «Pimmel-
jungs».[97]

Schon im 7. Jahrhundert v. Chr. hatten die Phönizier auf Ibiza eine gewaltige Festung gebaut, die die Karthager und die späteren Bewohner der
Insel immer weiter aus- und umbauten und die heute noch steht: Weltkulturerbe und die am besten erhaltene Stadtmauer des Mittelmeerraums. Die riesige Mauer umschließt die Kuppe eines Hügels und eine
dicht gedrängte Ansammlung von Wohnhäusern, nur erreichbar durch
drei gut gesicherte Eingänge.

Genau nach demselben Prinzip wurde die in Südamerika einzigartige
Chachapoya-Festung Kuelap konzipiert.

Unterhalb der Festung Ibizas liegt die karthagische Totenstadt Puig
des Molins. Hier bestatteten reiche Karthager ihre Angehörigen, denn Ibiza galt ihnen als eine heilige Insel. Mit viel Aufwand trieben sie für ihre
Toten Grabkammern in Felswände. Der Hügel ist überzogen mit Hunderten solcher rechteckiger Grabhöhlen: die weltweit am besten erhaltene Nekropole der Karthager und ebenfalls Weltkulturerbe.

Auf Reisen durch das Chachapoya-Gebiet fallen Tausende in schwin-
delerregender Höhe in steile Felswände gehauene, meist rechteckige
Höhlen auf: Chachapoya-Gräber. Der Wunsch, ihren Toten einen für alle
Ewigkeit gesicherten Ruheplatz zu geben, prägte die Kultur der Chachapoya offenbar von Anfang an, und sie legten – wie die Karthager – ihren
toten Angehörigen Grabbeigaben in die Grabkammern. Doch Grabräu-

32, 33 Karthagische Grabhöhle auf Ibiza und Chachapoya-Grabhöhle

ber erkletterten auch senkrechte Hänge und fledderten die Mumien. Geier und Papageien ließen dann nur noch die blanken Knochen zurück. Eine andere Bestattungstradition der Chachapoya findet man allerdings weder bei Karthagern noch bei Kelten: Die Chachapoya bestatteten alle ihre Toten in Embryostellung.

Unklar ist auch die Herkunft einer wichtigen Waffe der Chachapoya: Die Steinschleuder war ihre Hauptwaffe[98] – schon lange, bevor die Inka existierten. Tausende von Schleudersteinen wurden in Kuelap gefunden. Im Museum in Leymebamba liegt solch eine Steinschleuder, sie stammt aus einem Chachapoya-Grab (Abb. 70, S. 215). Und ihre Form gleicht exakt einer klassischen Waffe, die vor über zweitausend Jahren in fast allen Schlachten im Mittelmeerraum eingesetzt und – so vermuten manche Forscher – vor ca. dreitausendfünfhundert Jahren auf der Baleareninsel Mallorca entwickelt wurde.[99]

Kelten, Karthager, Menschen von den Baleareninseln. So viele Rätsel und auffallende Parallelen – was könnte das alles miteinander zu tun haben? Selbst wenn es gelingen würde, eine plausible Erklärung für einen Kontakt der Chachapoya mit auch nur einer der hier genannten Gruppen aus der Alten Welt zu entdecken, so taugt doch kein einziges der bisher vorgestellten Beispiele für Kulturparallelen als zwingendes Indiz für Kontakte, geschweige denn als Beweis. Stets könnte auch ein Zufall dafür verantwortlich sein.

Dennoch: Die Chachapoya-Kultur enthält viele in Südamerika einzigartige Bestandteile und eine Reihe rätselhafter Phänomene, die sich jedenfalls durch die zur Zeit bekannten Fakten nicht erklären lassen. Und was sich ebenfalls nicht ohne weiteres ignorieren lässt, ist die erstaunliche und unseres Wissens in Südamerika einzigartige Häufung von Parallelen mit antiken Kulturen des westlichen Teils Europas und des Mittelmeerraums, auf die wir bei den Chachapoya gestoßen sind.

Auch die Vielfalt der Bereiche, aus denen die Parallelen stammen, findet wohl nirgendwo in der Neuen Welt ihresgleichen: Bauwerke, Gesellschaftsform, Götterdarstellungen, religiöse Gebräuche und Totenkult, handwerkliche Techniken, künstlerische Gestaltung und Ornamente, medizinische Techniken, Kriegskulte und Waffen, selbst Musik.

Wurzeln in der Alten Welt?
Archäologische Gegenargumente

Angesichts so zahlreicher unerklärlicher Parallelen liegt es nahe anzunehmen, dass manche Wurzeln der Chachapoya tatsächlich in der Alten Welt liegen könnten. Doch dem wird nicht nur entgegengehalten, dass in der Antike Transatlantikreisen nicht möglich gewesen seien (auf dieses Thema geht Kapitel 2 ein), sondern auch folgendes Argument: Wenn Kontakte zwischen den Chachapoya und antiken Hochkulturen der Alten Welt stattgefunden hätten, müssten doch auch typische Errungenschaften der Alten Welt ihren Weg nach Nordostperu gefunden haben – wie Inschriften, Räder oder Eisenwaffen. Doch bis heute fand man nichts dergleichen im Chachapoya-Gebiet. Macht dieses umfassende Argument alle Überlegungen in Bezug auf Alte-Welt-Wurzeln der Chachapoya gegenstandslos?

Zunächst zur Schrift: Einwanderer aus der Alten Welt wären sicher vor allem Krieger, Bauern oder Seeleute gewesen. Und vor der Einführung der allgemeinen Schulpflicht beherrschten Menschen aus diesen Berufen nur selten Lesen und Schreiben. Selbst Jahrhunderte später waren die meisten der spanischen Konquistadoren Analphabeten. Sie mussten Schreiber und Chronisten mitbringen, um dem König in Madrid berichten zu können. Vor Ort kamen sie gut ohne Schrift aus. Die meisten der bisher entdeckten Kulturparallelen weisen auf die Kelten hin. Aber in deren Kultur spielte in der vorrömischen Zeit die Schrift praktisch keine Rolle.[100] Und selbst wenn jemand aus einer antiken Einwanderergruppe schreiben konnte, so ist damit zu rechnen, dass diese Fähigkeit im Lauf der folgenden Generationen verlorenging, weil keine Notwendigkeit dafür bestand, sie anzuwenden.

Auch für das Rad gab es früher in den Anden und im Amazonasgebiet nirgendwo Verwendung. Noch heute transportieren die Amazonasindianer alle schweren Lasten auf dem Wasser, und im zerklüfteten Chachapoya-Gebiet benutzen die Bauern Lasttiere. Niemand besitzt dort Schubkarren oder Wagen.

Bis zur Ankunft der Spanier mag noch ein weiterer Faktor eine Rolle gespielt haben: In der Alten Welt benutzten zum Beispiel Kelten das Rad vor allem für Lastenfahrzeuge. Doch im Bergland fehlten nicht nur Fahrwege, sondern auch Zugtiere wie Pferde oder Rinder und geeignete, erst bei höheren Temperaturen schmelzende Schmierstoffe wie Rindertalg. Es machte also keinen Sinn, Wagen mit Rädern zu bauen.

Und Spinnräder und Töpferscheiben? Beides gab es in der antiken Alten Welt, aber es gehörte nicht zum Alltag zum Beispiel der Kelten. Spinnräder gelangten erst im 12. Jahrhundert nach Europa, und Töpferscheiben – im Orient schon seit Jahrtausenden in Gebrauch – erreichten die Keltengebiete erst in den letzten Jahrhunderten vor Christus und wurden dort auch dann nur von wenigen Gruppen benutzt.

Abgesehen davon war das Rad im präkolumbischen Amerika durchaus bekannt. Unter anderem im Museo Nacional de Antropología (MNA) in Mexico-Stadt kann man sich davon überzeugen. Räder wurden jedoch nur für Spielzeuge benutzt. Im Wirtschaften und Arbeiten fand man für sie keine Verwendung.

Fazit: Das Fehlen von Rad und Schrift bei den Chachapoya beweist nichts und widerlegt nichts.

Zur Verarbeitung von Metall: Eine der wichtigsten Errungenschaften der antiken Kulturen der Alten Welt, die man bei den präkolumbischen Kulturen Amerikas nicht fand, waren Geräte und Waffen aus Eisen. Hätten Archäologen nicht wenigstens ein eisernes Artefakt finden müssen, wenn zum Beispiel Kelten die Neue Welt erreicht hätten? Im Chachapoya-Gebiet hätten antike Einwanderer keine Eisengeräte herstellen können, weil sie dort keine geeigneten Erzvorkommen kannten. So wäre die Fähigkeit zur Erzgewinnung und -verarbeitung bald in Vergessenheit geraten. Einwanderer hätten also die Eisen-Objekte mitbringen müssen. Aber nach über zweitausend Jahren wären diese im feuchtwarmen Klima Amazoniens und der Anden-Nebelwälder längst verrostet und zerfallen. Dennoch könnten vielleicht einige Metallgegenstände aus der Alten Welt die Jahrtausende überdauert und auch die Plünderungen durch Inka und Konquistadoren überstanden haben – als Grabbeigabe in versteckten Grabstätten. Doch die Chance, solche Objekte zu finden, wäre äußerst gering. Die peruanischen Behörden erteilen nur hin und wieder ganz wenigen auserwählten Archäologen die Lizenz für Grabungen, und an vielen Chachapoya-Grabstätten und Siedlungen wurde noch nie wissenschaftlich gegraben.

Dass bisher keine auffälligen Metallobjekte der Chachapoya bekannt sind, hat aber einen noch ganz anderen Grund. Dazu dokumentierten mein Kameramann und ich vor einigen Jahren eine Aussage des damaligen Polizeichefs von Chachapoyas, Antero Medina Saldana: «Eines unserer größten Probleme ist, dass archäologische Funde nicht immer angezeigt werden, sondern dass Grabräuber sie bergen, mit der Absicht, Gewinne zu erzielen. Die Polizei macht zwar ständig Kontrollrunden, doch die Region ist groß und unwegsam, und die meisten Stellen erreicht man nur auf tagelangen Fußmärschen.»

Peter Lerche beschreibt in einem damals aufgezeichneten Interview die bis heute kaum veränderte Situation: «Hier gibt's Zigtausende von Grabstätten. Bislang sind nur ganz wenige von Wissenschaftlern erforscht worden. In den letzten Jahrhunderten hat sich niemand für diese Grabstätten interessiert, aber seit etwa drei Jahren haben einheimische Bauern und auch Grabräuberbanden entdeckt, dass sich mit dem Inhalt dieser Gräber hervorragende Geschäfte machen lassen. Wenn wir eine scheinbar intakte Grabstätte entdecken, ja, dann wartet auf uns meistens eine Überraschung. Wir finden vor Ort zerfledderte Mumienbündel und Scherben und sonst nichts mehr.»[101]

Im Centro Mallqui lagert – versteckt vor den Augen der Besucher – die etwas gruselige Mumie eines Kriegers. Die Arme sind abgerissen. «*Huaceros* – Grabräuber!», erläutert die Kuratorin Marcelita Hidalgo Pineda, und sie ist sich sicher, dass die Unterarme mit Goldschmuck verziert waren. Das Gold ließ sich nicht von den erstarrten Armen abstreifen, also nahmen die Grabräuber gleich die ganzen Unterarme mit. (Dazu liefert Diodor ein interessantes Detail: Er beschreibt, dass die keltischen Krieger gern Goldschmuck trugen, «Bänder um die Handwurzel und den Arm, auch dicke Halsketten von lauterem Gold».[102])

Wir haben Glück: Einer der Grabräuber, der etwas mit der Plünderung der Grabstätte am Kondorsee zu tun hatte, fing an zu plaudern – nachdem wir ihm ein paar Bier ausgegeben hatten, und natürlich maskiert und ohne seinen Namen zu nennen. Seine Kollegen und er hätten in vielen Gräbern und an manchen Mumien durchaus interessante Metallgegenstände gefunden, zum Beispiel Goldschmuck. «Da gibt es so ein Ding, das sie hier anbrachten: eine Art Armreif, und hier am Hals – Ketten.»

Wenn eine Mumie etwas schwerer ist, wird sie ausgepackt und geplündert. Und nichts davon gerät je in die Hände von Archäologen. Auf geheimen Wegen wird alles, was vielleicht schon früher Klarheit über den Ursprung der Chachapoya gebracht hätte, abtransportiert.

«Die Sachen verlassen Peru auf dem Weg über Cajamarca. Dann kommen sie nach Europa.» – «Welche europäischen Länder?» – «Italien, Spanien, Deutschland.» – «Und was ist, wenn ein Grabräuber gefasst wird?» – «Die Polizei sagt: Zahle, oder gib mir das Teil. Wenn es Gold ist, die Hälfte. Und wenn es Silber ist, dann wird verhandelt. Das hängt davon ab, wie viel man zahlen kann.»

Sämtliche Chachapoya-Grabstätten, die die Archäologen bisher untersucht haben, wurden zuerst von einheimischen Bauern oder professionellen Grabräubern entdeckt und geplündert. Und alles Wertvolle ist verschwunden.

So könnten zwar einige von irgendwelchen Einwanderern mitgebrachte Metallgegenstände sehr wohl bis in unsere Zeit bei den Chachapoya überdauert haben. Nur liegen sie dann entweder tief im Wald, in noch unentdeckten Gräbern, oder in irgendwelchen geheimen Sammlungen.

Es kursieren eine Reihe von Klischeevorstellungen zu antiken Kulturkontakten zwischen Alter und Neuer Welt: intensive, langanhaltende Handelsbeziehungen oder die «Bereicherung» präkolumbischer Kulturen durch «Zivilisationsbringer» aus der Alten Welt. Bei solchen Kontakten wären manche der oben genannten Gegenargumente berechtigt, doch das, was ich bisher von der Chachapoya-Kultur erfuhr (insbesondere zur Geschichte, zur Gesellschaftsform und zu Kunst und Religion der Chachapoya sowie die «rätselhaften Parallelen zu Kelten»), ließ mich schon früh vermuten, dass es sich um eine andere Art von Kontakten gehandelt haben könnte. Vielleicht suchten Menschen aus der Alten Welt, zum Beispiel Männer aus archaischen Kriegerkulturen, einen Ort, an dem sie in Freiheit und gemäß ihrer in der Heimat bedrohten Traditionen weiterleben konnten. Dabei konnten sie einige ihrer Traditionen aufgegeben, sich mit den indianischen Ureinwohnern vermischt und manche von deren Kulturformen (wie die Keramik) übernommen haben.

Die Annahme von antiken transatlantischen Kontakten scheint also zumindest aufgrund der hier kurz diskutierten Argumente noch nicht widerlegt. Und auch einheimische Archäologen sind, wie wir gesehen haben, auf einige Kulturparallelen gestoßen, die erstaunen. Möglicherweise sind die vielen offenen Fragen zum Ursprung der Chachapoya-Kultur allein auf ihre relative Unerforschtheit zurückzuführen, möglicherweise werden zukünftige Forschungen im Chachapoya-Gebiet und den benachbarten Regionen irgendwann Erklärungen anbieten.

Die aktuelle archäologische Diskussion in Peru lieferte bisher jedoch kaum Erfolg versprechende Anhaltspunkte für weitere Fragen und Forschungen – sie scheint in einer Sackgasse zu stecken. Doch vor einigen Jahren kam ein Impuls von ganz anderer Seite: Untersuchungen an den 1997 geborgenen Mumien vom Kondorsee brachten Erstaunliches zutage. Nicht Archäologen führten diese Untersuchungen durch, sondern Mediziner und Paläopathologen.

NOCH EIN RÄTSEL:
DIE TUBERKULOSE
BEI DEN CHACHAPOYA

Der Anthropologe Horst Seidler von der Universität Wien hatte durch peruanische Kollegen von den Mumien gehört, war fasziniert und überzeugte die Regierung seines Landes, dass für die Rettung der Mumien Geld bereitgestellt werden müsse. Quasi als Belohnung für die Finanzierung des neuen Museums in Leymebamba, in dem die Mumien vom Kondorsee jetzt fachgerecht aufbewahrt werden, durfte sich Seidler ein gutes Dutzend der Mumien für eine Weile «ausleihen», um sie in Wien gemeinsam mit mehreren Spezialisten zu untersuchen. Im Sommer 2006 ging dann eine Meldung durch die Presse: An der Universität Wien glaubte man, in Chachapoya-Mumien Hinweise auf Tuberkulose entdeckt zu haben. Ein neues Rätsel!

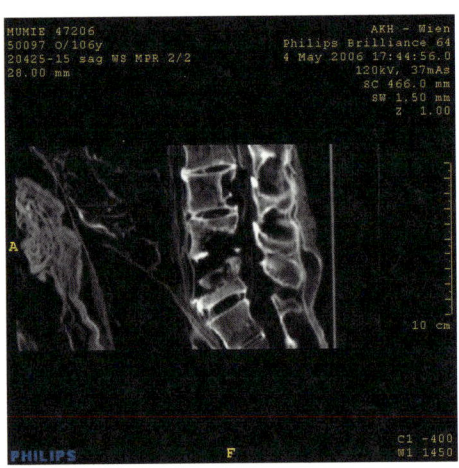

34 An der Universität Wien in einer Chachapoya-Mumie festgestellte Tuberkulose

Wenn man wie der überwiegende Teil der Fachwelt davon ausgeht, dass die Tuberkulose gemeinsam mit der Rinderzucht in der Alten Welt entstand – wie können dann in der Neuen Welt Mumien aus präkolumbischer Zeit TBC-Symptome zeigen? Schließlich gab es in Amerika vor Kolumbus keine Rinderzucht.

An dieser Stelle ein paar Worte zum Stand der Forschung in der Paläopathologie, also der Erforschung von Krankheiten in vergangenen Epochen: Mit Hilfe von DNA-Analysen und Untersuchungen von Knochenstrukturen konnte Tuberkulose auch bei schon lange verstorbenen Menschen nachgewiesen werden. Die ältesten bis zum Jahr 2003 belegten Fälle stammen aus Italien und Ägypten und sind rund sechstausend Jahre alt.[103] Aber es gibt noch ältere Spuren von TBC, die alle aus der Alten Welt stammen und offenbar in engem Zusammenhang mit der damals beginnenden Rinderhaltung standen.

Früher glaubte man, dass die Tuberkulose Amerika erst mit den europäischen Einwanderern der Neuzeit erreichen konnte, weil erst sie die Rinderzucht in der Neuen Welt eingeführt haben. Es wurden zwar auch bei älteren amerikanischen Skeletten Hinweise auf Tuberkulose entdeckt, doch die versuchte man stets anders zu erklären – bis vor einigen Jahren DNA-Analysen an Mumien zweifelsfrei nachweisen konnten, dass die Tuberkulose die Neue Welt tatsächlich schon vor Kolumbus heimgesucht hat.[104] So sind sich heute die Fachleute einig: «Tuberkulose gab es in der Neuen Welt schon vor der Ankunft von Kolumbus. Was wir noch nicht wissen, ist, wie oder wann genau die Krankheit Amerika erreichte.»[105]

Um diese Frage zu klären, mussten sich die Forscher mit der präkolumbischen Geschichte der Besiedlung Amerikas beschäftigen.[106] Der Paläopathologe Donald J. Ortner, Direktor des National Museum of Natural History in Washington, meinte, dass sich das Phänomen eigentlich nur damit erklären lasse, dass die Tuberkulose von viel früheren Einwanderern aus der Alten Welt in Amerika eingeführt wurde.[107]

Wenn die offizielle Geschichtsschreibung Recht hat, kommen dafür zunächst die asiatischen Vorfahren der Indianer in Frage, die während der letzten Eiszeit von Sibirien über die Beringstraße in Alaska eingewandert sind. Auch der für die Untersuchung der Mumien vom Kondorsee zuständige Experte, Herwig Imhof von der Medizinischen Universität Wien, vermutet, dass die Tuberkulose auf diesem Weg zu den Chachapoya gelangt ist.[108] Doch das kann nicht sein, denn als die Eiszeit endete und die Landbrücke überflutet wurde – vor rund elftausend Jahren – gab es noch keine Rinderhaltung und auch keine TBC in Sibirien.[109] Ortner sah angesichts dessen nur noch die Möglichkeit, dass Jahrtausende nach dem Ende der Eiszeit TBC-infizierte Menschen von Ostasien nach Alaska gelangten: in Booten, oder – wenn die Meeresenge zugefroren war – zu Fuß. Aber auch diese Erklärung wurde schnell wieder verworfen: Die Meeresenge ist extrem stürmisch und gefährlich und friert erst bei minus 70 Grad zu. Welcher TBC-kranke Rinderzüchter aus Ostasien hätte ein solches Abenteuer gewagt und auch noch überlebt?

Auch Michael Schultz, der sich intensiv mit der Geschichte der Tuberkulose beschäftigt hat,[110] kann sich nicht vorstellen, dass die Krankheit über die Beringstraße nach Amerika gelangt ist: Die Einwanderungen nach Nordamerika begannen vor mindestens fünfzehntausend Jahren, und seit mindestens fünftausend Jahren gibt es auch Ackerbaukulturen in Amerika. Wenn Menschen Tuberkulosekeime über die Beringstraße nach Nordamerika gebracht hätten, hätte man – wie in der Alten Welt – wohl auch dort Hinweise aus jener Zeit finden müssen. Aber: «In der Neuen Welt haben wir vor etwa fünftausend Jahren keinerlei Hinweis auf Tuberkulose, wir müssen also annehmen, dass die Tuberkulose nicht über die Beringstraße mit den ersten Einwanderern in die Neue Welt gekommen ist.»[111]

Die frühesten Tuberkulosefälle Nordamerikas traten erst viel später auf, vor etwa tausend Jahren.[112] Schultz: «Die andere Möglichkeit ist selbstverständlich, dass neue Einwanderer aus Osten kommend, also wie zum Beispiel die Europäer, Krankheiten aus der Alten Welt importiert und praktisch als Gastgeschenk den Ureinwohnern Amerikas übermittelt haben.»

Also dachte man an Wikinger, die um 1000 n. Chr. auf dem Weg über Island und Grönland die Atlantikküste Nordamerikas erreichten. Infizierten also die Wikinger nordamerikanische Indianer, und wanderte dann die Tuberkulose im Lauf der Jahrhunderte von Nordamerika nach Peru und zu den Chachapoya? Dann hätte man zum Beispiel an einem der vielen Knochenfunde aus Mittelamerika Hinweise auf Tuberkulose finden müssen. Das aber war zur Überraschung der Forscher nicht der Fall.[113] Seit kurzem weiß man, dass auch aus einem anderen Grund die Wikingertheorie nicht stimmen kann. Die frühesten zweifelsfrei nachgewiesenen Fälle in Amerika sind viel älter als die Amerikareisen der Wikinger. Und sie fanden sich nicht in Nordamerika, sondern in Südamerika, und zwar in den Andenländern im Westen des Kontinents.

Haben also irgendwelche unbekannten Vorläufer der Wikinger die Krankheit an die Atlantikküste Südamerikas gebracht – vielleicht Seefahrer, die vor der Küste Westafrikas kreuzten, dann von Winden und Strömungen, zum Beispiel dem Nordostpassat und der Nordäquatorialströmung, nach Westen verschlagen wurden und als Schiffbrüchige im Nordosten Brasiliens strandeten? Dort beträgt die kürzeste Entfernung zwischen der Alten und der Neuen Welt weniger als 3000 Kilometer, und solche Verschlagungen gab es schon mehrfach in der Geschichte der Seefahrt.

Haben sich dann andere Indianer im Osten Brasiliens angesteckt und danach die Tuberkulose – eventuell den Amazonas flussaufwärts – zum nächsten Indianerstamm getragen, und von dort zum nächsten und so weiter? Und gelangte so die Krankheit im Lauf der Jahrhunderte schließlich nach Peru und zu den Chachapoya?

Auch das kann nicht sein. Zumindest fand man nirgendwo an der Atlantikküste Südamerikas oder in Brasilien und im Amazonasgebiet Fälle von präkolumbischer Tuberkulose. Die ältesten im Jahr 2003 bekannten Fälle stammen aus Chile![114] Roberts und Buikstra vermuteten damals aufgrund gesicherter TBC-Fälle, dass die Krankheit vor ungefähr 1500 Jahren in Südamerika auftrat.[115] 2005 wurde dann der älteste Fall auf 200 n. Chr. geschätzt.[116] Doch auch diese Aussage ist offenbar inzwischen überholt.

In der wohl weltweit unübertroffen reichen Sammlung paläopathologischer Forschungsobjekte (ca. 15 000) des Instituts von Michael Schultz befindet sich auch ein Präparat aus einer sehr alten peruanischen Mumie. Schultz konnte daran unter anderem mit dem Elektronen- und dem Polarisationsmikroskop Tuberkulose nachweisen: «Das Präparat, das wir hier betrachten, gehört zu einem Wirbelkörper eines Menschen der Nasca Kultur, also eines Menschen, der vor fast zweitausend Jahren gelebt hat, und zeigt uns die deutlichen Spuren der Tuberkulose, ist somit auch einer der ältesten Fälle in Südamerika.»

Wie lässt sich das alles erklären? In der Literatur wird das Auftreten der Tuberkulose in Südamerika als ein «Mysterium» bezeichnet, «das die medizinische und anthropologische Forschung noch bis weit ins 21. Jahrhundert beschäftigen wird».[117]

Doch Schultz sieht eine plausible Erklärung für das «Mysterium», nämlich «dass die Tuberkulose mit frühen Einwanderern so vor ungefähr zweitausend Jahren aus der Alten in die Neue Welt übertragen wurde.» Das hieße, dass vor mindestens zweitausend Jahren Menschen aus der Alten Welt über den Atlantik nach Südamerika gelangt sind. Und deren Reise müsste bis in die Anden Perus geführt haben! Denn – wie gesagt: Im Osten Südamerikas und auch in ganz Amazonien finden sich keinerlei Hinweise auf das Auftreten von Tuberkulose vor der Ankunft der Konquistadoren.[118]

Die Befunde zeigen allerdings nicht, wer die Krankheit aus der Alten Welt nach Peru gebracht haben könnte und welche Region des riesigen Landes zuerst betroffen war. Im weiten Umkreis um die Chachapoya-Region entdeckte man bisher keine Nachweise für präkolumbische TBC-Fälle – außer bei den Mumien vom Kondorsee. Und diese sind jünger als die von Michael Schultz untersuchte Mumie.

Aber vielleicht zeigt sich doch irgendwann eine Verbindung zwischen den Forschungsergebnissen der Paläopathologen und der Frage nach dem Ursprung der Chachapoya. Immerhin lieferten die Arbeiten von Schultz und seinen Kollegen einen Hinweis, der eine Eingrenzung der Suche ermöglicht: Die Rätsel der Chachapoya-Kultur könnten mit einer Reise über den Atlantik zu tun haben, die vor etwas über zweitausend Jahren stattfand.

Eine erste Spur?

DIE SPUREN FÜHREN IN DIE ANTIKE
UND ÜBER DEN ATLANTIK

W enn die Schlussfolgerungen von Michael Schultz tatsächlich etwas mit den Chachapoya zu tun haben sollten, müssten Merkmale der Kultur dieser Menschen wie beispielsweise die beeindruckende Bautradition vor rund zweitausend Jahren plötzlich im Chachapoya-Gebiet aufgetaucht sein.

In der peruanischen und teilweise auch internationalen Fachwelt renommierte Archäologen vertreten jedoch eine andere These bezüglich des Alters der Chachapoya-Kultur: Im Dezember 2013 gaben peruanische Regierungsbehörden einen äußerst aufwendig gestalteten, umfangreichen und mit einer Fülle wunderschöner Fotos versehenen Prachtband, «Los Chachapoyas», heraus. Federführend war der Archäologe Federico Kauffmann-Doig. Ungeachtet aller Widerlegungen[119] behauptet er in seinem Artikel[120], dass die Chachapoya aus den Hochanden in die Bergwälder der Ostanden eingewandert seien und die Chachapoya-Kultur im 8.–10. Jahrhundert n. Chr entstand. Doch in einem weiteren Aufsatz desselben Bandes informiert der seit 1986 für die Ausgrabungen in Kuelap verantwortliche peruanische Archäologe Alfredo Narváez über den aktuellen Stand der Forschungen zum Alter des repräsentativsten Zeugnisses der Chachapoya-Kultur – Kuelap – und nennt hierzu andere Zahlen.

Zum Alter dieses Bauwerks wurden sehr unterschiedliche Angaben veröffentlicht – nicht zuletzt, weil sich kaum glaubwürdig behaupten lässt, dass der Beginn der Chachapoya-Kultur später zu datieren sei als das Alter ihres wichtigsten Symbols. Doch mit dem Aufsatz von Narváez liegt die Veröffentlichung eines Wissenschaftlers vor, der besser als jeder andere das Alter Kuelaps beurteilen kann. Seinen Angaben zufolge ergab die älteste eindeutige Radiokarbon-Datierung 600 n. Chr. Aber Kuelap müsse – das belegen die Ausgrabungen – viel älter sein.[121] Narváez schätzt, dass der Bau der Anlage um spätestens 400 n. Chr., aber eher einige Jahrhunderte zuvor begonnen haben muss und in mehreren Etappen über eine Reihe von Generationen fortgeführt wurde. Er sieht Kuelap weniger als Festung, sondern eher als Zentrum für gemeinschaftsstiftende, religiöse und magische Zeremonien. In den Kulturen des Megalithikums entstanden im Rahmen solcher Zeremonien Bauwerke wie das berühmte Stonehenge. Die Einschätzung des Alters von Kuelap, die Narváez auf die Ergebnisse der Grabungen stützt, weist auf einen Zeitpunkt viele Jahrhunderte vor den in der Fachliteratur veröffentlichten Angaben hin.

Im Folgenden verlasse ich mich – wann immer möglich – auf durch dokumentierte Ausgrabungen belegte Aussagen. Veröffentlichte Theorien, etwa zum Ursprung der Chachapoya-Kultur, lasse ich bei der Suche nach verlässlichen Indizien außer Acht, denn sie können von vielen Faktoren, die die zurundeliegenden Daten verbergen, beeinflusst sein.

Die vertrauenswürdigsten Quellen stammen von den beiden einzigen auf die Chachapoya spezialisierten Archäologen, die schon ihre Doktorarbeiten zum Thema geschrieben haben und noch heute zu dieser Kultur forschen: Inge Schjellerup und Warren Church. In ihren wissenschaftlichen Arbeiten entdeckte ich eindeutige Aussagen zu den ältesten bekannten und zugleich vermutlich aufwendigsten und sorgfältigsten Datierungen von Bauten der Chachapoya, «Building No. 1» und «Structure T1», aus den Rundbautensiedlungen Gran Pajatén und Huepon.

Das zuvor auf das 15. Jahrhundert datierte «Building No. 1» entpuppte sich als ein älterer Chachapoya-Rundbau.[122] Die Ausgrabungen dokumentierte Church in seiner Magisterarbeit. Er konnte anhand einer als «Grundstein» verwendeten Keramik den Baubeginn bestimmen: «Das präziseste Bau-Datum, das wir für Building No. 1 angeben können, ist nach 73 n. Chr. [...] So können wir annehmen, dass der Baubeginn nicht lange nach 73 n. Chr. stattfand.»[123] Der Zorn der Kollegen war groß, und sie bezweifelten die Beweiskraft der Datierung.[124]

Dieses Problem hatte die dänische Archäologin Inge Schjellerup nicht: Sie erwähnte keine Datierung von Gebäuden, sondern nannte nur eine durch C14-Datierung nachgewiesene[125] bis ins 15. Jahrhundert durchgehende Besiedlung ab dem Jahr 10 n. Chr. in Huepon. Die Schichten im Rundbau T1 von Tuepon sind seit jener Zeit unberührt und sehr gut voneinander zu unterscheiden. Das macht Datierungen besonders zuverlässig.

Die Zeichnung des Grabungsquerschnitts liefert alle für die Beweiskraft der Datierung der Bautradition notwenigen Informationen.[126] Die datierte Keramik stammt aus der Schicht Nr. V. Direkt darunter: eine sterile, sorgfältig angelegte Steinschicht (Schicht Nr. VII). Die schmalen Schichten darüber und darunter (Nr. VI und VIII) enthalten ebenfalls Siedlungsspuren wie Keramik und Holzkohle – also offensichtlich der für die Rundbauten des Gebietes typische aus Steinen geschichtete Fußboden eines Chachapoya-Rundbaus.

Dass es sich nicht um eine frühe Vorform handeln kann, wird auch durch die Tatsache belegt, dass bisher kein Archäologe im Chachapoya-Gebiet Vorformen der steinernen Rundbauten oder andere frühere Reste steinerner Bauten entdeckt hat – obwohl intensiv danach gesucht wurde. Es kann als gesichert gelten, dass die ersten steinernen Gebäude, die es im Chachapoya-Gebiet gab, die typischen und oft mit «gewaltigen Mauern»[127] umgebenen Rundbauten waren. Peter Lerche lag mit seinen in den vergangenen Jahren mir gegenüber geäußerten Schätzungen also richtig, ebenso wie viele von ihm 1995 zitierte frühere Erforscher der Region.

Die in der neueren Fachliteratur veröffentlichten Behauptungen wurden von den Fakten widerlegt: Die einzigartige Chachapoya-Bautradition tauchte nicht im 8.–10. Jahrhundert, sondern vor etwas über zweitausend Jahren in der Region auf.

Vielleicht gibt es für all die Rätsel um den Ursprung der Chachapoya, die seltsamen Verweise auf den Mittelmeerraum, das Auftauchen der Tuberkulose, eine gemeinsame Erklärung? Dann hätten wir endlich einen Ansatz für weitere Ermittlungen: Es könnte sich lohnen, nach einem Ereignis zu fahnden, das vor über zweitausend Jahren stattfand und dessen Ursachen eventuell außerhalb Perus liegen – vielleicht sogar jenseits des Atlantiks. In Peru und im Westen Südamerikas fanden sich jedenfalls bislang keine Antworten.

Auch die Ergebnisse der aktuellen archäologischen Fachdiskussion verweisen auf eine Region weit östlich von Peru. Peter Lerche vermutete schon 1996, dass der Ursprung der Chachapoya-Kultur nicht im angren-

35 Horntierkopf an einem Kultgefäß
aus dem 2.–3. Jahrhundert v. Chr.,
östlicher Mittelmeerraum

zenden Amazonasgebiet zu finden ist, sondern sehr viel weiter östlich gelegen haben könnte.[128] Aber wo dort? In Brasilien, dem riesigen Nachbar-
land im Osten Perus, fanden sich bisher keine Belege für irgendwelche
Vorläufer der Chachapoya-Kultur. Doch in den vergangenen Jahren stieß
ich dort auf zwei andere Phänomene, die stutzig machen und eventuell
Hinweise liefern könnten.

Durch eine Verkettung von Zufällen erfuhr ich im Jahr 2005 von
einem seltsamen, der Öffentlichkeit bisher vorenthaltenen Metallobjekt.
Tief im Amazonasgebiet und weit entfernt von den Anden Nordostperus
hatte – so wird erzählt – vor einigen Jahrzehnten ein Indianer das Objekt
entdeckt: eine offenbar antike Axt, verziert mit einem gehörnten, an
einen Stier erinnernden Wesen. Rinder, Ziegen oder andere Tiere mit solchen Hörnern gab es vor Kolumbus in Südamerika nicht. In den antiken
Kulturen der Alten Welt aber waren Stiere und andere gehörnte Tiere ein
verbreitetes Motiv. Auch Kultgegenstände wurden nicht selten mit Stier-
köpfen verziert – und vermutlich handelt es sich um eine Kultaxt, die zum
Beispiel Priester bei ihren Ritualen verwendeten.

Wiederentdeckt wurde die Axt von Luis Tiberiza, einem Ende 2002

36 Horntierkopf an einer Kultaxt, die von Indianern in einem Urwaldsumpf in Westbrasilien entdeckt wurde

verstorbenen brasilianischen Privatforscher. Er hinterließ folgenden Bericht: Ein Indianer habe die Axt beim Ziehen eines Entwässerungsgrabens im sumpfigen Boden seines Gartens an den Ufern des Rio Guaporé, einem Amazonasnebenfluss an der Grenze zu Bolivien (siehe Karte auf dem vorderen Vorsatz), ausgegraben und in seiner Hütte aufbewahrt. Nach seinem Tod erbte sie ein Verwandter, ein mit Luis Tiberiza befreundeter Einheimischer. Dieser habe das Objekt dann im Herbst 2002 Luis Tiberiza geschenkt. Tiberizas Nachlass wiederum, in dem sich auch die Axt befand, wurde von seinem Freund und Forschungskollegen, dem deutschstämmigen, aber seit seiner Kindheit in São Paulo lebenden Heinz Budweg verwaltet, und Luis Tiberiza hatte Heinz Budweg kurz vor seinem Tod gebeten, sich um das seltsame Artefakt zu kümmern.

Heinz Budweg informierte mich über den Fund. Da der Privatbesitz von Antiquitäten in Brasilien gegen das Gesetz verstößt, übereignete Budweg das Artefakt dem halbstaatlichen «Instituto Historico e Geografico» von São Paulo. Dort kam man nach eingehender Prüfung aller bisher bekannter Umstände zu dem Ergebnis, dass es sich um eine möglicherweise sensationelle Entdeckung handeln könnte. Die Präsidentin des Instituts, die Archäologin Nelly Martins Ferreira Candeias, glaubt wie ihre Kollegen aus der Institutsleitung, dass sich die Axt «als wichtiger Markstein der Vorgeschichte Brasiliens und ganz Amerikas» erweisen kann.[129]

Vielleicht ist die Axt ein Puzzleteil, das irgendwie zur Lösung der Rätsel beitragen könnte – falls sie als Beweisstück für Kontakte zwischen Südamerika und antiken Kulturen der Alten Welt taugen sollte.

Im Osten Amazoniens stieß ich auf ein zweites Phänomen: Dirckt am Atlantik, in der Amazonasmündung, liegt die Insel Marajó. Sie gilt als die Heimat der am höchsten entwickelten Indianerkultur Brasiliens. Dort, nahe der Stadt Belém, wurden prachtvolle Keramiken gefunden, die man im Amazonasgebiet nicht erwarten würde und die eher an den antiken Mittelmeerraum erinnern.

Die Marajó-Kultur gibt den einheimischen Archäologen eine Fülle von Rätseln auf. Ihre Erforschung steht noch am Anfang, und nur wenige Wissenschaftler haben bisher darüber berichtet.[130] Die ersten von ihnen waren so verblüfft über die Fremdartigkeit und Raffinesse der Fundstücke, dass sie sicher waren, dass hier einst ein Volk mit einer hochentwickelten, nicht indianischen Kultur gelebt habe. Und noch in den 1950er Jahren glaubten viele Archäologen, dass die Marajó-Bevölkerung ursprünglich aus den 4000 Kilometer entfernten Anden stammte.

Heute weiß man dank neuerer Forschungen, dass beides nicht stimmt. Gesichert ist, dass die Marajó-Indianer schon vor mindestens fünftausendfünfhundert Jahren auf ihrer Insel lebten.[131] Ihre Keramik unterschied sich zu jener Zeit nicht wesentlich von anderer Amazonas-Keramik. Erst dreitausendfünfhundert Jahre später, also vor über zweitausend Jahren, erhielt ihre Kultur offenbar einen kreativen Impuls, für den die führende Spezialistin zur Marajó-Kultur, die Archäologin Denise Schaan, und ihre Kollegen keine Erklärung haben.[132]

Die auffälligste Neuerung, die dann Amazonien eroberte, war die polychrome Keramik: Vielfarbige Formen, Ornamente und Figuren schmücken die Keramiken, und zwar immer in den Farben schwarz, weiß, rot und ocker.[133] Der Geograf José Brochado und der Archäologe Francisco S. Noelli schreiben in ihrer Zusammenfassung des Forschungsstands zur kulturellen Entwicklung Amazoniens: «Diese Artefakte bilden ein komplexes Bündel von Keramikformen und ... Bemalung, ... einen sehr hochentwickelten Kunststil. Vor etwa zweitausend Jahren begannen sie, sich von Marajó aus flussaufwärts zu verbreiten.»[134]

37, 38 Polychrome Keramik aus Marajó

Was diesen Kulturschub damals ursprünglich auslöste, ist für die brasilianischen Archäologen nach wie vor ein Rätsel. Nie zuvor hatte es im Amazonasgebiet solche Techniken gegeben. Doch im antiken Mittelmeerraum gehörten sie schon Jahrhunderte früher zum Standard. Weist die Marajó-Kultur auf Spuren von Besuchern aus der Alten Welt?

All die mysteriösen Phänomene, denen wir in Peru und Brasilien begegnet sind, lassen sich als ein Bündel von Hinweisen auf Kontakte zwischen Südamerika und antiken Kulturen des Mittelmeerraums oder des westlichen Europa verstehen. Doch konkrete Belege oder gar Beweise enthalten diese Hinweise nicht. Es läge also nahe, detailliert die Beweiskraft jedes dieser Phänomene zu überprüfen. Eine mühsame Aufgabe!

In der heutigen archäologischen Forschung werden solche Untersuchungen so gut wie nie durchgeführt. Auch keiner der peruanischen Archäologen, die zu den Chachapoya arbeiten, hat jemals außerhalb Südamerikas nach Wurzeln der Chachapoya-Kultur geforscht. Für sie steht fest, dass die antiken Kulturen Perus nichts mit der Alten Welt zu tun haben konnten[135] und dass sich deshalb solche Mühen nicht lohnen.

Doch stimmt diese Auffassung? Um das zu klären, ist es unerlässlich, so unvoreingenommen wie möglich vorzugehen und wie ein Kriminalist zu fragen: War es vor über zweitausend Jahren grundsätzlich ausgeschlossen, dass irgendjemand den Atlantik überquerte? Oder hätte eine solche Reise vielleicht doch stattfinden können? Falls ja: Welche Völker der Alten Welt hätten damals sowohl die Möglichkeit als auch ein Motiv gehabt, sich auf ein so haarsträubendes Abenteuer einzulassen, den Atlantik zu überqueren, dann quer durch einen fremden Kontinent zu reisen, sich schließlich in den Anden anzusiedeln und dort Bauwerke wie Kuelap zu errichten? Und schließlich: Falls eine solche Expedition stattfand – wie kann es sein, dass man heute nichts darüber weiß?

Die Ermittlungen beginnen.

2.
VÖLKER DER ANTIKE: EIN MÖGLICHER SCHLÜSSEL

FAHRTEN ÜBER
DEN ATLANTIK?

Theorien zu antiken Kontakten zwischen Südamerika und der Alten Welt gab es schon früher. Doch die meisten Archäologen – in Europa und auch in Amerika – halten solche Kontakte für unmöglich. Der Wissenschaftsjournalist Michael Zick fasst zusammen: «Eine Non-Stop-Route über den Atlantik ... wird allgemein ausgeschlossen.»[1]

Die Tatsache, dass diese These ständig wiederholt wird, sagt noch nichts über ihren Wahrheitsgehalt aus. Das gleiche gilt für die Aussage, dass man bisher noch keine Beweise für solche Reisen gefunden hat.

Mit konkreten Gegenargumenten muss man sich jedoch auseinandersetzen, etwa dem Trinkwasser- und Nahrungsproblem auf langen Strecken.[2] Doch dieses Argument greift nicht: Schon in der Antike war man in der Lage, Nahrungsmittel auf vielfältige Weise zu konservieren. Und wie die Entdecker der Neuzeit konnten auch antike Seefahrer auf ihren oft großräumigen Handelsschiffen genügend Trinkwasser mit sich führen. In ihren Keramikamphoren hielt sich Wasser sogar besser frisch als in den später benutzten Holzfässern. Die teils über riesige Strecken führenden Reisen der Polynesier zeigten, dass sich solche Probleme auch mit weiteren Verfahren bewältigen ließen, etwa durch Auffangen von Regenwasser und mit Fischfang während der Reise.

Auch einem anderen Argument sind wir häufig begegnet: Zu jener Zeit sei man nur entlang der Küsten gesegelt, weil die Seefahrer des antiken Mittelmeerraums das offene Meer scheuten.

Aber nicht alle Fachleute teilen diese Meinung. In der Universitätsstadt Freiburg lehrt und forscht eine für solche Fragen zuständige Wissenschaftlerin. Wohl kaum jemand hat sich so umfassend mit Seefahrt und Kulturbeziehungen in der Antike befasst wie die Archäologin Karin Hornig. Schon ihre Doktorarbeit schrieb sie zu diesem Thema.[3] Und sie stellt fest: «Aus meiner Beschäftigung mit antiker Seefahrt in den verschiedenen Kulturen des Altertums ergibt sich für mich das Bild sehr weiträumig agierender Seefahrer, die vor allem für ihre Handelsreisen enorme Strecken zurückgelegt haben – über das offene Meer. Wir wissen aus dem Mittelmeerraum, dass die Seefahrer dies schon sehr früh getan haben, denn sonst wären Inseln wie Malta oder Kreta nicht schon in der Jungsteinzeit besiedelt worden.»[4]

Auch den Phöniziern wurde lange unterstellt, dass sie stets nur in Sichtkontakt der Küsten segelten. 1999 entdeckte der Unterwasserarchäologe Robert Ballard vor Gaza ein phönizisches Schiffswrack. Diese Entdeckung wurde so präsentiert: «Der Fund ist eine Sensation. Doch wichtiger noch als das Wrack (das erste Schiff aus der Eisenzeit) war der Fundort des Schiffs, knapp 50 Kilometer von der Küste entfernt – der Beweis, dass die Phönizier über das offene Meer fahren konnten.»[5] Dabei war schon längst offensichtlich, dass Phönizier und Karthager keine Probleme mit offenem Meer hatten: Bei dem ständigen Schiffsverkehr mit ihrer Kolonie auf der Mittelmeerinsel Ibiza mussten sie – selbst wenn sie sich so lange wie möglich entlang der Küste Nordafrikas gehalten hätten – immer noch mindestens 270 Kilometer offenes Meer überwinden, ohne Sichtkontakt zum Land. Und das war nur eine ihrer kürzeren Routen.

Doch es gibt noch weitere Einwände: Damals habe man nicht gegen den Wind kreuzen, ohne Sichtkontakt zur Küste navigieren oder raue See beherrschen können.

Im Jahr 2009 produzierten Arte-France und das Musée du Louvre eine Dokumentation experimenteller Archäologie,[6] die all diese Einwände widerlegte: Schon 1500 v. Chr., also vor der großen Zeit der Phönizier, konnten die Ägypter mit manchen ihrer Schiffe auch auf dem offenem Meer und bei rauer See gegen den Wind kreuzen und sehr gezielt navigieren, auch nach Sonne und Sternen. Das wies ein internationales Archäologenteam[7] nach, und zwar mit dem exakten Nachbau eines ägyptischen Schiffs anhand archäologischer Funde und mit dessen Test auf dem Roten Meer im Jahr 2008.

Hornig ist überzeugt: «Die Transatlantikfahrten halte ich in der Antike für machbar – sowohl vom navigatorischen wie auch vom schiffsbautechnischen Standpunkt her. Die Schiffe zum Beispiel der Karthager waren auch nicht wesentlich schlechter als die, die Kolumbus benutzt hat. Die Wetter- und Seebedingungen dürften weitgehend dieselben gewesen sein.»[8] Welche Schiffe haben die Karthager benutzt? Es gibt eine Fülle von Abbildungen und Modellen karthagischer Schiffe. Doch dabei handelt es sich fast ausschließlich um Kriegsschiffe wie die besonders effektive und verbreitete Trireme (wörtlich: «Dreiruderer», wobei die drei Ruderreihen gemeint sind).

Doch mit solchen Schiffen werden die Karthager sicher keine weiteren Handels- und Erkundungsreisen und erst recht keine Atlantikfahrten unternommen haben: Kriegsschiffe wie die Triremen wurden für den Kampfeinsatz, vor allem für das Rammen feindlicher Schiffe konstruiert. Sie sind nicht hochseetauglich: zu leicht gebaut, ein zu niedriges Freibord, ein zu hoher Schwerpunkt und außerdem zu wenig Stauraum für eine weite Expedition.[9] Somit können wir davon ausgehen, dass die Karthager ihre Handels- und Mehrzweckschiffe eingesetzt haben. Diese Schiffe besaßen gewöhnlich an jeder Seite nur eine Ruderreihe und nur einen Mast mit einem großen Rahsegel. Sie waren eher schlicht gebaut, breiter und mit mehr Tiefgang und natürlich ohne Rammsporn. «Mit solchen robusten und geräumigen Seglern hätten antike Auswanderer am ehesten eine Überfahrt wagen können, wie tausend Jahre später die Wikinger», meint Hornig.[10] In der Tat zeigen phönizische Handelsschiffe eine erstaunliche Ähnlichkeit mit den legendären Wikingerschiffen, von denen wir sicher wissen, dass sie den Atlantik überqueren konnten. Nicht nur Segel und Ruderreihen entsprechen einander, auch die geschwungenen Formen des Rumpfes und des aufragenden Bugs.

Mit den Rahsegeln der antiken Schiffe ließ sich ähnlich navigieren wie mit den Schiffen der neuzeitlichen Entdecker, aber Griechen, Etrusker, Phönizier oder Karthager besaßen noch einen zusätzlichen Vorteil gegenüber Kolumbus: Bei ungünstigen Winden konnten sie rudern. Und wie die polynesischen Seefahrer, die den riesigen Pazifik durchfuhren, verstanden es sicher auch zum Beispiel die Karthager, nach Sonnenstand und

*39 Rekonstruktion eines phönizischen Handelsschiffes. Vergleichbare Schiffe benutzten
auch die Karthager bei weiten Handels- und Erkundungsfahrten.*

Sternen zu navigieren und dabei Winde, Strömungen, Seevögel und di-
verse andere Zeichen der Natur zu deuten.

Außerdem beträgt die Strecke von der nordwestafrikanischen Küste
(die bereits vor über 2700 Jahren von Phöniziern erkundet wurde) nach
Nordostbrasilien nur einen Bruchteil vieler der bekannten Reisen der
Phönizier und Karthager[11], nämlich gerade 2850 Kilometer (siehe Karte
S. 91).

So lang etwa sind auch die Strecken über den offenen und alles andere
als friedlichen Pazifik, die die jeweils nächsten polynesischen Inseln von
der Osterinsel und von Neuseeland trennen. Schon Jahrhunderte vor den
ersten Kontakten mit Europäern und den Reisen des Kolumbus bewältigten Polynesier diese Strecken, manchmal mehrfach und gegen Wind und
Strömungen – alles mit ihren mit Steinzeit-Werkzeugen hergestellten
Zweirumpf-Flößen.

Antike Seefahrer der Alten Welt hätten auf einer Atlantiküberquerung zum Beispiel von Westafrika nach Nordostbrasilien zudem stets die
Passatwinde und die Äquatorialströmungen im Rücken gehabt (siehe

Karte S. 106). Die Behauptung, dass zum Beispiel Karthager mit ihren Erfahrungen auch mit langen Reisen und mit ihren technisch ausgereiften, von Rahsegeln und Ruderern vorangetriebenen Schiffen zu einer solchen Reise grundsätzlich nicht in der Lage waren, kann nicht überzeugen.

SEEFAHRERNATIONEN
IM MITTELMEERRAUM

Doch welches Volk der Alten Welt besaß vor über zweitausend Jahren zugleich Möglichkeit und Motiv für eine Auswanderung nach Südamerika?

Werfen wir zunächst einen Blick auf die Situation um die Zeitenwende auf dieser Seite des Atlantiks: Das Römische Reich beherrschte den größten Teil der damals bekannten Welt – alle Küsten des Mittelmeers und die gesamte Atlantikküste des europäischen Festlands von der Nordspitze Frankreichs bis zur Südspitze Spaniens, und die Besetzung Britanniens und Nordwestafrikas stand kurz bevor. Nach den erfolgreichen Kriegen gegen die Karthager verfügten die Römer außerdem über eine hochentwickelte Technologie des Schiffbaus und der Seefahrt.

Haben also möglicherweise die Römer ihre Spuren nicht nur überall in der Alten Welt, sondern auch in den peruanischen Anden hinterlassen? Ob sie den Atlantik überqueren konnten, wissen wir nicht. Die Frage ist auch müßig. Es fehlte ein Motiv: Ihr Interesse galt nicht der Seefahrt, sondern der Eroberung und Kontrolle der Alten Welt. Außerdem hätte die umfassende Geschichtsschreibung der Römer sicher über Koloniegründungen in Peru detailliert berichtet, und schließlich hätte man in den Anden Spuren der Römer entdeckt. Doch beides ist nicht der Fall.

Und die Germanen? Weder besaßen sie die Gelegenheit noch ein Motiv: Sie waren Herren ihrer Länder und verfügten damals auch nicht über nennenswerte Seefahrt-Kapazitäten. Erst viele Jahrhunderte später brachten sie kühne und fähige Seefahrer hervor: die Wikinger. Doch das war zu einer Zeit, als die Chachapoya-Kultur schon lange bestand.

Die Detektivarbeit muss früher ansetzen – in der Zeit, bevor es Rom gab. Schon im 6. Jahrhundert v. Chr. existierten großartige Kulturen, allerdings nicht an der Atlantikküste, sondern im östlichen Mittelmeerraum.

Alle diese Kulturen beherrschten die Seefahrt. Perser, Assyrer, Griechen, Etrusker stritten ständig miteinander um die Vormacht auf dem Meer.

Aber die erfolgreichsten Seefahrer zu jener Zeit waren die Phönizier – zugleich geniale Kaufleute, Erfinder und Techniker. Sie erfanden zum Beispiel durchsichtiges Glas und entwickelten die erste Alphabetschrift, die Urform aller modernen europäischen Schriften. Das Machtzentrum der Phönizier war die Stadt Tyros im heutigen Libanon. Von da aus drangen sie auch weit nach Westen vor. Im heutigen Tunesien gründeten sie die Stadt Karthago. Sie besiedelten die Baleareninsel Ibiza und errichteten auch an der spanischen und nordafrikanischen Atlantikküste Handelsniederlassungen.[12] Handelsschiffe der Phönizier schafften – so schätzten Archäologen – 160 Kilometer am Tag.[13] Rechnet man das auf die kürzeste Entfernung zwischen der Alten Welt und Südamerika (Westafrika und Nordostbrasilien) um, käme man auf eine Reisedauer von gerade mal drei bis vier Wochen.

Auch Ägypter beauftragten für große Seefahrtunternehmen lieber die Phönizier, als das selber zu wagen. Um 600 v. Chr. umrundeten die Phönizier im Auftrag des ägyptischen Pharao Necho ganz Afrika – so berichtete Herodot, und daran wird heute praktisch nicht mehr gezweifelt.

Als berühmte Seefahrer mit Atlantikerfahrungen wären die Phönizier also zu ihrer großen Zeit die aussichtsreichsten Kandidaten für unsere angenommene Transatlantikreise gewesen. Aber es gibt keinerlei Hinweise darauf, wie weit sie sich tatsächlich auf den offenen Atlantik gewagt haben. Und auch ein Motiv für eine Auswanderung in die Neue Welt ist während der gesamten Blütezeit der Phönizier nicht erkennbar.

Ewa um 520 v. Chr. wurde Tyros von den Persern erobert, und das Zentrum der phönizischen Macht und Kultur verlagerte sich westwärts nach Karthago.[14] Dort entstand ein unabhängiger Stadtstaat, der äußerst erfolgreich auf den Traditionen und Errungenschaften der Phönizier aufbaute und sie konsequent weiterentwickelte. Die karthagischen Schiffe waren allen bis dahin bekannten Schiffen weit überlegen und hatten keine Probleme mit dem oft tückischen Mittelmeer.

Ihren Machtbereich dehnten die Karthager (oder Punier, wie sie auch genannt werden) immer weiter aus: auf die Insel Ibiza, die spanischen und nordwestafrikanischen Küsten, die Inseln Sizilien, Korsika und Sardinien, und auch das spanische Festland überzogen sie mit einem Netz von Handelsniederlassungen.[15] Aus der ehemaligen Kolonialstadt Karthago wurde eine machtvolle Metropole. Vierhundertausend Menschen – so schätzen Archäologen – lebten dort. Doch noch mehr beeindruckte Karthagos Hafen die Zeitgenossen: Er wurde zum mit Abstand technisch modernsten Hafen der gesamten antiken Welt. Von hier aus starteten die Karthager neue, kühne Reisen. Wohl um etwa 480 v. Chr. unternahm der karthagische Seefahrer Hanno eine großangelegte Expedition nach Westafrika, die ihn bis in den Golf von Guinea führte.[16] Ungefähr zur gleichen Zeit erreichte der Karthager Himilkon auf der Suche nach Zinnlieferanten die Insel Britannien.[17] Ihre Atlantikfahrten verschafften den Karthagern immense Vorteile gegenüber ihren Handelskonkurrenten aus dem Mittelmeerraum.[18]

Für die meisten Seefahrer des Mittelmeers war der Atlantik eine fremde, unheimliche Welt, heimgesucht von schrecklichen Stürmen und von riesigen Seeungeheuern. So kam den Karthagern bei ihren Atlantikaktivitäten kaum jemand in die Quere – eine komfortable Situation, die sie nach besten Kräften sicherten. Manche Horrorgeschichten über den Atlantik mögen sie selbst in die Welt gesetzt haben, und vermutlich blockierten sie über einen langen Zeitraum auch die Straße von Gibraltar für alle anderen Schiffe. So waren die Karthager über Jahrhunderte das einzige Volk des Mittelmeerraums, das den Atlantik befuhr.[19] Ihre seefahrerischen Aktivitäten insbesondere auf dem Atlantik behandelten sie als Staatsgeheimnis, um ihr lukratives Monopol auf den Handel an den Atlantikküsten zu schützen.[20]

Von irgendwelchen Handelsbeziehungen zwischen Karthago und Amerika ist nichts überliefert. Allerdings kennt man bis heute vermutlich nur einen kleinen Teil der karthagischen Atlantikfahrten. Vor allem für die Zeit zwischen etwa 400 und 280 v. Chr. weiß man praktisch nichts darüber – außer, dass ihr Handel entlang der Atlantikküsten blühte. Zinn – kostbar, weil unverzichtbar für die Herstellung von Bronze – holten die Karthager zum Beispiel aus Südspanien und aus Galicien im Nordwesten Spaniens. Gold lieferte der Handel mit Westafrika.

Wenn in der Antike jemand Amerika besucht haben sollte, ohne dass

EUROPA

Atlantischer Ozean

Adria

Schwarzes Meer

IBERISCHE HALBINSEL　　*Balearen*　*Sardinien*

Agäis　　**ASIEN**

Säulen des Herakles

Sizilien

Karthago

Mittel-meer

Kreta　　*Zypern*　　Byblos
Sidon

Tingis (Tanger)　　　　　　　　　　　Tyros

Madeira

Lixus
Mogador　　　　　　　　Leptis　　　Kyrene　　　Euphrat

Kanarische Inseln　　　　　　　　　　　　　　　　Memphis　　**ARABIEN**

A F R I K A

Nil

S A H A R A　　　　　　　　　　　　　　　　*Rotes Meer*

...dische ...ln

Niger

Horn des Westens　　　*Mt. Kamerun*

Golf von Guinea

Horn des Südens

Atlantischer Ozean

Indischer Ozean

...tike Handels- und Expeditionsrouten

— Route des Karthagers Hanno
(vermutlich 5. Jh. v. Chr.)

— Vermutliche Route des Polybius
(2. Jh. v. Chr.)

⋯ Bekannte phönizische und karthagische
Handels- und Expeditionsrouten

▮ Phönizien

der Rest der Welt davon erfuhr, dann können es eigentlich nur die Karthager gewesen sein. Bei einer ihrer Reisen vor der westafrikanischen Küste könnte zum Beispiel ein Sturm eines ihrer Schiffe nach Westen verschlagen haben.

Und tatsächlich, über eine solche Verschlagung sickerte trotz aller Geheimhaltung etwas durch: ein von Diodor und (Pseudo)-Aristoteles überlieferter Bericht des Historikers Timaios aus dem 4. Jahrhundert v. Chr. über die Entdeckung einer großen Insel weit im Westen des Atlantiks. Hatten die Karthager im Geheimen Amerika entdeckt?

ENTDECKTEN DIE
KARTHAGER SÜDAMERIKA?

Madeira, Teneriffa:
Was beschreiben die antiken Historiker?

In dem Werk «Mirabilia» aus dem 4. Jahrhundert v. Chr., das dem griechischen Gelehrten Aristoteles zugeschrieben wird und Berichte über allerlei für die damaligen Leser interessante Phänomene enthält, ist zu lesen: «In dem Meer außerhalb der Säulen des Herakles [also jenseits der Straße von Gibraltar, im Atlantik] sollen die Karthager eine unbewohnte Insel entdeckt haben, die mannigfachen Wald und schiffbare Flüsse enthalte.» Ihre Lage würden sie jedoch geheim halten.[21]

Etwa zweihundert Jahre später bezieht sich der griechische Historiker Diodor (in Buch V seines Werks «Griechische Weltgeschichte») offenbar auf dieselbe Quelle – das Werk des griechischen Historikers Timaios – und auf dieselbe Entdeckung:[22] «Draußen im Ozean [westlich der Straße von Gibraltar und] in westlicher Richtung [von Afrika] findet sich … eine Insel von beachtlicher Größe. In alten Zeiten blieb die Insel wegen ihrer weiten Entfernung von der ganzen bewohnten Erde unentdeckt.» Später hätten auch ihre Entdecker, die Karthager, dafür gesorgt, dass die Lage der Insel geheim blieb.[23] Diodor berichtet weiter: Die Karthager «wurden durch starke Winde eine weite Strecke im Ozean abgetrieben. Viele Tage lang vom Sturm geschüttelt, landeten sie endlich auf der oben erwähnten Insel.»[24]

Was hatten die Karthager entdeckt? Der spanische Gelehrte Oviedo, der im Jahr 1535 diese Berichte studierte, meinte in seiner «Historia General de las Indias», sie würden die Entdeckung Amerikas durch die Karthager beweisen.[25]

Nun ist die Beweiskraft solcher Berichte fragwürdig, zumal wenn sie, wie in diesem Fall, aus zweiter und dritter Hand stammen. Doch da bei den Autoren kein Motiv für falsche Behauptungen oder Fantasien zu entdecken ist, gehen die meisten Fachleute davon aus, dass tatsächlich eine reale Entdeckung beschrieben wurde. Aber Amerika?

Seit dem 19. Jahrhundert vertreten fast alle Achäologen und Altphilologen, die sich mit diesen Berichten befassten, die Meinung, dass es sich um eine der Atlantikinseln vor der Westküste Afrikas handeln müsse. So schrieb schon 1831 der Altphilologe Julius Friedrich Wurm: «Die Vermuthung, daß hier von America die Rede sey, hat wenig Wahrscheinlichkeit. Es kann eine der Inseln in der Nähe der Westküste von Africa gemeint seyn.»[26] Vor allem Madeira wurde genannt.[27] Mit dieser Interpretation gab sich die Fachwelt zufrieden, zumal die vermutlich ursprüngliche Quelle der Berichte, das Werk des griechischen Historikers Timaios von Tauromenion (er lebte ca. 345–250 v. Chr.), verschollen ist und deshalb in der Literatur keine weiteren Nachforschungen mehr möglich sind.

Seit Jahrzehnten wird über die Frage, ob Diodor und seine Kollegen eine Atlantikinsel meinten, nicht mehr diskutiert. Die Antwort steht offenbar fest.

Haben die Karthager also nicht Amerika, sondern eine der Atlantikinseln westlich von Afrika entdeckt? Um das zu überprüfen, ist Detektivarbeit nötig.

Zur geografischen Lage des entdeckten Terrains ist den Berichten Folgendes zu entnehmen: im Atlantik, in «weiter Entfernung von der ganzen bewohnten Erde», «mehrere Tagesreisen … in westlicher Richtung» von Afrika entfernt.[28] Diese ursprünglich wohl bewusst vage gehaltene Entfernungsangabe schließt Amerika keineswegs aus. So benötigte Kolumbus mit seinen recht langsamen Schiffen bei ruhigen Winden für die etwa 6000 Kilometer weite Strecke von den Kanaren bis zu den Bahamas 36 Tage, und diese Strecke ist mehr als doppelt so lang wie die kürzeste Entfernung zwischen Westafrika und Südamerika (siehe Karte auf dem vorderen Vorsatz). Doch wie gesagt: Die Fachwelt schließt Amerika aus und tippt auf eine der Atlantikinseln. Westlich von Afrika gibt es eine ganze Reihe von Inseln: die Kanaren, die Kapverden, Madeira. Schauen wir genauer in die

Berichte und beginnen wir mit einer ersten Eingrenzung: Stets werden der Wasserreichtum und eine überwältigend reiche und üppige Vegetation als ein besonderes Mcrkmal der großen Insel genannt. Die meisten Atlantik-Inseln sind allerdings karg und trocken, oft wüstenhaft und teilweise von aus der Sahara herübergewehtem Sand bedeckt. Sie kommen nicht in Frage. Aber für einige der anderen diskutierten Inseln vor Westafrika gilt das nicht. Auf Madeira – bekannt als die Blumeninsel – oder im zerklüfteten Norden von Teneriffa sorgen hohe Gebirge dafür, dass sich die über den Atlantik treibenden Wolken abregnen. Daher sind sie dicht bewachsen, und es gedeiht dort auch eine Vielzahl von Früchten, die heute auf den Märkten der Inseln die Touristen erfreuen.

Haben die Archäologen also Recht? Haben Diodor und Aristoteles eine Insel wie Madeira oder Teneriffa beschrieben?

Es scheint so: Aristoteles berichtete, dass sich die entdeckte «Insel» durch «schiffbare Flüsse», «mannigfachen Wald» und einen «wunderbaren Reichtum an Früchten» auszeichne.[29] Er erwähnt auch, dass eine große Zahl von Karthagern dorthin ausgewandert sei und dass die karthagischen Machthaber den Exodus nur mit Gewalt stoppen konnten.[30] Glaubt man den Autoren, muss der von den Karthagern entdeckte Landstrich ein Paradies gewesen sein – mit einer reichen, fruchtbaren Natur, die den Besuchern alles bot, was sie sich wünschten.

Auch Diodor schrieb, die Wälder seien voll von «Wildbret, mannigfachem Getier und Raubtieren … Das Land ist fruchtbar, vielfach bergig, bildet aber auch nicht zu einem geringen Teil eine Ebene von einzigartiger Schönheit … von schiffbaren Flüssen durchströmt … mit verschiedenartigen Bäumen … und einer Unzahl von Süßwasseradern durchzogen … von verschiedenartigen Fruchtbäumen bedeckt … (Das Land) bringt … den größeren Teil des Jahres eine Masse von Baum- und sonstigen jahreszeitlichen Früchten hervor, sodass man glauben möchte, sie sei ob ihres einzigartigen Wohlstandes der Wohnort von Göttern.»[31]

Doch wenn man sich in die Situation der karthagischen Entdecker der «Insel» zurückversetzt, bekommt die Theorie von den Atlantikinseln Risse. Karthagische Seefahrer hätten in ihren (mündlichen) Berichten, die dann später aufgezeichnet wurden, sicher alles das besonders hervorgehoben, was die neu entdeckte Küste von den vertrauten Landschaften unterschied. Was wird die Besucher damals zum Beispiel an Madeira oder Teneriffa besonders beeindruckt haben?

Zunächst fielen sicher die schroffen und wilden Steilküsten der Insel ins Auge, sowie die Wasserfälle und Bäche, die aus den kargen Bergen des Inselinnern ins Meer stürzen. Man sieht kaum einen ebenen Fleck Erde. Landwirtschaft ist hier überall eine Schinderei.

Besucher aus Karthago fanden nichts von den in den Berichten beschriebenen Merkmalen der «Insel» vor. Wenn sie zum Beispiel nach Früchten Ausschau gehalten hätten, hätten sie nur ein paar winzige Beerenarten entdeckt, die meisten davon ungenießbar. Zwar gab und gibt es auf den Atlantikinseln Wälder, aber die haben nichts mit den antiken Berichten gemeinsam. Im Gegenteil: Gleichförmige, extrem artenarme Lorbeer- und Baumheiden-Wälder überziehen die Berge von Madeira, Teneriffa und anderen Atlantikinseln – genau wie damals auch die Landschaften rund ums Mittelmeer, nur weit eintöniger. Vor zweitausenddreihundert Jahren waren alle Atlantikinseln vor Westafrika ausgesprochen artenarm – keine Spur von «vielfältigen Bäumen, Raubtieren oder Wildbret».[32] Wenn die antiken Autoren eine dieser Inseln gemeint hätten, hätten sie zum Beispiel die auffällige Artenarmut und Eintönigkeit der Vegetation betont, und nicht genau das Gegenteil – die Karthager waren aus dem Mittelmeerraum eine weitaus vielfältigere Vegetation gewohnt.

Eine auffällige Baumart kommt allerdings auf den meisten Inseln vor Westafrika vor, nicht aber im Mittelmeerraum: der archaische und eigenartige Drachenbaum. Doch diese Art wird in den antiken Berichten nicht erwähnt. Und wo sind die von beiden Autoren beschriebenen wunderschönen, weiten Ebenen mit den schiffbaren Flüssen? Auf keiner der Atlantikinseln gibt es etwas, das in irgendeiner Weise als «schiffbarer Fluss» interpretierbar ist.

Was auch immer die Karthager entdeckt haben: Das damalige Madeira kann mit den antiken Beschreibungen einer paradiesischen und reichen Region ebenso wenig gemeint sein wie eine der anderen Atlantikinseln. Ein Gebiet mit den von Diodor und Aristoteles genannten Merkmalen gab es damals aber nirgendwo im Mittelmeerraum oder an der von Karthago aus kolonisierten nordwestafrikanischen Küste.

Wie gehen Vertreter der Atlantikinsel-Theorie mit diesem Widerspruch um? Viele vertrauen offenbar auf Berichte von Reisenden und auf Tourismusprospekte, ohne die Inseln zu kennen oder sich genauer mit ihrer Natur zu befassen. Aber manche setzen sich auch mit den auffälligen Beschreibungen der schiffbaren Flüsse in den weiten Ebenen auseinander. Denn die gibt es weder auf Madaira noch auf Teneriffa. Vielleicht – so wird manchmal eingewandt – lag der Meeresspiegel vor zweitausenddreihundert Jahren ja tiefer und hat erst später die «Ebenen» überflutet.

Ein weiteres Argument macht menschliche Einflüsse verantwortlich. In einer Arbeit über Schriften des Römers Plutarch (46–120 n. Chr.) befassen sich unter anderem der einflussreiche Archäologe Adolf Schulten[33] und der Altphilologe C.F. Konrad[34] mit den «glücklichen Inseln» der Antike. Auch für sie besteht kein Zweifel, dass die Berichte von Diodor und Aristoteles von der »großen Insel» nichts anderes als Madeira meinen.

Das Fehlen von schiffbaren Flüssen erklären Konrad und Schulten mit der späteren Abholzung der Wälder, was zum Versiegen der Flüsse geführt habe. Und auch das Fehlen der Vielzahl an Bäumen und Früchten führen sie auf den Raubbau der Bewohner zurück.

Doch genau das Gegenteil war der Fall. Die Inseln entstanden im Zuge der Kontinentaldrift, die noch heute Amerika und die Alte Welt auseinander treibt. Genau dort, wo sich heute die Inseln befinden, entstand ein Riss auf dem Grund des Atlantiks. Lava quoll hervor und bildete Vulkane, die aus 3–4000 Metern Tiefe bis an die Wasseroberfläche wuchsen: die Atlantikinseln westlich von Afrika. Die Entstehungsgeschichte der Inseln prägt ihre Flora und Fauna. Als die Inseln aus dem Meer aufstiegen, gab es auf ihnen kein Leben. Erst ganz allmählich siedelten sich Pflanzen und Tiere vom Festland aus an. Dazu mussten sie zuvor viele hundert Kilometer offenes Meer überwinden. Nur ein paar Vögel, Insekten, auf Treibholz angeschwemmte kleine Eidechsen und einige Pflanzen schafften das.

Alles, was zur Zeit der Karthager auf den Inseln lebte, stammte von den wenigen Tieren und Pflanzen ab, die die – im Fall von Madeira 630 Kilometer lange – Strecke zum Festland bewältigen konnten. Landsäugetiere, die sich über hundert Millionen Jahre zuvor auf dem Festland entwickelt hatten, schafften den Weg vom Festland übers Meer nicht.

Der Reichtum, der Touristen heute auf den Märkten und in den Geschäften der Inseln beeindruckt, existiert erst seit wenigen hundert Jahren, nämlich seit der Besitznahme der Atlantikinseln durch Portugiesen und Spanier im 15. Jahrhundert. Hier zerstörten die Menschen nicht den Naturreichtum, sie schufen ihn. Portugiesen und Spanier haben die Samen und Schösslinge aus ihren fernen Kolonien mitgebracht und hier angepflanzt. Bananen und Orangen stammen ursprünglich aus Asien, Kartoffeln aus Peru, Tomaten aus Mexiko, Papayas, Mangos und Kokosnüsse aus den Wäldern der brasilianischen Atlantikküste – ebenfalls westlich von Westafrika, nur ein paar Wochen Schiffsreise weiter.

Und wie steht es mit den weiten Ebenen und den schiffbaren Flüssen? Die Vulkane, die mit ihrer Lava all diese Inseln bildeten, sind erst vor erdgeschichtlich kurzer Zeit aus dem Atlantik aufgestiegen (Madeira zum Beispiel erst vor weniger als 20 Millionen Jahren). Ihre Hänge fallen fast senkrecht bis auf den 3000 Meter tiefen Meeresgrund ab. Wenn es regnet, stürzt das Wasser aus den Bergen, reißt Rinnen in Hänge und rauscht dann als schäumender Bach oder Wasserfall direkt ins Meer. Und kurz nach dem Regen ist der «Fluss» wieder versiegt. Da kann der Meeresspiegel beliebig steigen oder fallen: Für fruchtbare weite Ebenen, gar noch mit schiffbaren Flüssen, gab es hier noch nie Platz.

Und westlich dieser Atlantikinseln liegt nur ein weiterer denkbarer Landeplatz: Südamerika. Erst dort gibt es wieder flache Küsten mit weiten Ebenen und Flüssen.

Die «Inseln der Seligen»
und andere Fantasieprodukte

Welche Entdeckung der Karthager die antiken Autoren auch immer beschrieben haben – eine der Atlantikinseln war es mit Sicherheit nicht. Das heißt aber noch nicht, dass die Amerika-These steht. Denn es gibt noch eine andere Möglichkeit, die Widersprüche zwischen den antiken Berichten und der tatsächlichen Beschaffenheit zum Beispiel Madeiras aufzuheben, ohne dabei gleichzeitig die zur Zeit vorherrschende Meinung, dass die Karthager Amerika niemals erreicht haben, zu widerlegen: Man erklärt alle Bestandteile der Berichte, die nicht mit den Atlantikinseln in Einklang zu bringen sind, zum Fantasieprodukt.

Ganz abwegig ist der Gedanke nicht: Zu fantastisch müssen manchen Zeitgenossen die Berichte erschienen sein. Jemand, der nur die oft kargen Landschaften Südeuropas und Nordafrikas kennt, wird sich kaum vorstellen können, dass irgendwo auf der Welt ein solches Land existiert. Selbst Diodor zeigt sein Erstaunen: «Man möchte glauben, die Insel sei ob ihres einzigartigen Wohlstandes der Wohnort von Göttern.»

So fällt es späteren Autoren natürlich leicht, sich dem anzuschließen, insbesondere, wenn sie, wie viele Historiker und Altphilologen des 19. Jahrhunderts, niemals tropische Küsten aus eigener Anschauung erlebt haben.

Doch lässt sich, wie gesagt, in diesen Berichten keinerlei Motiv für Lügen, Erfindungen oder Übertreibungen auch nur erahnen: Weder wollten Diodor, Aristoteles oder Timaios eine Staatstheorie veranschaulichen (wie Platon in seiner Schilderung von «Atlantis»), noch (wie die Bibel) den Glauben ans Paradies oder den «Garten Eden» festigen noch Argumente für die Entdeckung Amerikas durch Karthager liefern. Andererseits sind die ursprünglichen Informationsquellen dieser Autoren nicht mehr überprüfbar. Wir haben nur aus zweiter und dritter Hand die Berichte von unbekannten Zeugen über eine Landschaft, deren Beschreibung in der Tat an Paradieslegenden erinnert.

Ein Faktor hat wesentlich dazu beigetragen, dass die Berichte oft als Fantasieprodukte interpretiert wurden: In der Antike kursierten im Mittelmeerraum Legenden von den «Elysischen Gefilden» und den «Inseln der Seligen». Die Legenden beschrieben ebenfalls paradiesische Landschaften, und auch sie waren – weit entfernt von allen bekannten Küsten – im geheimnisumwitterten und für die meisten Völker jener Zeit unerreichbaren Atlantik angesiedelt.

Nur: Diese Legenden sind zweifelsohne tatsächlich Fantasieprodukte und haben nichts mit einer karthagischen Entdeckung zu tun. Sie gingen zurück auf die Epen der griechischen Dichter Homer und Hesiod. Man schätzt die Entstehung der Epen auf die Zeit zwischen 750 und 1100 v. Chr.

Das war nicht nur viele Jahrhunderte vor den ersten Berichten über die Entdeckung der Karthager, sondern auch lange vor den ersten großen karthagischen Atlantikreisen. Antike Autoren wie Sallust und Poseidonos griffen dann Homers Legenden auf.[35] Möglicherweise sind sogar einige Elemente dieser Geschichten versehentlich in die Berichte von Diodor und Aristoteles eingeflossen. So erstaunt es nicht, dass die Inhalte solcher Legenden immer wieder mit den Berichten über die Entdeckung der Karthager verwechselt und zum Teil auch gleichgesetzt wurden, obwohl es sich um ganz verschiedene Dinge handelt.[36] Auch C.F. Konrad[37] und Adolf Schulten[38] gehen fälschlich ständig davon aus, dass die griechischen Legenden dieselbe Region meinen wie die Texte von Diodor und Aristoteles.

Der römische Autor Plutarch (46–120 n. Chr.), auf den sich Konrad und Schulten beziehen, vermengt die antiken Berichte und die Legenden übrigens nicht miteinander. Plutarch beschreibt lediglich Vermutungen über einen vergeblichen Versuch des Römers Sertorius, die «glücklichen Inseln» im Atlantik (Gegenstand einer weiteren alten Legende?) zu erreichen. Dabei erwähnt er – im Zusammenhang mit möglichen Berichten portugiesischer Fischer über Madeira – auch Homers Epen. Das ist alles.[39]

Schulten möchte nun nachweisen, dass es sich bei den von Sertorius gesuchten Inseln um Madeira handele, und Diodors Berichte nennt er als weitere Bestätigung seiner Theorie. Doch aufgrund der fälschlichen Gleichsetzung hat Schulten ein Problem beim Verständnis der Berichte. So wundert er sich, dass Beschreibungen Plutarchs von denen Diodors abweichen.

Um nun seine Theorie trotzdem schlüssig erscheinen zu lassen, mogelt er offenbar ein wenig: Er unterstellt Diodor Fantasien, wenn dessen Bericht von Plutarch abweicht, und er unterschlägt Diodors eindeutige Aussage, dass die Karthager die große Insel nach einem Sturm vor Westafrika entdeckt haben. Stattdessen erfindet er einfach, dass Diodor geschrieben habe, die Karthager hätten die «Insel» bei Reisen an die südwestspanische (heute portugiesische) Küste entdeckt[40] – das passt nämlich zu dem Bericht von Plutarch und zugleich auch zu Madeira.

Schulten gilt dank seiner Verdienste um die Archäologie als unbestrittene Autorität, seinen Schlussfolgerungen wurde vertraut. So mag dann ein Autor nach dem anderen diese Aussagen übernommen haben, ohne jeweils noch einmal den ursprünglichen Zusammenhang zu überprüfen.

Und schließlich zweifelte niemand mehr daran, dass Diodor nicht Amerika, sondern Madeira oder eventuell Teneriffa beschrieben haben müsse.

Dennoch: Grundsätzlich ausschließen lässt sich nicht, dass tatsächlich die Fantasie den antiken Autoren oder den Verfassern ihrer Quellen einen Streich gespielt hat. Wie lässt sich überprüfen, ob die Berichte eine reale Reise und eine reale Landschaft wirklichkeitsgetreu beschreiben? Die Frage ließe sich klären, wenn es zuverlässige Augenzeugen gäbe.

Verlässliche Augenzeugenberichte

Noch einmal die Kernaussage der Berichte: Seefahrer aus dem Mittelmeerraum hätten mit ihren Segelschiffen im Atlantik westlich von Afrika, weit entfernt von allen ihnen bekannten Küsten eine fremde Küste entdeckt. Und diese Küste weise eine Reihe von Merkmalen auf, die Menschen aus Europa und dem Mittelmeerraum in Staunen und Begeisterung versetzen. Auf den Atlantikinseln vor Afrika finden sich – das konnten wir nachweisen – die beschriebenen Merkmale nicht. Und da sonst nur noch Südamerika zu den Berichten passen würde, hängt eine Antwort auf die Frage, ob die Karthager damals Amerika entdeckt haben, letztlich vom Wahrheitsgehalt der von Diodor und Aristoteles verfassten Berichte ab.

Augenzeugen, deren Aussagen diese Fragen klären könnten, müssten unabhängig und neutral sein, dürften also nichts mit den Autoren der Berichte zu tun haben, und sie müssten von einer Reise nach Amerika berichten können, die der oben genannten Kernaussage der antiken Berichte in wesentlichen Punkten entspricht. Außerdem sollten sie ebenso wie die Karthager aus dem Mittelmeerraum stammen, weil nur dann zu erwarten ist, dass sie die neu entdeckte Küste ähnlich wahrnehmen.

Einen solchen Zeugen und einen solchen Bericht haben wir gefunden. Der Bericht handelt von einer von seinem Verfasser entdeckten Küste, «die das Schönste ist, was man sich denken kann», «wo sich ein herrlicher Strand mit einem dichten Wald – reich an Gewässer – ausdehnt,

dessen tausenderlei verschiedene Bäume von Früchten strotzten.» Oder:
«... sah ich doch tausenderlei verschiedene Baumarton mit ganz verschiedenartigen Früchten.» Oder: «Jene Bäume der mannigfaltigsten Gattungen, die sich in Kastilien nicht vorfinden, waren in so großer Zahl vorhanden, dass man sie nicht aufzählen könnte.»
      Der Name des Autors ist Christoph Kolumbus, und seine Eindrücke schrieb er zwischen dem 12. Oktober und dem 11. Dezember 1492 nieder, im Bordbuch seiner ersten Reise nach Amerika.[41]
      Die tropischen Regenwälder Südamerikas besitzen eine tausendfache Artendichte gegenüber allen Wäldern, die sich in Europa und Nordafrika finden. Auch Diodor und Aristoteles staunten über die Vielfalt der Baumarten und darüber, dass das von den Karthagern entdeckte «Land ... den größeren Teil des Jahres eine Masse von Baum- und sonstigen jahreszeitlichen Früchten hervorbringe.»[42]
      Wer als Europäer zum ersten Mal nach Brasilien reist, ist noch heute überwältigt von den vielen Früchten, die dort auch wild wachsen und dank des stets feuchten und warmen Klimas äquatornaher Regenwälder zu fast allen Zeiten des Jahres geerntet werden können: Papayas, Maracuyas, Mangos, Goiabas, Cajás, Acajús ...
      Knapp neun Jahre später meldete sich ein zweiter Zeuge zu Wort: der Entdecker Amerigo Vespucci, der als erster Europäer erkannte, dass man westlich von Afrika auf einen neuen Kontinent gestoßen war. Auch er lieferte eine genaue Beschreibung seiner Eindrücke von der südamerikanischen Küste. Er staunte über «ein Klima, das gemäßigter und angenehmer ist als in irgendeiner anderen uns bekannten Weltgegend»[43], und stellte fest: «Jenes Meer ist auch wirklich fischreich und voll von Meerestieren jeder Art ... die Landschaft ist lieblich. Das Land ist überreich an Hügeln, Bergen, endlosen Tälern und gewaltigen Flüssen, es wird von gesunden Quellen bewässert und ist mit weiten, dichten und nahezu undurchdringlichen Wäldern gesegnet, die von Wild jeder Art voll sind. Die mächtigsten Bäume gedeihen dort ohne Pflege, und viele von ihnen bringen Früchte hervor, die sowohl köstlich im Geschmack als auch für den menschlichen Körper zuträglich sind.» Auch Raubtiere erwähnt Vespucci.[44] «Und sollte es tatsächlich in irgendeinem Teil der Erde das irdische Paradies geben, so glaube ich, dass es sicher nicht weit von jenen Regionen entfernt ist.»[45]

Wie Vespucci waren auch die Karthager durch ihre Erfahrungen aus dem Mittelmeerraum geprägt, und auch sie beeindruckten an der entdeckten Küste «ringsum ein ganz mildes Klima» sowie «Fische in Menge», das Land «vielfach bergig», aber auch eine «Ebene von einzigartiger Schönheit» und mit «schiffbaren Flüssen», viele gesunde Süßwasserquellen, dichte Vegetation und «mannigfacher Wald» mit vielerlei Getier, Raubtieren und Wild, und ein «wunderbarer Reichtum an Früchten» – eine Landschaft, die «an den Wohnort von Gottheiten» erinnere.[46]

Auch der Entdecker der Küste Brasiliens, Pedro Cabral, fühlte sich dort im Jahr 1500 an das Paradies erinnert. Und der Eindruck überwältigender Schönheit ergreift noch heute europäische Besucher, die zum ersten Mal südamerikanischen Regenwald sehen.

Wer heute die Atlantikküsten des tropischen Amerika besucht, mag allerdings an den Berichten zweifeln. Die Küsten sind weitgehend dicht besiedelt und arm an Wald und großen Tieren. Doch das liegt an dem Raubbau der Portugiesen in den letzten Jahrhunderten. Zu den Zeiten von Vespucci, Kolumbus und Cabral und auch der Karthager erstreckte sich von Fortaleza im Norden Nordostbrasiliens über Recife bis südlich von Rio de Janeiro der üppigste und artenreichste Regenwald Brasiliens: die Mata Atlantica, der atlantische Küstenregenwald (siehe Karte auf dem vorderen Vorsatz).

Damals beherbergte dieser Wald nicht nur «vielfältige Bäume und Früchte», sondern auch «Raubtiere und allerlei Getier» wie Jaguare, Kaimane, Riesenschlangen (zum Beispiel Anakonda und Boa Constrictor) und jagbares Wild im Überfluss: Tapire, Hirsche, Pekaris und viele andere Tiere, die noch heute in Südamerikas Regenwäldern gejagt werden.

Die Berichte der Entdecker der Neuzeit sind erwiesenermaßen keine Fantasieprodukte, und sie gleichen den Beschreibungen der karthagischen Entdecker bis in unverwechselbare Details. Dafür bietet sich nur eine Erklärung an: Die Berichte der antiken Historiker beruhen auf Erlebnissen von Menschen, die tatsächlich eine dieser tropischen Atlantikküsten erreicht haben.

Einen letzten Einwand wollen wir hier nicht unkommentiert lassen: Diodor und Aristoteles benutzen stets den Ausdruck «Insel». Ist ihr Bericht also doch ein Fantasieprodukt?

Nein. Auch die Bezeichnung «Insel» liefert keinen Grund, das anzunehmen. Denn mit «Insel» kann genauso gut eine Küste des südamerikanischen Festlands gemeint sein. Hornig wies darauf hin, dass der altgriechische Begriff *nésos* (wie in «Peloponnes»), den die Autoren benutzten, doppeldeutig ist und nicht nur «Insel», sondern auch «Halbinsel» bedeutet. Abgesehen davon haben Seefahrer der alten Zeiten häufig neu entdeckte Festlandküsten zunächst als Inseln bezeichnet.[47] Auch Cabral glaubte, auf einer Insel gelandet zu sein, als er die Küste Nordostbrasiliens erreichte. Er taufte Brasilien *«Ilha de la Vera Cruz»,* «Insel des wahren Kreuzes». Und Kolumbus war bis zu seinem Lebensende und nach vier ausgedehnten Reisen, auch an die Küsten Venezuelas und Mittelamerikas, überzeugt, dass er nur eine Inselgruppe entdeckt hatte.

Denkbare Routen und nautische Bedingungen

Dass antike Seefahrer wie die Karthager zu weiten Fahrten über das offene Meer und zu gezieltem Navigieren fähig waren, hat unter anderem die Expertin für antike Seefahrt, die Archäologin Karin Hornig, bestätigt.[48] Daraus folgt freilich nicht zwangsläufig, dass den Karthagern stets alle Reisen gelingen mussten. Befassen wir uns also mit den Chancen der Fahrt, die die Berichte von Diodor und Aristoteles nahelegen.

40, 41 *Eine typische Atlantikinsel vor der Küste Westafrikas – und ein tropischer Atlantikstrand in Amerika*

Für eine solche Reise waren die nautischen Bedingungen besonders günstig! Sie hätte zunächst vom Mittelmeerraum an die vertraute Küste Westafrikas geführt, unterstützt vom Kanarenstrom, vorbei an den karthagisch-punischen Handelsniederlassungen und Kolonien. Ungefähr auf der Höhe der Kapverdischen Inseln wären die Karthager in den Einfluss des Nordäquatorialstroms und des ständig und oft kräftig wehenden Nordostpassats geraten («starke Winde» heißt es bei Diodor[49]), der sie zügig – und im Falle eines Sturms sogar gegen ihren Willen – nach Südwesten getrieben hätte: direkt an eine der tropischen Küsten Amerikas.

Hornig kennt eine Reihe von sogenannten «Verschlagungen»: Fälle, in denen Segelboote oder selbst manövrierunfähige Schiffe unfreiwillig von Westafrika in die Neue Welt geraten sind. Und an der Küste Nordostbrasiliens wird immer wieder Treibholz aus Westafrika gefunden. Manchmal landen dort sogar Kühlschränke, die vor der afrikanischen Küste «entsorgt» wurden. Eines der bekanntesten Beispiele für eine solche Verschlagung führte im Jahr 1500 zur zufälligen Entdeckung Brasiliens durch den Portugiesen Pedro Cabral: Er wollte eigentlich nach Südafrika, doch Wind und Strömungen trieben ihn innerhalb weniger Wochen von den Küstengewässern Westafrikas bis in die Region etwas südlich der brasilianischen Hafenstadt Recife.[50]

Eine zweite denkbare Route lässt sich aus der berühmten Expedition des Karthagers Hanno ableiten (siehe Karte S. 91). Hanno gelangte bis in den Golf von Guinea.[51] Er unternahm seine Reise, soweit man weiß, relativ

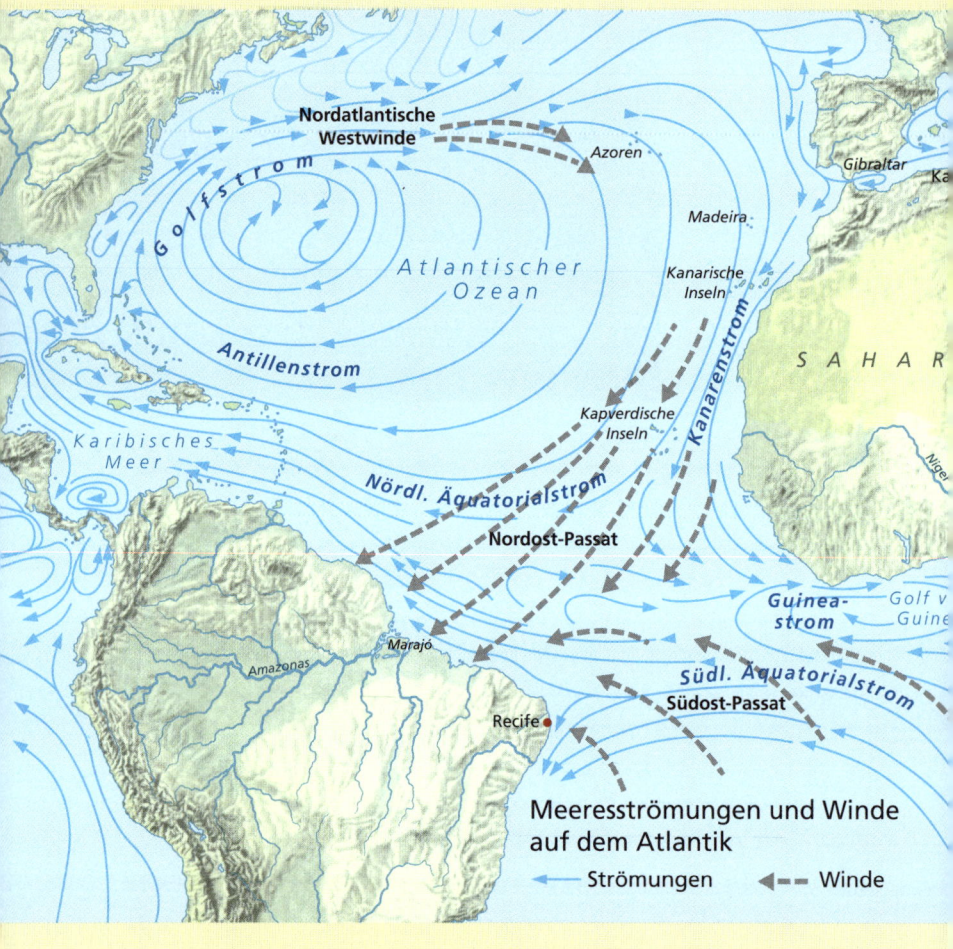

Strömungen und Winde auf dem Atlantik: Nord- und Südäquatorialstrom treiben Schiffe von Westafrika nach Nordostbrasilien und in die Karibik. Von dort führt der Golfstrom zurück bis nach Spanien und zur Straße von Gibraltar und passiert dabei die Azoren, westlich von Spanien. Nordost- und Südostpassat und die Nordatlantische Westwindzone unterstützen die Route.

kurz vor den ersten Berichten über die von Diodor beschriebene karthagische Entdeckung. Laut Diodor fand diese Entdeckung im Rahmen einer Erkundungsfahrt an der afrikanischen Küste statt.[52] Damit könnte durchaus Hannos Expedition gemeint sein. Wenn nun Diodors Entdecker auf einer südlichen Etappe dieser Expedition nach Westen verschlagen worden wären, hätte das im Prinzip zu demselben Ergebnis geführt. In diesem Fall hätten der Guinea-Strom, der Südäquatorialstrom und der Südostpassat die Entdecker vom Golf von Guinea nach Südamerika getrieben.

Dazu Hornig: «Die Transatlantikfahrten sind aufgrund der günstigen navigatorischen Bedingungen möglich gewesen. Winde und Strömungen führen die Schiffe mehr oder weniger automatisch auf die andere Seite.»[53]

Aber einen Haken gibt es noch an den Berichten von Diodor und Aristoteles über die Entdeckung der «Großen Insel»: Auf der Hinfahrt wurden die Karthager mit Macht vom Passat und den Äquatorialströmungen vorangetrieben. Doch wenn sie Amerika erreicht haben – wie konnten sie dann zurück nach Europa gelangen, um von ihrer Entdeckung zu berichten?

Das war zwar nicht ganz so einfach, aber durchaus möglich. Karin Hornig ist in der archäologischen Fachliteratur auf ein Indiz für karthagische «Rundreisen» gestoßen: mit Hilfe von Passat und Äquatorialstrom entlang südamerikanischer Küsten in die Karibik und in den Einflussbereich des Antillenstroms und des Golfstroms, und mit Hilfe des Golfstroms und der Atlantischen Westwinde über die Azoren wieder zurück ins Mittelmeer. Auch Kolumbus benutzte diese Route und besuchte die Azoren, und zwar auf der Rückfahrt von seiner ersten Reise nach Amerika!

1749 wurden karthagische Münzen auf der Azoreninsel Corvo entdeckt, etwa auf einem Drittel der Strecke zwischen Spanien und der Karibik. Hornig schließt daraus: «Wir haben durch die Funde von karthagischen Münzen auf den Azoren einen Hinweis darauf, dass man solche Strecken auch wieder zurückgesegelt ist.»[54]

Verschiedene Autoren versuchten, den Fundbericht als «Fantasie» abzutun.[55] Doch die genaue Analyse aller Zeugnisse[56] lässt praktisch keinen Zweifel an der Echtheit des Fundes. Der Archäologe Richard Henning kommt zu dem Ergebnis: «Der Fund von Corvo ist als echt erwiesen und

damit die Erreichung der Azoren durch die Karthager des endenden
4. Jahrhunderts v. Chr. endgültig sichergestellt.»[57]

Trotzdem war Henning wie schon damals fast alle seiner Kollegen
der Überzeugung, dass es keine antiken Reisen vom Mittelmeer nach
Amerika gegeben hat.[58] Den Fund erklärt er damit, dass karthagische Seefahrer wohl von der Küste Spaniens von einem Sturm bis zu den Azoren
getrieben wurden.[59] Doch auch wenn die Karthager die Azoren nicht
gezielt angesteuert hätten, sondern ein Sturm sie dorthin verschlagen
hätte, widerspräche das der Argumentation von Karin Hornig nicht: Die
Wind- und Strömungsverhältnisse der Region schließen eine Verschlagung von Spanien praktisch aus.

Noch interessanter aber als der Fund selber ist die Tatsache, dass die
Münzen am Weststrand der im äußersten Nordwesten der Azoren-Insel-
gruppe liegenden Insel Corvo vom Meer freigespült und entdeckt wurden.[60] In dem unwahrscheinlichen Fall, dass die Karthager gegen Wind
und Strömung tatsächlich von Osten gekommen wären, so wären sie sicher an einer der größeren Inseln im Osten des Archipels gelandet und
nicht ausgerechnet am Weststrand der trostlosen und winzigen Insel Corvo (17 Quadratkilometer, die kleinste aller Azoreninseln).

Westlich von Corvo liegt jedoch nur ein denkbarer Ausgangspunkt ei-
ner karthagischen Reise zu den Azoren: Amerika. Daraus folgt laut Karin
Hornig: «Die Lage der Insel lässt vermuten, dass jene punischen Seefah-
rer, die den Münzschatz dort hinterlassen hatten, bereits in der Neuen
Welt gewesen waren. Auf Corvo waren sie offensichtlich erst auf ihrer
Heimreise zwischengelandet.»[61]

Jetzt sind die antiken Berichte über die «große Insel» schlüssig.

An welcher Küste landeten die Karthager?

Aber war die beschriebene Reise Ausgangspunkt einer Weiterreise in die
Anden, die letztlich die Chachapoya-Kultur hervorbrachte? Die bisher in
Peru gefundenen Indizien – das erste Auftreten der Tuberkulose in Peru
und der vermutliche Beginn der Chachapoya-Kultur – verweisen etwa

auf das 1. oder 2. Jahrhundert v. Chr. als Zeitraum einer Einwanderung von Menschen aus der Alten Welt. Die Texte von Diodor und Aristoteles beruhen aber auf Berichten aus dem 4. oder 5. Jahrhundert v. Chr. Außerdem erinnern die – noch – unerklärlichen Phänomene des Chachapoya-Gebiets an viele Völker der Alten Welt, nicht nur an die Karthager.

In den antiken Berichten finden sich auch keinerlei Hinweise auf eine Weiterreise. Vielmehr scheinen die Karthager nur einen recht begrenzten, unbewohnten Abschnitt der Küstenregion erkundet zu haben. Und welchen Grund hätten sie gehabt, sich weit von der Küste zu entfernen oder gar den ganzen Kontinent zu durchqueren und dann eine neue Kultur zu begründen?

Allerdings wäre doch ein Zusammenhang denkbar: Die Lage der «Insel» – so die Berichte – hätten die Karthager anderen gegenüber geheim gehalten. Doch in den Archiven Karthagos wurden sicher genauere Routenbeschreibungen aufbewahrt. Solche Beschreibungen sind zwar nicht überliefert, denn alle Bibliotheken und Archive der Stadt wurden später vollständig vernichtet. Doch vielleicht dienten Informationen aus den Archiven späteren Auswanderern als Vorlage und Anregung.

So könnte es bei weiteren Ermittlungen helfen, wenn man wüsste, welche tropische Atlantikküste der Neuen Welt die Karthager entdeckt haben. Fand man dort irgendwo Spuren, die auf karthagische Besucher deuten? Die seriöse Fachliteratur liefert keinerlei Hinweise auf irgendwelche antiken Einwanderer aus der Alten Welt. Für die Fachwelt steht fest: Es gab niemals Kontakte zwischen Karthagern und Südamerika.

Doch googelt man «Phoenicians in Brazil», stößt man auf eine Fülle von angeblichen «Beweisen» für solche Kontakte. Viele davon stammen aus dem 19. Jahrhundert. Offenbar hegten, kurz nachdem Brasilien unabhängig geworden war – damals regierte Kaiser Pedro I. –, manche Brasilianer den Wunsch, die Geschichte ihrer Heimat mit antiken Hochkulturen in Verbindung zu bringen. Die meisten dieser «Beweise» – phönizische Münzen, Inschriften – wurden schon vor langer Zeit als Fälschung entlarvt.

Bei Rio de Janeiro lenken jedoch zwei Phänomene bis heute die Aufmerksamkeit der Internetforen auf sich. Da ist einmal ein rätselhafter Berg, der Pedra da Gávea. Die obere Hälfte des 842 Meter in die Höhe ragenden Felsens stellt angeblich ein Porträt des phönizischen Königs Badzir (etwa 850 v. Chr.) dar, und das sei einer phönizischen Inschrift auf dem Felsen zu entnehmen. Manche Fachleute halten (mit überzeugenden Argumenten) die Inschrift für eine Fälschung aus dem 19. Jahrhundert. Die meisten der wenigen Forscher, die sich die Mühe gemacht haben, den Felsen zu besteigen, sehen darin jedoch nur eine zufällige Anordnung von Kerben und Rissen im Fels, die ausschließlich natürlichen Ursprungs sind.

Doch selbst wenn tatsächlich Phönizier für die Inschrift verantwortlich sein sollten, müsste die Inschrift von einer Transatlantik-Reise stammen, die Jahrhunderte vor den Westafrika-Fahrten der Karthager stattfand; sie hätte mit den Entdeckern aus Karthago nichts zu tun.

Aufsehen erregte auch der angebliche Fund antiker Amphoren im Meer vor Rio. Der amerikanische Taucher Robert Marx hatte – nach eigenen Angaben – 1982 in der Guanabara-Bucht vor Rio de Janeiro uralte Amphoren entdeckt, die dann aber verschwunden seien. Sie wurden von Fachleuten aufgrund ihrer Form den Römern und dem 3. Jahrhundert n. Chr. zugeordnet. Danach – so Marx – habe die brasilianische Marine das Gelände mit Schlamm zugeschüttet, um weitere Erforschungen zu verhindern. Der Grund dafür sei, dass die brasilianischen Politiker nicht riskieren wollten, dass jemand anders als der Portugiese Cabral als Entdecker Brasiliens gelte. Die brasilianischen Behörden bestritten das allerdings.

Kurze Zeit später meldete sich ein Geschäftsmann aus Rio zu Wort: Die Amphoren seien sein Eigentum. Er habe sie von einem Töpfer herstellen lassen und 1961 in der Bucht versenkt, damit sie eine altertümliche Verkrustung erhalten. Er habe damit später seinen Garten schmücken wollen.[62]

Wir können nicht nachprüfen, wer lügt – aber unabhängig davon würden auch echte römische Amphoren aus dem 3. Jahrhundert n. Chr. nicht als Hinweis auf den Landeplatz der Entdecker aus Karthago taugen.

Gibt es weiter im Norden vielleicht seriösere Spuren? Rund hundert Kilometer nördlich von Recife wurde um 1873 angeblich der wohl berühmteste «Beweis» für Kontakte zwischen Phöniziern und Amerika gefunden: eine Steintafel mit einer phönizischen Inschrift, die verschollene und um-

42 Die «Schrift
von Paraíba»

strittene sogenannte «Schrift von Paraíba». Es existiert nur noch eine Ab-
schrift, und Schriftexperten und Linguisten behaupten in regelmäßigem
Wechsel, aber stets ihrer Sache völlig sicher, dass die Schrift eine Fälschung
sei beziehungsweise keine Fälschung sein könne. Wie dem auch sei: Die
Zeitangabe im phönizischen Text, der von fünfzehn Schiffbrüchigen berichtet, verweist etwa auf das Jahr 540 v. Chr.[63] Wenn der Text tatsächlich
von Phöniziern stammen sollte, strandeten sie ebenfalls lange vor den
karthagischen Entdeckern aus den antiken Berichten.

Noch weiter nördlich, nahe der Stadt Quixeramobim (etwa 500 Kilometer nordwestlich von Recife und rund 180 Kilometer südlich der Hafenstadt Fortaleza), gibt es einen Granitfelsen mit eingekratzten Zeichen,
von denen einige mit viel gutem Willen als karthagische Schriftzeichen
interpretiert werden können. Pedra do Letreiro (von portugiesisch *letra* –
Buchstabe) wird der Felsen dort genannt.

Im Internet kursieren auch Berichte von einer amerikanisch-brasili-
nischen Expedition aus den 1970er Jahren in diese Region, bei der eine
Fülle von «karthagischen» Artefakten gefunden worden sei, die aber in irgendwelchen Archiven unter Verschluss gehalten würden. Ich fragte verschiedene Archäologen aus der Region nach dieser Geschichte. Die Antwort war stets: «Davon wissen wir nichts.»

Alle diese «Spuren» sind viel zu vage, um Rückschlüsse auf den Landeplatz der Seefahrer aus den antiken Berichten zu erlauben. Dennoch gibt es Anhaltspunkte.

Kolumbus landete bei seiner ersten Reise auf einer Karibikinsel. Sein Bericht und die bei Diodor und Aristoteles stets verwendete Bezeichnung «Insel» legen also nahe, dass auch die Karthager eine üppig-grüne karibische Insel entdeckten. Manche karibische Strände können durchaus den Eindruck eines üppigen Paradieses erwecken. Gegen eine Karibikinsel als Landeplatz der antiken Entdecker sprechen jedoch mehrere Argumente.

Zunächst die Entfernung: Kolumbus musste für seine Reise von den Kapverdischen Inseln vor der Küste Westafrikas bis zu den Bahamas rund 6000 Kilometer zurücklegen. Diese Strecke ist mehr als doppelt so lang wie die kürzeste Entfernung zwischen Afrika und Südamerika und lässt sich mit einfachen Segelschiffen auch bei günstigen Winden und Strömungen kaum in weniger als fünf Wochen bewältigen. Die antiken Berichte legten aber eine vergleichsweise kurze Reise der Karthager nahe.

Auch die Beschreibungen, die die antiken Autoren von dem entdeckten Landstrich liefern, sprechen gegen die Karibik: «Große Ebenen mit schiffbaren Flüssen» bieten die Inseln kaum, und auch «Raubtiere und Wildbret» sind auf den meisten Inseln nicht zu finden.

Nur zwei Inseln im Osten des tropischen Amerika, auf denen auch größere Ebenen und Flüsse zu finden sind, liegen so nahe am Festland, dass größere Säugetiere den Weg dorthin schaffen konnten: Trinidad vor der Küste Venezuelas und Marajó in der Amazonasmündung. Doch auch deren Entfernung von der Alten Welt ist immer noch gut 2000 beziehungsweise 1000 Kilometer größer als die kürzeste Strecke zwischen Afrika und Amerika.

Vor allem aber kommen alle diese Inseln auch aus einem anderen Grund nicht in Frage: Nach den Berichten trafen die Karthager auf unbewohntes Land. Dieser Aussage ist zu vertrauen, denn die Autoren hätten sich, wenn es solche Begegnungen gegeben hätte, kaum die bei Reiseberichten stets attraktiven Beschreibungen von exotischen Eingeborenen entgehen lassen.

Aber: Vor zweitausendfünfhundert Jahren hatten die Arawak-Indianer die karibischen Inseln von Trinidad ausgehend schon lange besiedelt.

Funde weisen auf 3000 v. Chr. Auch Marajó war schon seit Jahrtausenden dicht besiedelt, und die Indianer hätten karthagische Besucher sicher genauso begrüßt wie über tausendachthundert Jahre später Kolumbus.

Dagegen waren damals an der langen Atlantikküste des südamerikanischen Festlands – das zeigt das Fehlen archäologischer Funde – weite Abschnitte menschenleer. Wenn Entdecker dort den Eindruck eines «unbewohnten» Landes gewonnen hätten, wäre das nicht verwunderlich gewesen.

Welcher Teil der südamerikanischen Küste kommt also in Frage? Wo fanden sich damals nicht nur «Raubtiere, vielerlei Getier und Wildbret», weite Ebenen mit großen Flüssen und eine immense Vielfalt der Vegetation, sondern auch zum Beispiel Berge? Diodor berichtet: «Das Land ist fruchtbar, vielfach bergig ..., und von einer Unzahl von Süßwasseradern durchzogen.»[64] Das passt zusammen: Eine «Unzahl von Süßwasseradern» existiert fast nur in bergigem und feuchtem Gelände.

So wird eine weitere Eingrenzung möglich: Der Nordosten Südamerikas bis weit über das Amazonasdelta hinaus ist in Küstennähe weitgehend flach. Südöstlich von Amazonien beginnt dann eine recht karge und trockene und sicherlich schon damals weitgehend waldarme Region.

Eine Landschaft, die in allen Details genau passt, bietet erst wieder die «Mata Atlantica», der bergige Küstenregenwald zwischen Fortaleza und São Paulo. Zwischen Fortaleza und Recife liegt das Cabo de São Roque (siehe Karte auf dem vorderen Vorsatz). Dort trennen nur 2850 Kilometer die Alte und die Neue Welt – die kürzeste Strecke! Just in diese Region – etwas südlich von Recife – verschlugen im Jahr 1500 Winde und Strömungen auch den Seefahrer Pedro Álvares Cabral, den portugiesischen Entdecker Brasiliens (siehe Karten S. 106 und auf dem vorderen Vorsatz). Und er glaubte, eine üppige paradiesische Insel entdeckt zu haben ...

Eine weitere Eingrenzung ist mit den vorhandenen Informationen nicht möglich. Doch diese vage Ortsbestimmung – die Nordostküste Südamerikas und nicht allzu weit entfernt von der brasilianischen Hafenstadt Recife – könnte bei unseren weiteren Ermittlungen zumindest einen Hinweis liefern.

EINE ANTIKE KULTAXT
IM AMAZONASGEBIET

Ist die Axt eine Fälschung?

Dafür, dass Menschen der Alten Welt Brasilien kannten, könnte noch ein ganz anderes, faszinierendes Indiz sprechen: die geheimnisvolle, in einem Sumpf im Amazonasgebiet ausgegrabene Metallaxt mit gehörntem Tierkopf, von der mir der deutschstämmige Privatforscher Heinz Budweg berichtet hatte (siehe Abb. 36, S. 77). Jetzt, nachdem die Frage der Machbarkeit von antiken Atlantiküberquerungen geklärt ist, bietet es sich an, nach der Beweiskraft dieses Artefakts zu fragen.

43 *Heinz Budweg*
mit der Axt

Die Axt wurde Ende 2002 dem «Instituto Historico e Geografico» von São Paulo übereignet. Das Institut beauftragte dann Heinz Budweg, das Objekt an der dortigen Universität im Hinblick auf Echtheit, Alter und Herkunft analysieren zu lassen. Eine aufregende Sache! Wenn die Untersuchungen tatsächlich ergeben sollten, dass die Axt antike Kontakte zwischen der Alten und der Neuen Welt beweist, wäre dies das erste Mal, dass so etwas gelänge – eine handfeste wissenschaftliche Sensation von internationaler Bedeutung.

Warum wurden nicht renommierte Forschungsinstitute in Europa oder den USA mit der Untersuchung der Axt beauftragt? Nun, archäologische Fundstücke dürfen nicht aus Brasilien exportiert werden, auch nicht zu Zwecken der Forschung. Außerdem wollte niemand riskieren, dass das Objekt irgendwo während der Reise plötzlich «verschwindet» wie schon so manche brisante Funde. Vor allem aber: São Paulos Universität ist die angesehenste, größte und am besten und modernsten ausgestattete Universität Südamerikas und zählt zu den einhundert besten Hochschulen der Welt. Die Untersuchung der Axt lag hier in besten Händen.

Doch wie war dabei vorzugehen? Bei manchen Ausgrabungsobjekten liefern Begleitfunde oder antike Quellen Zusatzinformationen. Die fehlten hier. Selbst der Fundort der Axt ist nicht sicher dokumentiert. Eine solche Situation erfordert mühsame Detektivarbeit. Es stellten sich viele unterschiedliche Fragen, und die erforderten jeweils unterschiedliche Untersuchungen. Oft überraschten und verwirrten uns dann die Einzelergebnisse. Die Ermittlungen erinnerten an ein Puzzle: Erst nachdem alle Ergebnisse vorlagen, zeigte sich ein stimmiges Bild.

Stammt die Axt wirklich aus der Antike? Könnte sie nicht zum Beispiel im 16. oder 17. Jahrhundert hergestellt worden sein, nach der Ankunft der Konquistadoren? Oder wurde Luis Tiberiza, aus dessen Nachlass das Objekt stammt, vielleicht eine moderne Fälschung untergeschoben? Allerdings war dafür kein Motiv zu erkennen, und von irgendwelchen finanziellen Transaktionen im Zusammenhang mit der Axt ist nichts bekannt.

Heinz Budweg hatte auch keine Vorstellung, woher das Objekt ursprünglich stammen könnte. So durchforstete er die archäologische Fachliteratur auf der Suche nach Entsprechungen. Fälscher wählen gewöhnlich bekannte Vorlagen, weil sich solche Objekte besser verkaufen lassen. Aber mehr als vage Ähnlichkeiten mit einigen Artefakten aus dem antiken Mittelmeerraum waren nicht zu finden.

In einem nächsten Schritt fragte Budweg nach den technischen Möglichkeiten, solch ein Objekt heute herzustellen. Spezialisten an der Universität São Paulo klärten ihn auf: Der Kopf der Axt wurde mit einem aufwändigen und in der Antike verbreiteten Verfahren gegossen: «Guss in verlorener Form». Um einen Tonkern wird ein Wachsmantel modelliert und wiederum mit Ton umhüllt, dann brennt man die Form, das Wachs schmilzt und fließt aus. In den Hohlraum gießt man dann das geschmolzene Metall, lässt es aushärten und zerstört danach die Form – eine weitere Kopie ist nicht möglich. Der Tonkern wird später durch eine vorher angelegte Öffnung entfernt.

Ein uraltes Verfahren, und so wirkt auch die Axt. Aber auch heute wird vor allem in der Kunstgießerei noch so gearbeitet, und vielleicht gelang es einem brillanten Fälscher, das Teil zu gießen und dann auf alt zu trimmen – durch eine künstliche Patina.

Auch diese Möglichkeit hat Heinz Budweg prüfen lassen. Die Analyse der Patina mit Hilfe von Makroaufnahmen und Lupe durch die Spezialisten der Universität São Paulo ergab, dass eine ziegelrote körnige Schicht das Metall bedeckt: Kupferoxyd, typisch für antike Kupferlegierungen. Darauf wachsen unregelmäßige blaugrüne Kristalle (siehe Abb. 44, S. 120).

Budweg wollte es noch genauer wissen. Das modernste Verfahren zur Oberflächenanalyse von Metallartefakten ist die Röntgen-Feinstrukturanalyse XRD mit dem Siemens D5000 X-Ray Diffractometer. Das «Departamento de Mineralogia e Geotectonica» der Universität São Paulo arbeitet mit diesem Gerät, und dort nahmen die Spezialisten unter der Leitung von José Barbosa de Madureira Filho die Analyse der Patina vor. Das Ergebnis: Es liegen keine Spuren von den Chemikalien vor, die Fälscher bei der Herstellung künstlicher Patina benutzen. Und die großen, blaugrünen Kristalle bestehen aus dem Halbedelstein Malachit. Das – so das Gutachten – beweist, dass die Patina durch einen natürlichen Korrosionsprozess entstand, also nicht künstlich hergestellt wurde,[65] und die Dicke der Kupferoxyd-Schicht sowie die Größe der Malachitkristalle zeigen, dass die Patina über einen sehr langen Zeitraum gewachsen sein muss. Eine solche Patina, so die Experten, kann man nicht fälschen. Künstlich lässt sich Malachitpatina nur unter großen Schwierigkeiten erzeugen; und dann sieht sie ganz anders aus: nämlich «grundsätzlich feinkristallin und von weitaus blasserer Farbe.»[66] Die Patina ist also echt und alt – doch wie alt? Für die Entwicklung von Patina spielen nicht nur das Alter, sondern auch die Umwelt- und Bodenbedingungen eine Rolle. Da ist es schwer, passende Vergleichsobjekte zu finden. Die Axt lag – wenn Budwegs Vermutungen stimmen – über tausend Jahre im sumpfigen Boden des amazonischen Regenwaldes. Die meisten uns erhaltenen antiken Artefakte stammen aus den trockenen und waldarmen Gebieten rund ums Mittelmeer.

Ein Glücksfall: Es gibt vergleichbare antike Fundstücke! Kürzlich fanden deutsche Archäologen in Ostwestfalen bei Grabungen mit Hilfe von Metalldetektoren das Bruchstück einer antiken Schnalle, sie besteht wie die Axt aus einer Kupferlegierung. Römische Legionäre hatten das Teil vor rund zweitausend Jahren nach Germanien gebracht und dort verloren.[67] Dann lag es im permanent feuchten Waldboden Norddeutschlands, also in vergleichbaren Bedingungen wie in einem Sumpf im Amazonasurwald. Und die Patina der Axt zeigt exakt dieselbe Struktur und dieselbe Farbigkeit wie das römische, rund zweitausend Jahre alte Artefakt – ein weiterer Beleg für die Echtheit und ein erster Hinweis auf das Alter der Axt.

Seit wann ist die Axt in Amerika?

Um eine moderne Fälschung handelte es sich bei der Axt nicht – davon war Heinz Budweg nach der Analyse der Patina überzeugt. Doch das allein beweist keine antiken Transatlantikkontakte. So konnte er nicht ausschließen, dass sich die Patina vielleicht innerhalb von «nur» fünfhundert Jahren gebildet hat. Und dann wäre es möglich, dass die Axt nicht von karthagischen Entdeckern stammt, sondern von spanischen oder portugiesischen Konquistadoren des 16. Jahrhunderts.

Ein ungewöhnlicher Zufall erleichterte die weitere Untersuchung:

Der Holzstiel der Axt ist noch erhalten. Normalerweise verrottet solch ein Holzobjekt im feuchtwarmen Klima Amazoniens spätestens nach hundert bis zweihundert Jahren. Heinz Budweg vermutet, dass die Axt irgendwann in einen Sumpf fiel. Dort konnte keine Sauerstoffverbindung entstehen, und die Axt war vor Mikroben und Pilzen, die Holz zersetzen, geschützt. Als sie schließlich wiederentdeckt wurde, war der Stiel so gut erhalten, dass eine Radio-Carbon-C14-Altersbestimmung möglich war.

Die im Frühjahr 2005 vom Institut für Nukleartechnik der Universität São Paulo durchgeführte Analyse ergab eine doppelte Überraschung: Bezogen auf 1950 – das Standard-Referenzjahr bei C14-Analysen – ist der Axtstiel 1490 Jahre plus/minus 70 Jahre alt.[68] Das bedeutet: Der Ast, der als Axtstiel fungiert, wurde in der Zeit zwischen 390 und 530 n. Chr. von einem lebenden Baum getrennt, also vor 1500 bis 1600 Jahren – 1000 Jahre vor Kolumbus, doch über 600 Jahre nach dem Ende Karthagos. Nun konnte Budweg sicher sein, dass das Objekt nicht nur nicht in unserer Zeit gefälscht, sondern auch schon lange vor Kolumbus hergestellt wurde.

Doch es blieben weitere Rätsel: Das Alter des Stiels passt nicht zu dem Zeitraum, den etwa die Berichte von Diodor und Aristoteles nahelegen. Und bei dem Stiel handelt es sich um einen nur kaum bearbeiteten Ast, der quasi verkehrt herum in der Axt steckt – nämlich so, dass der Tierkopf auf dem Kopf steht, wenn man die Axt am Griff hält. Warum wurde ein so aufwändig und kunstvoll hergestelltes Metallwerkstück so stümperhaft ergänzt?

Schließlich stellt auch der Fundort im äußersten Westen des Amazonasgebiets – Tausende von Kilometern vom Atlantik und auch weit vom Chachapoya-Gebiet entfernt – ein Rätsel dar: Man entdeckte dort sonst keinerlei Hinweise auf vorspanische Kontakte zur Alten Welt.

Heinz Budweg gab beim Institut für Holzkunde der Universität São Paulo eine Analyse der Holzart in Auftrag. Er hoffte, dass das Ergebnis vielleicht auf irgendeine Weise weiterführen könnte, etwa dass der Stiel aus einer typischen Holzart des antiken Mittelmeerraums wie beispielsweise Zedernholz bestehen würde. Das Ergebnis war laut Institutsleiter Mario Tomazello Filho eindeutig: Das Holz stammt von einem Baum aus der Familie der *Moraceae: Chlorophora tinctoria,* eine Baumart aus dem

Regenwald Amazoniens. *Tatajuba* nennen die Indianer den Baum, und sie benutzen sein Holz noch heute für Werkzeuge. Die Axt muss also ihren Stiel im Amazonasgebiet erhalten haben.

Und jetzt schien auf einmal alles zusammenzupassen: Die ursprünglichen Besitzer mögen die Kultaxt schon viele Jahrhunderte zuvor in die Neue Welt gebracht haben, möglicherweise schon in der Zeit der Karthager. Vielleicht haben sie die Axt verloren oder gegen Nahrung eingetauscht. Viele Möglichkeiten sind denkbar. Irgendwann war der Original-Stiel vielleicht unbrauchbar (verrottet oder zerbrochen). Vor etwa tausendfünfhundert Jahren wurde im Amazonasgebiet ein neuer Stiel eingefügt – offenbar von Menschen, die nichts von der ursprünglichen Funktion der Axt wussten und auch keine Stiere kannten und die deshalb unwissend einen nur grob entrindeten Ast verkehrt herum einfügten. Das können eigentlich nur Indianer aus dem Amazonasgebiet gewesen sein, die irgendwie in den Besitz der Axt gelangt waren.

Auch das Rätsel des Fundorts am Amazonasnebenfluss Rio Guaporé an der bolivianischen Grenze findet so eine Lösung: Indianer müssen die Axt vom Atlantik zum späteren Fundort gebracht haben. In der Region am Rio Guaporé haben in den letzten Jahren Ausgrabungen (zum Teil geleitet von dem deutschen Archäologen Heiko Prümers) gezeigt, dass dort schon lange vor Kolumbus recht hoch entwickelte amazonische Indianerkulturen gesiedelt haben,[69] vermutlich schon in der Antike. Und man fand viele Spuren von weit gespannten uralten Handelsnetzen der Indianer, insbesondere in dem schon früh dicht besiedelten Streifen zwischen der Amazonasmündung und dem Rio Guaporé. So weisen unter anderem viele Urnenfunde[70] in der Region auf eine Verbindung hin, die sich vom Rio Guaporé über den Rio Madeira und den Amazonas bis zur Insel Marajó in der Amazonasmündung am Atlantik erstreckte (siehe Karte auf dem vorderen Vorsatz). Das berichtete mir der in Brasilien führende Fachmann für das antike Amazonien, der Archäologe Eduardo Neves von der Universität São Paulo. Die Marajó-Kultur war berühmt für ihre Urnen, die auch in weit entfernte Regionen exportiert wurden.[71]

All dies würde zu unseren Überlegungen in Bezug auf den Landeplatz der Karthager in der Neuen Welt passen: Nordost-Brasilien, wohl in der Nähe von Recife. Wie jedoch die Axt von dort bis zur Insel Marajó gelangt sein könnte, bleibt offen, und es lässt sich nur spekulieren: Die karthagischen Entdecker hatten vielleicht einen Priester mit an Bord, der die Kultaxt mitbrachte. Irgendwo an der Küste Nordostbrasiliens ging die Axt verloren, geriet dann in die Hände von Indianern, die sie dann, zum Beispiel als kurioses Handelsobjekt, nach Marajó brachten. Und von Marajó aus gelangte die Axt – wieder auf indianischen Handelswegen – an ihren Fundort.

Die Ergebnisse der Holzanalysen sind ein seltener Glücksfall. Sie machen die Axt sogar beweiskräftiger, als wenn sie von professionellen Archäologen ausgegraben wäre. Nun kann ausgeschlossen werden, dass ein geltungssüchtiger Archäologe eine aus der Alten Welt mitgebrachte Antiquität an einer Ausgrabungsstelle vergraben hat, um sie dann am nächsten Morgen – offiziell *in situ* dokumentiert – zu «entdecken». So etwas gab es schon.

Und nachträglich in ein modernes Objekt eingefügt wurde der Axtstiel offensichtlich nicht. Die Kristalle der Patina haben sich über und in das uralte Holz gefressen: ein Prozess, der viele Jahrhunderte gedauert haben muss und den man so nicht imitieren kann. Die Fugen entstanden, nachdem das Objekt aus dem Sumpf geholt wurde: Als das Holz trocknete, schrumpfte es.

Außerdem schließt das Ergebnis endgültig aus, dass es sich um eine Fälschung handelt: Wenn die Axt nicht bis vor kurzer Zeit im Sumpf verborgen und vom Sauerstoff abgeschlossen gewesen wäre, wäre das Holz

44 Die Malachitpatina hat sich in das Holz gefressen; die Fugen am Axtstiel stammen von der Austrocknung, nachdem die Axt nicht mehr im Sumpf lag

des Stiels im feuchtwarmen Klima Amazoniens nach fast eineinhalb Jahrtausenden schon längst verrottet. Eine Fälschung ergäbe aber nur Sinn und wäre auch technisch nur denkbar in unserer Zeit. Ein Fälscher hätte also einen unbearbeiteten Ast aus Amazonasholz besitzen müssen, der tausendfünfhundert Jahre lang sicher gelagert wurde und dann noch zufällig genau passte – unvorstellbar. Und: Der Fälscher hätte den Axtstiel richtig herum eingefügt.

So ist gesichert, dass sich die Axt schon lange vor der Ankunft der Spanier in Südamerika befand. Die Holzart beweist, dass der neue Holzstiel nicht in der Alten Welt, sondern in Südamerika – wohl irgendwo im Amazonasgebiet – eingefügt wurde, und zwar laut C14-Analyse rund tausend Jahre vor Kolumbus. Und die Horntierkopf-Form der Axt wiederum scheint eine indianische Herkunft praktisch auszuschließen und stattdessen auf den antiken Mittelmeerraum zu verweisen.

Woher stammt die Axt?

Doch wo und von wem wurde die Axt ursprünglich hergestellt? Solchen Fragen nähern sich Archäologen gewöhnlich durch eine vergleichende Analyse der Gestaltung eines Artefakts.

Auch dafür ist Karin Hornig aus Freiburg zuständig, denn ihr zweiter Arbeitsschwerpunkt – neben antiker Seefahrt – sind die Kulturbeziehungen in der Antike. Ich hatte ihr Fotos der Axt und die bis dahin vorliegenden Analyseergebnisse geschickt, und sie machte sich auf die Suche nach Entsprechungen. Das bisherige Ergebnis: Sie stieß an einigen Orten im westlichen Mittelmeerraum und im Westen Spaniens auf Abbildungen von Kultäxten, die ebenfalls mit einem Stierkopf verziert waren. Doch dort glichen weder die Formen der Axt noch die der Stierköpfe dem Artefakt aus Amazonien. Gewisse Ähnlichkeiten der Gestaltung von Tierköpfen an Kultgegenständen verweisen allerdings auf das östliche Mittelmeer,[72] die Urheimat der Phönizier, der Vorfahren der Karthager. Und die seltsam geformten Hörner erinnern an afrikanische Traditionen; auch dorthin unterhielten die Karthager Handelskontakte.

Genaue Entsprechungen fand Frau Hornig jedoch noch nicht. Allerdings könnte das vieldeutige Ergebnis durchaus zu den Karthagern passen. Denn während die meisten antiken Kulturen eine lange Reihe unverwechselbarer Stilmerkmale zeigen, bedienten sich die karthagischen Handwerker in der Auswahl ihrer Gestaltungsmittel bei allen Kulturen, mit denen sie Handel trieben.[73] So wäre gerade ihnen auch eine ungewöhnliche Stilmischung, wie sie bei der Axt offenbar vorliegt, zuzutrauen. Doch weitere Anhaltspunkte für karthagische Urheber der Axt liefert die Stilanalyse nicht.

Und lässt sich eine indianische Herkunft tatsächlich ausschließen? Auch Andenindianer – das fanden wir während unserer Recherchen heraus – gossen lange vor der Ankunft der Spanier Äxte aus Metall und verzierten sie gelegentlich mit Tierköpfen. Rinder, Ziegen oder Antilopen waren zwar vor Kolumbus in Südamerika unbekannt. Aber vielleicht schufen Indianer zufällig ein an ein Rind erinnerndes Fabeltier? Die Patina der Axt deutet auf Kupfer oder Bronze – doch wie die Karthager stellten auch Indianer Kupfer- und Bronze-Objekte her. Wenn die Axt von indianischen Handwerkern stammen würde, wäre Heinz Budweg zwar an eine wertvolle Antiquität geraten, doch mit unseren Ermittlungen hätte diese nichts zu tun.

Es blieben also immer noch offene Fragen. Die Metallanalyse der Axt, die Budweg am «Instituto de Geociências, Departamento de Mineralogia e Geotectónica» der Universität São Paulo in Auftrag gegeben hatte, könnte vielleicht weiteren Aufschluss liefern.

Das Ergebnis der Analyse lag 2006 vor:[74] Die Legierung der Axt besteht aus 21 Elementen, das ist typisch für antike Metallobjekte. Moderne Legierungen sind wesentlich reiner. Doch die eigentliche Überraschung besteht darin, dass das Objekt vor allem aus Kupfer und Zink besteht, also aus Messing. Auch die Röntgenanalyse der Patina hatte das schon gezeigt, doch damals wurde nur die Oberfläche untersucht, und wir hatten der Frage auch noch keine große Bedeutung zugemessen. Doch jetzt erwies sich das Ergebnis als ein entscheidendes Element der Beweisführung: Indianer gossen zwar viele raffinierte Kupferlegierungen, aber auf die Möglichkeit, Kupfer mit dem eigenartigen Metall Zink zu verbinden und somit Messing zu produzieren, sind sie nie gestoßen.[75] Für den Mittelmeerraum dagegen ist die Herstellung von Messing seit mindestens 300 v. Chr.

nachgewiesen. So prägten etwa die Römer ihre häufigsten Münzen, die Sesterzen, aus Messing.

Damit konnte schließlich auch eine indianische Herkunft ausgeschlossen werden. Die Axt muss – davon waren jetzt alle Beteiligten überzeugt – aus der Alten Welt stammen und vor Kolumbus nach Amerika gelangt sein. Das hatte es noch nie gegeben: ein Artefakt, dessen Beweiskraft für Kontakte zwischen Amerika und antiken Kulturen der Alten Welt aufwändig mit modernsten Methoden untersucht wurde und das alle Tests bestanden hat.

Auch über die Funktion der Tierkopfaxt konnte die Metalluntersuchung weiteren Aufschluss geben. Anhand der Fotos und der Analyse-Ergebnisse hatte sich die Archäologin Karin Hornig bei Experten für antike Metalle und für Gusstechniken informiert. Sie kam zu dem Resultat: «Der hohe Zinkanteil bewirkt bei Messingobjekten eine besonders schöne Goldfärbung. Außer bei dieser Axt ist er auch bei einigen weiteren antiken Fundstücken nachgewiesen. Dies legt nahe, dass eine solche Legierung kein Zufall war. So wurde sie offensichtlich nicht für Massenprodukte, sondern nur für Objekte besonderer Art verwendet. Dazu zählt auch die Tierkopfaxt, bei der es sich aufgrund der Form und der Verzierung einstmals um das Standesabzeichen eines ranghohen Priesters gehandelt haben dürfte.»[76]

Der hohe Zinkanteil von 39 Prozent hatte uns zunächst etwas irritiert. In Mitteleuropa konnte man vor dem 19. Jahrhundert nur einen Zinkanteil von maximal 28 Prozent erreichen, weil man keine Techniken zur Herstellung metallischen Zinks kannte. Und manche Archäologen vermuten, dass das in der Antike nicht anders war.

Aber in Westafrika (dort unterhielten die Karthager Kolonien) benutzen die Einheimischen seit Urzeiten spezielle Gusstechniken, die vermutlich einen höheren Zinkanteil ermöglichen.[77] Und der griechische Geograf und Historiker Strabo (64 v. Chr.–23 n. Chr.) erwähnt «ein Mineral, das bei Verbrennung zu Eisen wird und, wenn dieses dann in einem Ofen mit bestimmten Zutaten geschmolzen wird, ‹falsches Silber› (also metallisches Zink) destilliert. Aus diesem wiederum konnte dann durch Legieren mit Kupfer Messing gewonnen werden.»[78]

Ob auch die Karthager diese Legierungstechnik beherrschten, lässt sich zur Zeit noch nicht klären: Viele ihrer Metallartefakte haben die Römer nach dem Sieg über Karthago erbeutet und eingeschmolzen, andere mögliche Messingobjekte wurden noch nicht analysiert und vielleicht als Bronzen eingestuft (so wie das anfangs auch mit der Axt geschah). In den Datenbanken zu analysierten Metallobjekten der Karthager findet sich bislang jedenfalls kein einziges Messingobjekt.[79]

Doch wer sollte den Trick für die Herstellung solchen Messings in den Mittelmeerraum bringen und bis heute geheim halten – außer die Karthager mit ihrer strikten Geheimhaltungspolitik? Von ihnen ist bekannt, dass sie hervorragende Techniker und Erfinder auch auf dem Gebiet der Metallverarbeitung waren. So benutzten sie, wie der Archäologe Roald Docter von der Universität Gent entdeckte, ein raffiniertes Verfahren zur Eisenveredelung, das in der Antike niemand sonst beherrschte und das erst im 19. Jahrhundert in Europa erneut entdeckt wurde.[80] «Man kann darüber rätseln, welches Wissen und welche Technologien mit den Karthagern untergingen.»[81]

Noch ein Hinweis: Auch das bereits erwähnte römische Objekt, die Schnalle, deren Patina so verblüffend der Axt glich, besteht aus Messing. Dem Grabungsleiter Rolf Bökemeier fielen die «erheblichen Korrosionsstrukturen eines alten Messings» auf.[82] Und der Zinkanteil beträgt 36,31 Prozent, das ist fast so hoch wie bei der Axt und weit oberhalb der angeblichen Machbarkeitsgrenze von 28 Prozent.[83] Dieses Objekt hätte auf vielen Wegen von karthagischen in römische Hände gelangen können. Bökemeier vermutet in seiner Interpretation der Funde, dass das Kupfer aus Nordafrika stammt – wie die Karthager.

Hanspeter Ulbrich vom geowissenschaftlichen Institut der Universität São Paulo hat auch nachgeforscht, aus welcher Erzmine das Metall der Axt stammen könnte. Der Vergleich zwischen den Elementen, die in der Axt enthalten sind, und den Mineralien, die es in den verschiedenen Minen gibt, erlaubt zumindest Vermutungen: Alle 21 Elemente in der Axt kommen auch in einer der wichtigsten Kupferminen der Karthager vor, nämlich in der Rio Tinto Mine in Andalusien.[84] Es ist also durchaus möglich, dass das Metall der Kultaxt von dort stammt.

Fazit: Sämtliche Zweifel, die Heinz Budweg an der Beweiskraft des

Artefakts als Beleg für antike Transatlantikkontakte gehegt hatte, konnten Stück für Stück durch die Untersuchungsergebnisse entkräftet werden. Und aufgrund der Berichte von Diodor und Aristoteles und der Analysen dieser Berichte durch Karin Hornig und mich lässt sich ein plausibles Szenario für den Weg des Artefakts von der Alten Welt nach Amerika in der Antike vorstellen.

Transatlantische Kontakte: Ein Tabu in der Forschung

Die Forschungsmöglichkeiten des «Instituto Historico e Geografico» waren damit ausgeschöpft. Jetzt hätte es nahegelegen, den Fund der Axt und die Untersuchungsergebnisse zu veröffentlichen, um so weitere Forschungen und damit vielleicht auch neue Erkenntnisse über frühe Reisen nach Amerika zu ermöglichen. Außerdem lässt sich grundsätzlich nie ausschließen, dass unerwartete neue Zweifel auftreten. Auch das ließe sich nach einer Veröffentlichung überprüfen.

Das Institut und die beteiligten Wissenschaftler beschlossen jedoch, damit noch zu warten. Man befürchtete, dass eine vorzeitige Veröffentlichung der Ergebnisse Reaktionen auslösen könnte, die Klärungen eher erschweren würden. Man weiß dort: Im Wissenschaftsbetrieb Brasiliens ist die Frage nach präkolumbischen transatlantischen Kontakten genau so ein Tabuthema wie an den peruanischen und den meisten europäischen und nordamerikanischen Universitäten.

Das mag zunächst irritieren. Diese ablehnende Haltung hat jedoch eine Reihe von durchaus verständlichen Ursachen. Eine der wichtigsten hängt mit der Geschichte der Theorien zu Transatlantik-Kontakten zusammen.

Als 1492 Kolumbus zum ersten Mal auf Ureinwohner Amerikas traf, hielt er sie für Asiaten, für Bewohner Ostindiens. Doch nachdem klar war, dass es sich bei seiner Entdeckung um einen eigenen, unabhängigen Kontinent handelte, lösten die Berichte über die fremden Menschen aus der

Neuen Welt im katholischen Spanien Verwirrung aus: Wie konnten die
Nachfahren von Adam und Eva eine so weite Entfernung überbrückt haben, und weshalb berichtete die Bibel nicht darüber?[85]

Der hoch angesehene spanische Theologe und Gelehrte Juan Ginés
de Sepúlveda fand die Lösung: Die Indianer seien nur eine Art Vorform
des Menschen und könnten also nach Belieben versklavt und misshandelt
werden, ohne dass das gegen Gottes Gebote verstoßen würde.[86]
Sepúlvedas Lehre kam den Wünschen der Konquistadoren sehr entgegen. Doch dann trat ein neues Problem auf: Die Konquistadoren berichteten von gewaltigen und kunstvollen Bauten. So etwas hatten sie
noch nie gesehen. Das Werk der einheimischen Indianer, primitiver Halb-
menschen? Das konnten sich die Anhänger der Thesen Sepúlvedas nicht
vorstellen!

Viele Konquistadoren hielten die Zeugnisse der indianischen Kultur
für Teufelswerk. Aber unter den etwas aufgeklärteren Zeitgenossen, zum
Beispiel dem spanischen Gelehrten Gonzalo Oviedo, entstand damals
noch eine weitere Idee: Menschen aus den antiken Hochkulturen der Alten Welt könnten Südamerika besucht und dort Zeugnisse ihrer Kultur
hinterlassen haben, zum Beispiel Ägypter, Griechen, Römer. Die kühns-
ten und fähigsten Seefahrer der Antike, die einzigen, die auch den Atlantik erkundeten, waren Phönizier und ihre Nachfolger, die Karthager. Das
wusste man schon damals, und die Karthager wurden am häufigsten genannt, unter anderem im Jahr 1535 von Oviedo[87] und 1530 von dem deutschen Geografen Willibald Pirckheimer.[88]

Im 19. Jahrhundert bis weit in das 20. Jahrhundert trieben solche Theorien neue Blüten: Sie passten perfekt in die imperialistischen Vorstellungen von der Überlegenheit des Weißen Mannes und der abendländischen
Kultur. Ende des 19. Jahrhunderts erlebte zum Beispiel Brasilien eine re-
gelrechte Hysterie, die als das «Phönizierfieber» bekannt wurde: Überall
im Land entdeckten Forscher angebliche phönizische Inschriften und
scheuten auch nicht vor vorschnellen (und später meist widerlegten)
Schlüssen oder gar Fälschungen zurück. Aus jener Zeit stammt zum Beispiel die erwähnte «Schrift von Paraíba» (siehe S. 111).

Auch rassistische Motive spielten dabei oft eine Rolle, und manchmal
mussten solche Spekulationen auch für die Begründung religiöser Ideo-

logien herhalten. Auf relativ aktuelle Beispiele bin ich im Zusammenhang mit der Geschichte der Erforschung der Chachapoya gestoßen (siehe Kapitel I), und im Internet wimmelt es noch heute von solchen «Theorien», in die dann auch schnell noch Atlantis und Außerirdische eingewoben werden. Kein Wunder, dass ernsthafte Wissenschaftler um keinen Preis riskieren wollen, mit solchen Theorien in einen Topf geworfen zu werden.

Inzwischen sind die ehemaligen spanischen und portugiesischen Kolonien Lateinamerikas zu unabhängigen Nationen geworden, und viele ihrer Bürger sind stolz sowohl auf die großartige Kultur ihrer indianischen Vorfahren als auch auf die blutig erkämpfte Unabhängigkeit von den alten Kolonialmächten. Da die meisten bekannten Theorien zu einer Alte-Welt-Herkunft präkolumbischer Kulturen imperialistische und rassistische Elemente enthalten, empfinden die jungen Staaten Südamerikas diese Theorien als tiefe Beleidigung und als Angriff auf die nationale Würde.

Das gilt besonders für Peru. Hier sieht man die Kulturen der Inka und ihrer Vorgänger als Beweis dafür, dass dieses Land auch ohne die Hilfe der Europäer zu großen kulturellen Leistungen fähig war. Hinweise auf mögliche frühere Einflüsse aus der Alten Welt könnten – das befürchten die Kulturpolitiker des Landes – so interpretiert werden, dass Perus alte Kulturen ihre Großartigkeit letztlich den Europäern verdanken würden.

Sachlich ist diese Idee absurd. Heute steht fest, dass bereits vor fast fünftausend Jahren in Südamerika beeindruckende städtische Kulturen entstanden, solche wie Caral, an deren indianischer Herkunft keine Zweifel möglich sind. Und als die Phönizier und Karthager um etwa 700 v. Chr. zum ersten Mal zum Atlantik vorstießen, existierten in Lateinamerika schon Jahrhunderte zuvor Städte wie Chavin und Kunstwerke wie die der Olmeken.

In Europa ist man stolz auf die überlieferten Kulturen, wobei längst klar ist, dass sie einst aus einem Gemisch vieler Einflüsse aus vielen Kontinenten entstanden. Und in Südamerika würden Nachweise früherer Einflüsse aus der Alten Welt lediglich bestätigen, dass viele Kulturen letztlich einen globalen Ursprung haben und dass nationalistisches Denken auf Dauer anachronistisch ist. Aber dort sieht man das in der Regel (noch) nicht so.

Gerade historische und archäologische Forschung wird in vielen Ländern der Welt von den Machthabern und Interessengruppen argwöhnisch beäugt und nicht selten massiv unter Druck gesetzt. Es könnten ja politisch und ideologisch unliebsame Ergebnisse herauskommen. So hat sich in Lateinamerika – auch bei ausländischen Forschern, die für ihre Arbeit auf das Wohlwollen der dortigen Behörden angewiesen sind – eingebürgert, jeden Gedanken an antike Transatlantik-Kontake entrüstet von sich zu weisen. Das gilt auch für Brasilien, wenn auch zum Teil mit anderen Vorzeichen. Dort fürchten einflussreiche Gruppen, dass der Ruhm der portugiesischen Entdecker und «Kulturbringer» wie Cabral geschmälert würde, wenn sich zum Beispiel herausstellen sollte, dass Karthager schon lange vor ihm Brasilien entdeckt hätten.

Setzt man jedoch die Geschichte der Transatlantik-Theorien und der Industrienationen zueinander in Beziehung, ergibt sich eine andere Erklärung für die Tatsache, dass heute praktisch alle Experten die Unmöglichkeit antiker transatlantischer Kulturkontakte behaupten und damit auch die Meinungen unvoreingenommener Intellektueller prägen. So könnte weniger der Nationalismus lateinamerikanischer Regierungen dafür verantwortlich sein, eher dieser Mechanismus: Im 19. Jahrhundert, als sich die meisten Universitätswissenschaftler einig waren, dass Karthager Amerika nicht erreicht haben könnten, war es Universitätskarrieren dienlich, sich den damals herrschenden Ideologien anzupassen – Eurozentrismus gepaart mit imperialistischen und rassistischen Ideologien. Und dass ein solches Paradigma bis heute gilt (mit je nach Zeitgeist wechselnden Legitimationsversuchen), hat mit autoritären Universitätshierarchien zu tun. Das ergab eine Analyse der Rezeption der Berichte Diodors durch die Fachwelt.

Dass die These von der Unmöglichkeit antiker Transatlantik-Kontakte so unerschütterlich steht, liegt auch an der traditionellen Orientierung von Forschungsgebieten an Fachgrenzen. Schon die Beschäftigung mit der Frage nach dem Ursprung der Chachapoya hat gezeigt, dass man mit den

Mitteln der Archäologie und gar der auf Peru beschränkten Forschung in eine Sackgasse geriet. Auch die Analyse der Texte von Diodor musste, solange sie allein mit den Mitteln der Altphilologen und Archäologen stattfand, zu Fehlschlüssen führen.

Die Einsicht, dass sich viele Fragen nur durch eine interdisziplinäre Herangehensweise sinnvoll erforschen lassen, hat sich zwar heute weitgehend durchgesetzt. Doch nach wie vor hapert es mit der praktischen Umsetzung. Die Gründe liegen auf der Hand: Die einzelnen Fächer haben im Lauf ihrer Geschichte jeweils eigene Fachsprachen und Denksysteme entwickelt; so scheitert eine echte fachübergreifende Zusammenarbeit nicht selten schon an der Begrifflichkeit. Außerdem hegen viele Fachwissenschaftler nicht nur eine verständliche Sorge vor Dilettantismus, sondern auch heute noch ein tiefes Misstrauen gegenüber Kollegen, die in anderen Fachgebieten «wildern». Doch interdisziplinäre Projekte funktionieren nur, wenn alle Beteiligten über den Tellerrand ihrer Fachgebiete hinausschauen.

All dies und natürlich die Tatsache, dass der Fachwelt noch keine überzeugenden Belege für antike Transatlantik-Kontakte vorliegen, hat dazu geführt, dass im Lauf der Zeit die entsprechende Gegenmeinung zu einem «Paradigma» wurde, über das sich nicht mehr zu diskutieren oder zu forschen lohne. Das ist im Prinzip vernünftig: Es kostet Mühe und Ressourcen, immer wieder Alles aufs Neue in Frage zu stellen. Auch im Zusammenhang mit dem Thema dieses Buchs bewährte sich das Paradigma schon häufig: Zeitraubende und unfruchtbare Auseinandersetzungen mit der Fülle von irrationalen und unseriösen Spekulationen zum Thema «antike Transatlantikreisen» konnten so vermieden werden.

Doch bisher bestand kein Paradigma der Wissenschaft ewig. Ein Paradigma gilt so lange uneingeschränkt, bis Phänomene auftreten, die mit der bis dahin gültigen Lehrmeinung nicht vereinbar sind. Dann werden neue Theorien zur Erklärung dieser Phänomene aufgestellt. Und wenn diese sich durchsetzten, findet ein «Paradigmenwechsel» statt.[89]

Bis dahin richten sich die Beteiligten auch im internationalen Rahmen auf das geltende Paradigma ein. Wissenschaftliches Prestige, Universitätshierarchien und Verbindungen zu Kulturpolitikern werden damit ebenso verknüpft wie die Verteilung von Forschungsgeldern und Grabungslizenzen für ausländische Archäologen in Lateinamerika. Argumente und Entdeckungen, die zu einem Paradigmenwechsel führen könnten, gefährden all das und werden deshalb als Bedrohung empfunden. Und das wiederum führt nicht selten zu massiven Behinderungen auch von seriöser Forschung.

So hatte sich zum Beispiel die Theorie, dass die erste Besiedlung Amerikas durch die Clovis-Kultur stattfand, zum Paradigma entwickelt. Als dann der amerikanische Forscher Tom D. Dillehay im Laufe der letzten zwei Jahrzehnte immer mehr zwingende Belege dafür fand, dass schon Jahrtausende vor den ersten Zeugnissen der Clovis-Kultur Menschen in Amerika lebten (nämlich in Monte Verde, Chile), hat die Fachwelt die neuen Erkenntnisse nicht etwa begeistert begrüßt, sondern im Gegenteil: Dillehays Entdeckungen wurden zunächst totgeschwiegen, und als dies nicht mehr funktionierte, arbeiteten seine Gegner mit – meist absurden – Unterstellungen.[90] Doch inzwischen ist Dillehays Erkenntnis allgemein anerkannt – sie wurde zum neuen Paradigma.

Die Fachleute vom «Instituto Historico e Geografico» in São Paulo wussten, dass auch die Tierkopfaxt eine Gefahr für die etablierten Paradigmen der brasilianischen Archäologie darstellt. Deshalb hatten sie kein archäologisches Universitätsinstitut mit der Organisation der Untersuchungen des Artefakts betraut, sondern unvoreingenommene Naturwissenschaftler und den unabhängigen Privatforscher Heinz Budweg.

Und deshalb zögerten sie nach dem vorläufigen Abschluss der Untersuchungen Mitte 2006 auch mit einer Veröffentlichung der Ergebnisse. Sie hielten es für klüger, die Ergebnisse in einem umfassenderen Rahmen vorzustellen, zum Beispiel auch im Zusammenhang mit einem plausiblen Szenario zu einem denkbaren Weg des Artefakts über den Atlantik. So wartete man ab, bis ein solcher Rahmen vorlag – und erst jetzt ist es so weit.

Uns, das heißt Heinz Budweg, Karin Hornig und mir, kommt hingegen manchmal der Gedanke, dass diese Axt vielleicht gar nichts Einzigartiges ist. Vielleicht wurden schon längst Artefakte gefunden, die antike transatlantische Kontakte noch überzeugender belegen können. Nur weiß die Öffentlichkeit bisher nichts davon, weil das bis heute verhindert wurde.

Die Mechanismen, die zu den Entscheidungen des Instituts führten, sind natürlich auch den anderen an unserem Projekt beteiligten Wissenschaftlern bekannt. Deshalb hat keiner von uns zuvor Teilergebnisse veröffentlicht.

Diese Mechanismen zwangen uns auch immer wieder zu «verdeckten Ermittlungen»; oft mussten wir Gesprächspartner in Brasilien und Peru über unsere eigentlichen Fragestellungen im Unklaren lassen. Denn häufig erstarrten anfangs äußerst kooperative und hilfsbereite Archäologen, sobald wir unsere kühnen Vermutungen nannten. Meist änderte sich das erst wieder, wenn wir erklärt hatten, dass es uns darum ginge, die kursierenden irrationalen Spekulationen zum Thema durch Fakten zu widerlegen (was ja auch keine Lüge ist).

Und mehrfach, auch in Europa, erlebten wir, dass junge Wissenschaftler zunächst fasziniert von unseren Fragestellungen waren und mitarbeiten wollten – und dann irgendwann abrupt die Kommunikation abbrachen. Wir konnten uns das nur so erklären, dass der jeweilige Lehrstuhlinhaber einen Riegel vorgeschoben hatte. Umso glücklicher bin ich, dass sich dennoch mehrere kompetente Wissenschaftler aus unterschiedlichen Disziplinen für das Projekt engagiert haben.

AUFBRUCH IN DIE NEUE WELT:
DIE SUCHE NACH DEM MOTIV

Die Nadel im Heuhaufen? *Eine erste Eingrenzung*

In Bezug auf die Karthager liegen zwar die Bedingungen dafür vor, dass sie Südamerika erreichen konnten, und vermutlich waren sie auch mit der Route dorthin vertraut, doch lässt sich kein hinreichend überzeugendes Motiv entdecken.

Als ich die erste Auflage des Buchs abschloss, hatte ich mich auf die Standardliteratur und die antiken Berichte zur Zerstörung Karthagos im Jahr 146 v. Chr. verlassen. Doch neuere archäologische Forschungen zeigten, dass es für die überlebenden Karthager Möglichkeiten gab, sich mit den siegreichen Römern zu arrangieren, sodass eine Auswanderung in die Anden Perus nicht notwendig war.

Der verlorene Erste Punische Krieg (264–241 v. Chr.) hatte eine weitere wichtige Folge: Die militärische Konfrontation fand weitgehend auf dem Meer statt, und anfangs erlitten die Römer schwere Niederlagen. Aber dann bauten sie ein erbeutetes karthagisches Kriegsschiff Planke für Planke nach und konnten so ihre Flotte auf den neusten Stand der Technik bringen. Im Gegensatz zu den Karthagern, für deren Wohlstand die Exklusivität ihres nautischen Knowhows wesentlich war, lebten die Römer nicht vom Seehandel und sahen dementsprechend keine Notwendigkeit darin, ihre Schiffsbautechnik bei Handelsschiffen zu verheimlichen – auch sie profitierten von erfolgreichen Händlern anderer Herkunft.

Es ist also zu vermuten, dass in den folgenden ein bis zwei Jahrhunderten Seefahrer vieler Völker lernten, hochseetaugliche Schiffe zu bauen, auszurüsten und zu navigieren. So kommen in Bezug auf die Gelegenheit die Bewohner aller Regionen in Frage, die einen von Karthagern oder Römern besuchten Atlantikhafen besaßen – und allein die Karthager landeten im Lauf ihrer Geschichte in vielen Atlantikhäfen: vom äußersten Nordwesten Spaniens (La Coruña in Galicien) bis hinunter nach Nordwestafrika.

Doch welches dieser Völker besaß auch ein hinreichend starkes Motiv? Das erinnert an die Suche einer Nadel im Heuhaufen, zumal nach wie vor kein schriftliches Zeugnis oder ein anderes eindeutiges Indiz vorliegt.

In einer solchen Situation bietet das Ausschlussverfahren die besten Chancen, zu einem realistischen Urteil zu gelangen: Wir fragen nacheinander, in welchen Regionen auszuschließen ist, dass die Bedingungen für ein hinreichend starkes Motiv vorliegen.

Die Forschungsergebnisse aus dem Chachapoya-Gebiet haben bereits zu einer Eingrenzung des Zeitpunktes der Auswanderung auf das 1. Jahrhundert v. Chr., vermutlich eher die letzten Jahrzehnte vor der Zeitenwende, geführt.

Mit seinem Bericht lieferte Diodor seinen Zeitgenossen, den Menschen des 1. Jahrhundert v. Chr., ein Motiv: Seine Beschreibungen eines «Paradieses» müssen auf viele mit ihrer Situation unzufriedene Menschen verführerisch gewirkt haben. Die Befunde im Chachapoya-Gebiet weisen allerdings auf eine große Gruppe von Einwanderern hin. So muss danach gefragt werden, wo für eine größere Gruppe die Bedingungen vorlagen, die ihnen das Leben in der Heimat unerträglich machten?

Ein hinreichend starkes Motiv könnte darin bestehen, dass Menschen keine andere Möglichkeit sehen, für sie entscheidend Wichtiges zu bewahren, als sich auf ein Unternehmen wie eine Reise ins Unbekannte einzulassen. Für die meisten Menschen wird das ihr Leben oder das Leben ihrer Familie sein. Doch manchen Menschen sind Normen und Werte noch wichtiger.

Das Leben oder die Werte größerer Gruppen werden vor allem durch Naturkatastrophen oder Kriege und Eroberungen durch eine fremde Macht bedroht. Von Naturkatastrophen im 1. Jarhundert v. Chr., die zum Verlassen der Alten Welt zwingen könnten, ist mir nichts bekannt. In Bezug auf Bedrohung durch Kriege und Eroberungen kamen in der entsprechenden Zeit praktisch nur die Römer als infrage. Die Frage lautet also, welche Völker Europas von ihnen im fraglichen Zeitraum bedroht wurden?

Griechenland war schon lange «befriedet», Germanien war noch weitgehend frei, Britannien und Osteuropa kamen erst rund hundert Jahre nach dem Beginn der Chachapoya-Bautradition in Bedrängnis, Nordeuropa war nie in Gefahr. Gallien könnte zwischen dem Einmarsch von Caesar 57 v. Chr. und der endgültigen Befriedung 50 v. Chr. als Kandidat in Frage kommen, doch der Zeitraum war knapp und durch wechselvolle, grausame Kriege geprägt. Außerdem war die französische Mittelmeerküste ebenfalls schon lange ein friedlicher Teil des Römischen Reichs. Der Rest Galliens hatte kaum Zugang zu den Legenden und dem nautischen Knowhow der Karthager.

Und Spanien? Hierzu liegt eine Veröffentlichung von Martin Luik vom Institut für Vor- und Frühgeschichte der Universität München vor. Demnach begannen die Römer schon 218 v. Chr. die Iberische Halbinsel zu erobern. Doch das entpuppte sich als der schwierigste, langwierigste und blutigste Teil in der gesamten Geschichte der Entstehung des Römischen Reichs. 200 Jahre hat es gedauert.[91] Die Römer wollten eigentlich nur die Bodenschätze Spaniens nutzen und zugleich den Karthagern die Möglichkeit nehmen, eine neue Machtbasis zu gründen. Doch die Ureinwohner entpuppten sich als wilde, kompromisslose Krieger – durch ständige Kämpfe untereinander trainiert und nicht bereit, sich einer fremden Macht zu unterwerfen.[92] Ihr Leben war bestimmt vom Krieg, und ein Heldentod auf dem Schlachtfeld galt als höchste Ehre.[93]

So hat sich ein Motiv ergeben.

Doch wo in Spanien? Im Süden und Osten der Iberischen Halbinsel hatten schon seit Jahrhunderten fremde Kulturen – zunächst Phönizier und Griechen, dann Karthager und seit dem zweiten Punischen Krieg Römer – das Leben der Stämme verändert, und diese hatten sich damit arrangiert.[94] Hier findet sich kein Motiv.

Anders steht es um den Rest Spaniens: das nördliche Zentralspanien, das der Kultur der Keltiberer zugeordnet wird, der Norden und Nordwesten an der Atlantikküste, die Heimat der sogenannten Castro-Kultur, und schließlich im Mittelmeer die Baleareninseln Mallorca und Menorca. Sie waren in der Antike insbesondere wegen ihrer gefürchteten und oft als Söldner angeheuerten Steinschleuderer berühmt. Beide Inseln wurden zwar 123 v. Chr. von den Römern erobert, doch bis die alte Kultur endgültig verschwand, hat es noch weit über hundert Jahre gedauert. Auch die Hauptstadt der Keltiberer, Numantia wurde bereits 133 v. Chr. besiegt, doch auch hier herrschte nur offiziell Frieden, und bis 19 v. Chr. gab es immer wieder Aufstände. Die Menschen hatten sich offenbar nicht mit der römischen Herrschaft abgefunden. Der Norden und Galicien im Nordwesten wurden ebenfalls bereits 137 v. Chr. angegriffen, doch ein nachhaltiger Sieg gelang den Römern erst 23 v. Chr., und erst 19 v. Chr. wurden auch die Gebiete der Castro-Kultur, der Keltiberer und der posttayalotischen Kultur (fast) endgültig befriedet.[95] Ein Motiv scheint also in drei Regionen vorzuliegen.

Und die Gelegenheit? Die Suche nach Seefahrern, denen in der Antike eine Atlantiküberquerung am ehesten zuzutrauen wäre, hat mich aus mehreren Gründen zu den Karthagern geführt. Zu Mallorca und Menorca unterhielten die Karthager viele Jahrhunderte enge Handelskontakte. Für die Keltiberer gilt das nicht. Außerdem lebten sie im Landesinnern. Doch Galicien im Nordwesten ist nicht weit, und der damals und heute größte Hafen Galiciens, La Coruña, war ebenfalls jahrhundertelang eine Durchgangsstation und ein Anlaufpunkt für phönizische und karthagische Handelsschiffe. Auch das schien vielversprechend. So könnte sich auch für Galicien und für aus ihrer Heimat dorthin gewanderte, nach Freiheit suchende keltiberische Krieger eine Gelegenheit für die Überquerung des Atlantiks herausstellen.

Indizien im antiken Spanien

Zunächst suchte ich auf dem Festland, in den Gebieten der Castro-Kultur und der Keltiberer, dann auf den benachbarten Mittelmeerinseln Mallorca und Menorca nach Indizien und überprüfte dabei jeweils die Frage nach einem möglichen Motiv. Im nächsten Schritt versuchte ich, auf der Basis der entdeckten Indizien ein plausibles Szenario der Auswanderung au entwerfen, das auch die Frage nach der Gelegenheit einschließt. Für die Frage nach Indizien auf der iberischen Halbinsel nutzte ich für spezielle Überlegungen zu Keltiberern unter römischer Herrschaft auch die Arbeit eines weiteren Experten: eine erst kürzlich vom Institut für Alte Geschichte der Universität Utrecht veröffentlichte wissenschaftliche Arbeit von P.H.A. Houten.[96]

Beginnen wir mit Galicien im äußersten Nordwesten der spanischen Atlantikküste. In Bezug auf die Gelegenheit könnten die Galicier in Frage kommen, weil sie einen schon in der Antike berühmten Atlantikhafen besaßen: La Coruña.

Zum Motiv der Galicier: 137 v. Chr. versuchten die Römer zum ersten Mal, Galicien zu erobern – jedoch nur zum Teil erfolgreich. Galicien blieb weitgehend frei und leistete stets, wie viele römische Berichte bezeugen, gemeinsam mit den nördlichen Nachbarregionen den heftigsten Widerstand, den Rom auf der Iberischen Halbinsel erlebte. Erst ab 23 v. Chr. begann die Romanisierung auch der letzten noch freien Gebiete Galiciens, und um 19 v. Chr. war sie weitgehend abgeschlossen.[97] Bis dahin lieferten jedoch die Angriffe und die Bedrohung durch die Römer galicischen Kriegern ein hinreichend starkes Motiv für eine Auswanderung: Ihr Selbstwertgefühl wie auch das der Männer der anderen Kriegerkulturen des antiken Spaniens beruhte auf der Verherrlichung individuellen Heldentums – unvereinbar mit römischer Disziplin. Durch das Schicksal der benachbarten Keltiberer wussten die Männer auch, dass die Römer langfristig nicht zu stoppen waren, und sie wussten, was ihre Frauen und Kinder erwarten würde, wenn sie bis zum Tod kämpften: Versklavung und Tod. So sahen manche der galicischen Männer wohl nur noch einen Weg, ihren Stolz zu bewahren: Frauen und Kinder dem relativ sicheren Leben unter römischer Verwaltung zu überlassen und selber die Heimat für immer zu verlassen.

Nun zu den Keltiberern des nördlichen Zentralspaniens: Sie gelten als das Ergebnis einer Vermischung von iberischen Stämmen mit später zugewanderten Kelten. In Bezug auf Freiheitsdrang und Kriegerstolz standen sie den Galiciern kaum nach. Wie diese waren die Keltiberer sowohl bei den Karthagern als auch bei den Römern hochgeschätzte und gefürchtete Söldner. Die Römer benötigten drei Kriege, bis es ihnen 133 v. Chr. gelang, die keltiberische Hauptstadt Numantia zu vernichten. Danach herrschte offiziell Ruhe, doch bis zur abschließenden Romanisierung 19 v. Chr. gab es immer wieder Aufstände.[98] In Bezug auf das Motiv liegen also dieselben Voraussetzungen vor wie bei den Galiciern.

Was lässt sich zu den sowohl in Galicien als auch im keltiberischen Bereich im Lauf der Jahrhunderte zugewanderten Kelten sagen? Für sie galt das bei Galiciern und Keltiberern festgestellte Motiv vermutlich in besonderem Maße. Bei den antiken Autoren galten sie stets als besonders stolze und zugleich undisziplinierte Krieger. Wie die Galicier und Keltiberer wurden auch sie von Karthagern und Römern gern als Söldner engagiert: Ihre Disziplinlosigkeit glichen die Kelten durch ihre Tapferkeit und ihren nicht zu bremsenden Kampfesmut aus.

Die Erfahrungen mit der gängigen Fachliteratur zur Zerstörung Karthagos hatten mich vorsichtig gemacht, und schon in Brasilien und Peru hatte sich bestätigt, dass zu kleinen und relativ unbekannten antiken Kulturen die vor Ort forschenden Wissenschaftler am besten mit dem Stand der Forschung vertraut sind.

Da ich in Bezug auf Mallorca und Menorca in Deutschland keine hinreichend detaillierte Literatur fand, reiste ich im April 2013 nach Mallorca und erkundigte mich in den örtlichen archäologischen Museen nach den zuverlässigsten Experten. Meine Gesprächspartner auf der Insel für die Fragen nach Motiv und Gelegenheit waren der Archäologe und Historiker Toni Puig und sein Kollege Victor Guerrero von der Balearen-Universität Mallorca. Ihr Spezialgebiet ist die Geschichte der Talayot-Kultur Mallorcas bis zu ihrem Ende durch die Romanisierung, die erst etwa um die Zeitenwende vollendet war. Im Verlauf der Gespräche erfuhr ich, dass die Nachbarinsel Menorca mit Mallorca stets enge Kontakte pflegte, dieselben kulturellen Wurzeln und im Wesentlichen auch dasselbe historische Schicksal teilte. Um das zu überprüfen, reiste ich im September 2013 nach Menorca. Mein dortiger Gesprächspartner war der Direktor des Museu de Menorca in der Inselhauptstadt Mahón,

der Archäologe Lluis Plantalamor, seit Jahrzehnten auch Ausgrabungsleiter auf Menorca.

Wer die Ureinwohner der Inseln waren, ist hier noch unklarer als auf dem
Festland. Es gab wohl vor langer Zeit Einwanderer aus Nordafrika, mehr-
heitlich aber Einwanderer vom naheliegenden Festland der spanischen
und französischen Mittelmeerküste. Die Kultur der Inselbewohner war
die aus der Megalithkultur hervorgegangene Talayot-Kultur, die seit den
Kontakten mit Karthagern und Römern «posttayalotische Kultur» genannt wird. Welches Motiv für eine Auswanderung hätten diese Menschen haben können?

Bis dahin hielt ich es für wahrscheinlich, dass das Motiv etwas mit der
Zerstörung Karthagos und der drohenden Eroberung der Balearen durch
die Römer zu tun habe, doch den genannten Experten verdanke ich die
Einsicht, dass es sich so nicht ereignet haben kann.

Das Verhältnis zu den Karthagern war längst nicht so herzlich, wie
ich angenommen hatte, sondern (mehr noch auf Menorca) oft durch bru-
tale Erpressung durch die Karthager, durch Rebellionen und blutige Konflikte geprägt. Im zweiten Punischen Krieg hatte Karthago das zuvor
weitgehend von Hannibal kontrollierte Spanien verloren. Die letzte aus
Spanien abrückende Armee unter Mago Barca, einem Bruder Hannibals,
wollte auf Mallorca überwintern, doch die Krieger der Insel verhinderten
das mit Steinschleudern. Die Karthager versuchten eine machtvolle Straf-
aktion, doch auch die wurde von den Mallorquinern blutig zurückge-
schlagen. Mago Barca erzwang die Überwinterung auf der kleinen Insel
Menorca – mit unschönen Methoden, wie Lluis Plantalamor archäologisch nachwies.[99] Seitdem gab es keinen Kontakt mehr zwischen den
Menschen der posttayalotischen Kultur und Karthago.

Was nun? Toni Puig erwähnte in unserem Gespräch, dass viele der Krieger nie in ihre Heimat zurückgekehrt seien. Ich fragte weiter nach und
überprüfte die Antworten anhand der mir von Victor Guerrero gegebe-
nen Literatur.[100] So ergab sich ein neues Bild: Mallorcas Landwirtschaft
und die Fischerei allein hatten die Bevölkerung schon zuvor nicht ausrei-
chend ernähren können. Das wurde ausgeglichen durch Handel mit Kar-

thago und Honorare (meist in Form von Kriegsbeute) für die Kontingen-
te der balearischen Söldner im Dienste Karthagos. Nach dem Ende des
Zweiten Punischen Kriegs verschwanden diese Einnahmequellen fast
vollständig. Die Männer verdienten von nun an ihr Brot als Piraten. Die
Römer wurden zu der Zeit von ihnen nicht als Feinde empfunden, sondern sie freuten sich, dass viele römische Handelsschiffe die Insel passier-
ten. Das bedeutete jedes Mal reiche Beute.

Doch 123 v. Chr. eroberten die Römer die Insel in einem langen blutigen Krieg. Danach hing die Ernährung der Bevölkerung von den durch
die Römer organisierten Nahrungsmittelimporten ab. Nach der Eroberung gingen die Römer brutal vor: Sie richteten Gemetzel an und zerstörten von der Bevölkerung verehrte Heiligtümer der Talayot-Kultur. Dennoch konnten sie den Widerstand nicht vollständig brechen. Erst ab etwa
75 v. Chr. setzte die Romanisierung allmählich ein und war erst um die
Zeitenwende abgeschlossen.[101]

Die Krieger, die sich den Römern nicht unterwerfen wollten, mussten sich in den unwegsamen Bergen verstecken. Aber da gab es erst recht
nichts zu essen. So blieb ihnen nur die Wahl, in den Bergen zu verhungern oder sich den Römern auszuliefern. Wer zu beidem nicht bereit
war, musste die Insel verlassen. Damit befanden sich die Krieger Mallorcas und Menorcas in einer vergleichbaren Situation wie die keltiberische
Krieger.

Fassen wir zusammen: Eine Reihe von Phänomenen, auf die ich im
Chachapoya-Gebiet stieß, wurde durch Forschungen in der Neuen Welt
nicht befriedigend erklärt. Eine Erklärung könnte jedoch darin bestehen,
dass im 1. Jahrhundert v. Chr. eine größere Gruppe von Menschen aus der
Alten Welt in Nordostperu eingewandert ist und Traditionen ihrer Heimat beibehalten hat. Zwei Bedingungen dafür – das ergaben die Ermittlungen – sind erfüllt: Den Atlantik konnte man offenbar überqueren, und
auch ein zu der Zeit hinreichend starkes Motiv für ein solches Unterfangen lag vor. Allerdings gilt das – so der Stand meines Wissens – nur für Bevölkerungsgruppen aus dem antiken Spanien, und dort auch nur für die
genannten Regionen.

3.
VON DER ALTEN WELT IN DIE ANDEN: REKONSTRUKTION EINER AUSWANDERUNG

SZENARIO 1:
DIE ERSTE ETAPPE – VON SPANIEN
ÜBER DEN ATLANTIK

Der Beginn der Reise und die Überquerung des Atlantiks

Viele Fragen müssen noch beantwortet werden, bevor die angenommene Einwanderung als eine brauchbare Erklärung für die Rätsel der Chachapoya akzeptiert werden kann. Da keine Berichte vorliegen, die eine solche Einwanderung belegen, bleibt nur, nach Indizien zu suchen, die Rückschlüsse erlauben. Zu diesem Zweck versuche ich zunächst mithife der «Szenario-Thechnik» anhand der zur Verfügung stehenden Informationen einen denkbaren und plausiblen Verlauf der langen Reise zu rekonstruieren. Dazu gehe ich verschiedenen Fragen nach: Besaßen Menschen der genannten Gruppen außer dem Motiv auch die Gelegenheit, die Alte Welt zu verlassen? Falls ja, finden sich plausible Gründe, bis in die Anden Nordostperus zu reisen? Wäre dies Einwanderern vor über zweitausend Jahren überhaupt möglich gewesen? Welche Indizien könnten belegen, dass die Einwanderer das Chachapoya-Gebiet tatsächlich erreicht haben?

Beginnen wir mit der Frage, wie und mit welchen Teilnehmern ein Aufbruch in eine neue, römerfreie Heimat jenseits des Atlantiks hätte stattfinden können.

Die Keltiberer aus dem nördlichen Zentralspanien besaßen wie die der posttayalotischen Kultur zugerechneten Ureinwohner Mallorcas und Menorcas keine Atlantikhäfen. Nur die Atlantikküste Galiciens im Nordwesten Spaniens, der Bereich der sogenannten «Castrokultur», scheint als Ausgangspunkt der großen Reise geeignet zu sein, insbesondere aufgrund des bereits in der Antike berühmten Hafens La Coruña. Galicien war auch die Region Spaniens, die am spätesten von den Römern erobert wurde. Für Keltiberer, die sich nicht mit der Romanisierung ihrer Heimat abfinden wollte, war es sicher ein Leichtes, sich ins benachbarte Galicien durchzuschlagen. Doch die Krieger aus Mallorca und Menorca? Um dem Machtbereich der Römer zu entkommen, mussten die Männer auf dem Festland eine Möglichkeit suchen. Das Übersetzen war kein Problem: In den vielen versteckten Felsbuchten der Inseln warteten stets kleine Schiffe und Boote. Doch der schon seit Jahrhunderten «zivilisierte» iberische Süden und Osten Spaniens bot keine Basis, sich als stolze Krieger bewundern zu lassen oder gar die eigenen Traditionen weiterzuführen. Lediglich im Norden und Nordwesten lockte noch die Freiheit. Der weite Weg von der Süd- an die Nordwestküste Spaniens war machbar: teils zu Schiff entlang der Küste, teils zu Fuß. Ernährt haben sie sich auf dem Weg – dazu gibt es Berichte – durch Überfälle und Raubzüge. So ist die Annahme gerechtfertigt, dass irgendwann auch Krieger von den Balearen nach Galicien gelangten. Berichte erwähnen, dass die galicischen Krieger mehrfach Krieger anderer Kulturen, die durch die Römer in Bedrängnis geraten waren, aufnahmen.

Doch zu der Frage, was danach genau geschah, konnte mir keiner der Experten Informationen geben. Das muss nicht erstaunen: Dass in der Antike irgendwann irgendwo Schiffe ablegten und nicht mehr wiederkehrten, war so normal, dass kein Historiker dies erwähnte.

Für die Überprüfung meiner Arbeitshypothese genügt es, wenn sich das folgende Szenario nicht ausschließen lässt: Im 1. Jahrhundert v. Chr. gelangten Männer von den Balearen und dem keltiberischen Raum nach Galicien. Dort trafen sie auf Krieger, die mit den gegenwärtigen Entwicklungen, dem Dahinschwinden der Traditionen ihrer Kultur, ebenfalls unzufrieden waren. So reifte der Entschluss, einen Ort zu suchen, an dem die Männer in Freiheit und gemäß ihrer Traditionen leben konnten.

Aber wohin? Die Männer waren zu Allem bereit, doch in der Alten Welt kannten sie keinen geeigneten Ort.

Jetzt kommt La Coruña, einer der wichtigsten Häfen der antiken Welt, ins Spiel. La Coruña war im Lauf der Jahrhunderte Treffpunkt von

Phöniziern, Kelten, Karthagern, inzwischen auch Römern und natürlich stets galicischen Seeleuten. Es darf angenommen werden, dass zumindest einige der Mitglieder des Projekts schon von der von Diodor etwa 70 v. Chr. beschriebenen großen paradiesischen Insel weit draußen im Atlantik gehört hatten, dass diese Insel westlich von Afrika liegt und dass Winde und Meeresströmungen Schiffe dort hinführen, dass es aber eine nicht gerade kurze Reise über den offenen Atlantik sein würde. Doch Atlantikstürme kannten die Galicier zur Genüge, und wie man sich auf dem offenen Meer an Sonnenstand und Sternen orientiert, wird sich unter den Seeleuten in La Coruña herumgesprochen haben. Auch für den Transport von Wasser und Lebensmitteln boten große Keramikamphoren eine Möglichkeit.

Welche Schiffe standen zur Verfügung? Diese Frage entpuppte sich als Problem. Ich hatte vermutet, dass es nach der Zerstörung Karthagos noch gelegentliche Kontakte mit karthagischen Handelsschiffen gab und dass sich so eine Möglichkeit ergeben haben könnte. Aber konnte ich mir da sicher sein? Wie stand es im 1. Jahrhundert v. Chr. mit Kontakten zu karthagischen Schiffen? Karthago war ja schon lange zerstört.

Schon auf Mallorca hatte ich im April 2013 umdenken müssen, und erst aufgrund überraschender neuer Informationen und gründlicher Recherche hatte sich ein neues und sogar weitaus plausibleres Motiv als zuvor ergeben. Wenn sich aber herausstellen sollte, dass die einzigen Gruppen, für die ich ein plausibles Motiv für die Auswanderung entdecken konnte, in Galicien festsitzen müssten, gäbe es für die «Rätsel der Chachapoya» nach wie vor keinen Lösungsansatz.

Ende Oktober 2013 nahm ich Kontakt auf mit X. M. Caamano Gesto,[1] einem Archäologen an der Universidad de Santiago de Compostela, und dem Archäologen Felipe Arias, Director del Museo do Castro de Viladonga, nahe La Coruña an der Nordküste Galiciens. Die erste Aussage, die ich erhielt, bestätigte die Recherchen hinsichtlich des Motivs: «Galicien war der letzte Teil des spanischen Territoriums, der von den Römern erobert wurde, und zwar während der Regierungszeit von Kaiser Augustus» – und offenbar ohne weiteres Blutvergießen und durch «Bündnisse»[2]. Vermutlich begannen sich die Menschen in Galicien mit dem «Pax

Romana» abzufinden: Die ehemals bewunderte «Kriegerelite» wurde zu einem unbequemen Relikt vergangener Zeiten. In den folgenden Jahren setzte sich auch in Galicien die Romanisierung durch. Damit waren einige der letzten archaischen Kriegerkulturen Europas, deren viele Jahrtausende dauernde Geschichte zu den Wurzeln unserer Zivilisation zurückreicht, in der Alten Welt für immer verschwunden. Bekamen sie eine zweite Chance in den Anden Nordostperus – mit Hilfe karthagischer Schiffe? Nein: «Der Kontakt mit der punisch-karthagischen Welt war minimal.»[3] Der andere Experte schrieb: «Die Kontakte mit karthagischen Händlern müssen im 6. oder 5. Jahrhundert durch Kontakte mit Griechen und später Römern ersetzt worden sein.»[4] Karthagische Schiffe kamen also nicht in Betracht, und die griechischen und römischen Händler besaßen keinen Grund, Europa zu verlassen und den Atlantik zu überqueren. Lediglich die Amphoren und die Erzählungen in den Hafenkneipen über Diodors große Insel waren auch noch vor zweitausend Jahren ein realistischer Teil meines früheren Szenarios.

Zu den seefahrerischen Fähigkeiten der Kelten und der Galicier in der Antike habe ich keine Hinweise in Erfahrung bringen können. Ich hatte nur gelesen, dass genetische Untersuchungen darauf hinweisen, dass vor langer Zeit Verbindungen zwischen den «Atlantikkelten» in Irland, Wales und Galicien bestanden haben müssen. So fragte ich die galicischen Experten – und erhielt zur Antwort: «Reisen mit Schiffen von Galicien über den Atlantik fanden unregelmäßig statt. Aber bis zum Ende der Bronzezeit (dort etwa 800–700 v. Chr.) gab es wechselseitige Handelskontakte mit den Atlantikküsten von Frankreich und Irland, wie dort durch Bronzeäxte, die denen Galiciens glichen, nachgewiesen wurde.»[5] Es gab also früher regelmäßige Seereisen über den Atlantik. Doch wo waren die Schiffe, die man dazu benötigte? Archäologische Belege zu Jahrtausende zurückliegenden Geschehnissen sind meist nur vereinzelte Glücksfälle, und vieles, was nie archäologisch belegt werden konnte, fand dennoch zweifellos statt. So kann auch die Tatsache, dass man keine weiteren Belege für die Handelsreisen fand, nicht bedeuten, dass es später keine transatlantischen Reisen mehr gab (auch Caamano schließt das nicht aus) oder dass die Galicier nicht mehr in der Lage waren, hochseetaugliche Schiffe zu bauen. Die alten Handelskontakte verloren vermutlich nur deshalb an

Bedeutung, weil zu Beginn der Eisenzeit neue, attraktivere Handelspartner auftauchten, etwa die Phönizier und dann die Karthager. Dennoch hätte ich gern mehr über die Schiffe gewusst, die die Handelspartner auf den Atlantikrouten benutzten. Aber weder in Spanien noch auf den britischen Inseln liegen dazu Informationen vor. So etwas ist keine Seltenheit und gilt im Wesentlichen auch für karthagische und phönizische Handelsschiffe. Die einzigen Funde in Galicien waren schlichte kleine Fischerboote, die nachts in die Siedlungen gebracht wurden. Doch damit reiste Niemand nach Irland. Auch an den Küsten Frankreichs wurde nie eines der für die Handelskontakte benutzten Schiffe entdeckt. Gibt es Berichte?

Da fiel mir «De bello gallico» von Gajus Julius Caesar ein. Hier beschreibt Caesar seine Schlachten gegen die Kelten Galliens. Dabei gibt es auch die Beschreibung einer Seeschlacht – im Jahr 55 v. Chr. gegen den keltischen Stamm der Veneter (in Buch III, Abschnitte 13–15).

So stieß ich endlich (am Beginn von Abschnitt 13) auf eine Beschreibung keltischer Schiffe: «Ihre Schiffe waren folgendermaßen gebaut und ausgestattet: Die Kiele waren etwas flacher als die unserer Schiffe, wodurch sie leichter Untiefen überqueren konnten. Ihre Buge ragten sehr hoch auf, und ebenso wie die Hecks waren sie der Macht der Wogen und Stürme angepasst, denen sie so widerstehen konnten (genau wie phönizische Handelsschiffe, siehe Abb. 39, S. 86, oder Wikingerschiffe, H. G.). Die Schiffe waren ganz aus Eichenholz gebaut und so geformt, dass sie jeder Art von Gewalt widerstehen konnten […] Die Anker waren an Eisenketten befestigt, und als Segel benutzten sie dünnes Leder – entweder, weil sie sich mit Leinenstoff nicht auskannten, oder, was wahrscheinlicher ist, weil sie davon ausgingen, dass Leinensegel der Macht der Stürme nicht standhalten konnten […] Was die Atlantikküste und die Macht der Stürme betraf, waren ihre Schiffe besser geeignet als unsere.»

Die römischen Schiffe nutzten seit dem ersten Punischen Krieg das Knowhow der Karthager für ihren Schiffsbau. Doch die Schiffe der Veneter waren für Reisen auf dem offenen Atlantik weitaus geeigneter als die römischen Schiffe, wie Caesar neidvoll feststellte. Auch die Manövrierfähigkeit mit Rahsegeln war offenbar besser: Erst, nachdem Caesars Soldaten mit langen Stangen die Segel lahmgelegt hatten, konnten sie entern und siegen (Abschnitt 14). Die Veneter waren – so Caesar – auch die fähigsten Seeleute Galliens, und sie beherrschten unbestritten die Küsten ihrer Heimat, der Bretagne. Gehörten sie und die Bretagne vielleicht zum galicischen Handelsnetz? Ich fragte die Experten, wohin in Frankreich die Reisen der Galicier geführt hätten. Caamano wusste von Belegen für einen Ort: «Die Kontakte mit Frankreich bestanden zur französischen Bretagne.»[6] Das bestätigte auch sein Kollege: «Es gab Kontakte von der Küste Galiciens zur französischen Bretagne und zu den Britischen Inseln.»[7] Noch eine weitere Variante wäre aufgrund der neuen Informationen plausibel: 56 v. Chr. schloss Caesar ein Bündnis mit den Venetern. Diese rebellierten jedoch, und so kam es 55 v. Chr. zur großen Seeschlacht. Aber vielleicht hat sich schon vorher eine venetische Flotte ins damals noch freie Galicien abgesetzt – und von dort aus machten sich die Menschen gemeinsam auf den Weg.

Zu einem denkbaren Verlauf der Reise über den Atlantik nach Südamerika hatten bereits die gemeinsam mit Karin Hornig durchgeführten Analysen und Überlegungen zur Entdeckung der auch von Diodor beschriebenen «Großen Insel» ein realistisches Szenario geliefert. Dabei hatte sich herausgestellt, dass ein möglicher Landeplatz in Nordostbrasilien, zum Beispiel in der Region um die Hafenstadt Recife liegen könnte.

Merkmale der Auswanderer:
Indizien für die Spurensuche in der Neuen Welt?

Nur Funde in der Neuen Welt könnten Aufschluss geben, ob eine Auswanderung nach Amerika bis in die Anden Nordostperus tatsächlich stattgefunden hat. Aber wie lassen sich auf einem riesigen, heute zu großen Teilen dicht besiedelten Kontinent noch beweiskräftige Spuren eines über zweitausend Jahre zurückliegenden Ereignisses finden? Ein aussichtsloses Unterfangen – es sei denn, man wüsste, wo und wonach zu suchen ist. Welche Eigenschaften der Menschen jener Regionen und welche dort nachweisbaren Kulturmerkmale sind besonders kennzeichnend und könnten von Auswanderern nach Peru eingeführt worden und auch dort noch erkennbar sein? Um das herauszufinden, stütze ich mich im Wesentlichen wieder auf die aktuellen Informationen der oben genannten Experten.

Die ethnische Herkunft der Ureinwohner der Iberischen Halbinsel bietet ein verwirrend vielfältiges Bild. Sie konnte bis heute nur teilweise geklärt werden. Als gesichert gilt, dass seit etwa dem 8. Jahrundert bis hinein ins 4. Jahrundert v. Chr. verschiedene keltische Stämme unter anderem aus Gallien und Mitteleuropa einwanderten und sich mit den Ureinwohnern vermischten.[8] Das gilt auch für den Bereich der Castrokultur (insbesondere Galicien). Belegt ist das durch viele keltische Kulturmerkmale in der Castro-Kultur und nicht zuletzt durch die Tatsache, dass sich einer der galicischen Stämme selber «Kelten» nannte. Nachgewiesen wurde dort außerdem eine genetische und kulturelle Verwandtschaft mit Menschen aus Wales und Irland, die auf gemeinsame und weit ins Megalithikum zurückreichende Wurzeln hinweist.

Das hervorstechende Merkmal der Menschen an der Atlantikküste des Nordwestens der Iberischen Halbinsel zwischen Nord-Portugal und Asturien, insbesondere in Galicien, war ihre Bauweise: die «Castros», nach der die Castro-Kultur benannt wurde. Bevor die Römer rechteckige Wohnbauten einführten, war diese Kultur durch runde, steinerne Wohnhäuser gekennzeichnet. Seit mindestens 500 v. Chr. wurden solche Wohnhäuser im Rest der Iberischen Halbinsel nicht mehr gebaut, dort wohnte man in rechteckigen Bauten. Weitere Merkmale der Castros bestanden darin, dass die meisten Siedlungen auf Berg- und Hügelkuppen angelegt wurden, und von steinernen Terrassen umgeben und durch mehr oder weniger große Mauern geschützt waren. Auffällig ist weiterhin, dass die Galicier eine für die damalige Zeit ungewöhnlich archaische Lebensweise bevorzugten: Schriftkultur spielte in ihrem Leben keine Rolle, und obwohl sie Töpferscheiben kannten, formten sie ihre Alltags-Keramik weitgehend ohne sie. In Galicien entdeckte man auch viele Petroglyphen und Spiralornamente. Ansonsten weiß man wenig über diese Menschen. Man fand bisher keine Begräbnisstätte und kann keine Rückschlüsse auf ihr Aussehen ziehen.[9]

Auch die Kelten werden vermutlich stark vertreten gewesen sein – nicht nur, weil sie ebenfalls in Galicien und auch im nahen keltiberischen Kulturbereich lebten, sondern weil sie eine besonders ausgeprägte Motivation besessen haben müssen, eine römerfreie Heimat zu suchen. Sowohl in Galicien als auch bei den Keltiberern haben sie offenbar eine führende Rolle gespielt – als «Kriegerelite». Dafür sprechen viele archäologische und historische Belege. In dem Fall hätten sie «niedere Arbeiten» wie Handwerk und Hausbau eher den Ureinwohnern überlassen. Ansonsten sind alle Merkmale, die man auch in anderen keltisch geprägten Regionen Europas fand, denkbar, wie zum Beispiel der bei ihren Zeitgenossen auch in Spanien für Angst und Schrecken sorgende Trophäenkopfkult sowie die besonders in Galicien verbreitete Tradition, Wände mit Halbreliefs von Köpfen zu schmücken («Cabezas cortadas – abgetrennte Köpfe» werden sie dort von Archäologen genannt), aber auch Werte und Normen, Gesellschaftsform und Religion der Kelten, die sowohl die Castro-Kultur als auch die Kultur der Keltiberer prägten. Das in Peru auffälligste Merkmal wäre sicher ihre Größe gewesen sowie die blonden, rotblonden und roten Haare, die den Kelten von Autoren wie Diodor und Herodot zugeschrieben werden. Zwar bezeichnet der Begriff «Kelten» keine einheitliche Ethnie, sondern einen Kulturbereich, und es gibt auch kleine und dunkelhaarige Kelten, doch die antiken Berichte beschrieben die Kelten, die die Römer und Griechen kennengelernt haben – etwa aus dem südlichen Mitteleuropa und aus Gallien. Und archäologische Befunde belegen, dass zumindest ein Teil der Kelten Spaniens daher stammte.[10]

Das einzige belegte und spezifische Merkmal der Keltiberer ist ihre Festungsbauweise. Nun war die gesamte Iberische Halbinsel in der Antike mit Festungen überzogen – ein Ergebnis der ständigen Stammeskriege. Diese Festungen unterschieden sich im Konzept nicht von den im antiken Mittelmeerraum üblichen Festungen: eine Bergkuppe mit Wohnhäusern, die von einer mehr oder weniger beeindruckenden Steinmauer umgeben waren. Doch in den drei Kriegen gegen die Römer hatten die Keltiberer, um sich zu schützen, zum Teil gewaltige Festungen bauen müssen. Dabei hatten sie sich einen Ruf als Meister des Festungsbaus erworben. Auch die relativ aufwendige und kunstvolle Technik beim Bau der Festungs-

und Schutzmauern unterschied sie sowohl von den im Bereich der Castro-Kultur als auch im iberischen Kulturbereich gefundenen Mauern. Nur an weiter entfernten Orten der Alten Welt fand man ähnlich gestaltete Mauerelemente – zu erklären durch vielfältige Kulturkontakte rund ums Mittelmeer. Diese Tradition starb auch nicht nach der Niederlage gegen die Römer, denn danach mussten die Keltiberer Festungen für die Sieger bauen: Auch die Römer benötigten Schutz – gegen rebellierende Keltiberer oder feindliche römische Bürgerkriegsparteien. In der wohl bedeutendsten keltiberischen Ausgrabungsstätte, Contrebia Leukade, findet sich ein Beispiel: Die dort erhaltenen Mauern aus der keltiberischen Zeit unterscheiden sich nicht von den später, unter römischer Herrschaft, gebauten Mauern, jedoch deutlich vom klassischen römischen Stil, wurden also offenbar von keltiberischen Arbeitern errichtet.

Im April 2013 lernte ich auf Mallorca und in Barcelona weitere Experten kennen: einen Steinschleuder-Spezialisten, zwei auf die posttayalotische Kultur spezialisierte Archäologen, Toni Puig und Jordi Hernandez, und den Trepanationsexperten Doménec Campillo. Vor allem auf ihre Berichte stützen sich die folgenden Informationen.[11]

Die namengebende megalithische Bauweise der «Talayot-Kultur», deren Zeugnisse man heute noch auf den Balearen bewundern kann, wurde im 1. Jahrundert v. Chr. schon lange nicht mehr praktiziert. Die Heimat der Balearenkrieger erhielt ihren Namen nach ihrer anderen Spezialität, für die sie im ganzen antiken Mittelmeerraum berühmt waren: Islas Baleares – «Inseln der Steinschleuderer». So tauften die Römer die Inseln.[12] Die Steinschleuder gehört zu den ältesten Waffen der Menschheit, entstand vermutlich vor über 3500 Jahren (so alt sind die ältesten Funde) auf diesen Inseln und verbreitete sich, so die Experten, ausgehend von den Balearen in der Alten Welt.

Als eine weitere Eigenart der Balearenkrieger gilt ihre besonders enge Verbundenheit mit uralten, aus der Jungsteinzeit stammenden magischen Traditionen der Talayot-Kultur. Archäologisch belegt wurde das im Wesentlichen an zwei Beispielen: Trepanationen und Bestattungsform. Auf den Balearen fand man viele Beispiele für eine besondere Technik der Schädeltrepanationen. Doménec Campillo konnte nachweisen, dass diese

Technik auch an Toten durchgeführt wurde und magischen Ritualen diente.[13] Das zweite Beispiel: Bis lange nach der römischen Eroberung wurde auf Mallorca und Menorca eine Bestattungsform praktiziert, die in Europa von der Jungsteinzeit bis zur frühen Bronzezeit vorherrschte, dann aber durch andere Bestattungsformen abgelöst wurde: die Bestattung in Embryo-Stellung.

Diese auf magische Kulte und spezielle Operationstechniken bezogenen Kulturmerkmale könnten auch deshalb von Bedeutung sein, weil kaum anzunehmen ist, dass balearische Krieger ihre Heimat verlassen hätten, ohne sich von einigen ihrer Magier und Heiler begleiten zu lassen.

Ein gemeinsames und hinreichend starkes Motiv der Mitglieder aller vier Gruppen bestand darin, dass sie angesichts des in der Heimat drohenden Untergangs ihrer Traditionen und Werte einen Ort suchten, an dem sie weiterhin ihren Traditionen gemäß leben konnten. Und eine hinreichend erfolgversprechende Gelegenheit dazu besaßen sie ebenfalls.

Mit einem weiteren, auch in Peru bemerkbaren Phänomen ist zu rechnen: Die Reisenden waren vermutlich ausschließlich Männer, und die Reise über den Atlantik bis in die Anden Perus wird sicher viele Jahre gedauert haben. Also werden sich die Männer auf dem Weg mit einheimischen Frauen zusammengetan haben – so müsste man in Peru eine deutliche genetische Vielfalt der mütterlichen «mtDNA» feststellen können.

Finden wir irgendetwas von diesen Merkmalen in Amerika wieder?

AN DER ATLANTIKKÜSTE
NORDOSTBRASILIENS

Die Rätsel, auf die ich im Chachapoya-Gebiet gestoßen bin, könnten eventuell durch eine Einwanderung der im letzten Kapitel beschriebenen Menschen erklärt werden. Doch ob diese Einwanderung tatsächlich statt fand, wissen wir nicht.

Vielleicht finden sich in der Neuen Welt weitere Anhaltspunkte, aber bei der Spurensuche müssen wir für alle Möglichkeiten offen bleiben. Noch lässt sich nicht ausschließen, dass die bisher ungeklärten Merkmale der Chachapoya-Kultur auf andere Ursachen zurückzuführen sind, zum Beispiel auf andere Einwanderer, die vor gut zweitausend Jahren nach Nordostperu gelangten.

Die Forschungen zu der von Diodor beschriebenen Entdeckung lieferten Hinweise auf einen möglicherweise fruchtbaren Ansatzpunkt der Spurensuche: die Atlantikküste Nordostbrasiliens.

In der Hafenstadt Recife beträgt die Entfernung zwischen der Alten und der Neuen Welt weniger als 3000 Kilometer. Mangels besserer Alternativen werden wir dort die Spurensuche starten. Doch einen eventuellen Landeplatz unserer Einwanderergemeinschaft werden wir hier nicht ausmachen können.

Inzwischen ist die Atlantikküste Brasiliens fast überall und besonders in dieser Region dicht besiedelt, und zwar von Einwanderern der letzten Jahrhunderte. Und die hatten andere Sorgen, als archäologische Spuren zu suchen und zu sichern. Fast vier Millionen Menschen leben heute im Ballungsraum der modernen Großstadt Recife.

Möglicherweise liegen dennoch schon längst eindeutige Belege für antike Besucher aus der Alten Welt in irgendwelchen Museen oder Archiven Brasiliens, ohne dass jemand etwas davon weiß. Um solche Belege richtig deuten zu können, würde man unter anderem detaillierte Kenntnisse karthagischer, keltiberischer und balearischer Kultur benötigen. Das ist aber bei den brasilianischen Spezialisten für die Vorgeschichte ihrer Heimat genauso selten wie umgekehrt das Wissen über Funde in Brasilien bei europäischen Fachleuten für antike Kulturen des Mittelmeerraums: eine schöne Aufgabe für zukünftige Forschung! Bis dahin können sich die Ermittlungen nur auf die zur Zeit zugänglichen Informationen stützen.

Immerhin: Die Fischer im Hafen von Recife fanden schon oft Treibgut, das von Westafrika an den Strand gespült wurde. Und mit ihren klapprigen kleinen Booten haben sie schon weitere Strecken – bis hinunter nach São Paulo und zurück – bewältigt. Sie sind sich sicher: Einwanderer in der Antike hätten die Strecke geschafft.

Doch wir benötigen aussagekräftige Spuren. Wo genau die Einwanderer gelandet sind, wird man wohl nie herausfinden. Doch wenn wir zumindest eine ungefähre Vorstellung vom Landeplatz hätten, könnte das bei der Spurensuche helfen. Und dafür gibt es einen – wenn auch sehr vagen – Anhaltspunkt: Vielleicht kannte einer der Schiffsführer der Auswandererflotte Aufzeichnungen über die Route der Entdecker der von Diodor und Aristoteles beschriebenen «großen Insel», vielleicht haben aber auch Wind und Strömungen Einwanderer – wie über eineinhalb Jahrtausende später den portugiesischen Entdecker Brasiliens, Pedro Cabral – in ungefähr dieselbe Region getrieben (siehe Karte auf dem vorderen Vorsatz).

Wir waren zu dem Ergebnis gekommen, dass der Landeplatz der frühen karthagischen Entdecker wohl nicht allzu weit südlich von Recife liegen dürfte. Denn sonst hätten die Schiffe eine unnötig weite Entfernung zurücklegen müssen, und weiter im Süden fanden sich auch nur unbrauchbare Spuren wie der Pedra do Gavea. Andererseits sprachen auch einige Argumente gegen einen Landeplatz weit nordwestlich von Recife. Der Einfachheit halber stellen wir uns deshalb vor, die Einwanderer hätten irgendwo in der Gegend um Recife die Neue Welt erreicht. Wie könnte es dann weitergegangen sein?

SZENARIO 2:
ANKUNFT IN DER NEUEN WELT

Die Berichte, die der Nachwelt über die frühe karthagische Entdeckung erhalten blieben, stimmen: Berge im Hintergrund, Flüsse, Ebenen, ein schöner Strand und üppiger, artenreicher und teils menschenleerer Urwald – die Mata Atlantica (von der man zweitausend Jahre später rund um Recife nur noch kleine Reste finden wird). Genießen die Einwanderer jetzt – so wie vielleicht zweihundert Jahre zuvor die karthagischen Entdecker – die paradiesische Situation?

Möglich, aber dann nicht lange. Sie wollen ja alle Verbindungen in die Alte Welt abbrechen und eine neue Heimat gründen. Es gibt also keinen Grund, am Atlantik zu bleiben, etwa um für Nachschub aus der Alten Heimat erreichbar zu sein. Im Gegenteil, die Einwanderer befürchten sicher, dass irgendwann eine römische Kriegsflotte am Horizont auftauchen könnte, um nach ihnen und dem paradiesischen Refugium zu suchen. Sie können ja nicht wissen, dass die Römer sich in den folgenden Jahrzehnten ganz auf die Eroberung und Kontrolle der Alten Welt konzentrieren werden. Außerdem brauchen die Einwanderer für einen dauerhaften Aufenthalt geeignete Handels- und Bündnispartner. All das bedeutet: Schnell weg von diesem Ort und sobald wie möglich auch weg von der Küste!

In welche Richtung werden sie weitergesegelt sein, um nach einem geeigneten Ort für die Gründung einer Siedlung zu suchen? Auf der Suche nach Hinweisen auf einen Landeplatz der karthagischen Entdecker in den Berichten von Diodor und Aristoteles hatten wir schon nach Spuren gesucht, aber südlich von Recife keine erfolgversprechenden Hinweise finden können.

Nördlich und nordwestlich von Recife ergibt sich jedoch ein ganz

anderes Bild. Der Nordosten Brasiliens gilt als die «Wiege der brasilianischen Kultur», er ist voll von Zeugnissen uralter Kulturen, deren Erforschung teilweise erst in den letzten Jahren begonnen hat. Sie lassen nach
wie vor eine Reihe von Fragen offen – hier lohnt die Spurensuche. Und
einen Hinweis hatten wir schon: Auf der Insel Marajó in der Amazonasmündung haben brasilianische Archäologen die Zeugnisse eines rätselhaften Kulturschubs vor gut zweitausend Jahren entdeckt (siehe S. 78 f.).
Also orientieren wir uns nach Nordwesten. Unterstützt durch Passatwinde und die Äquatorialströmung segeln die Einwanderer entlang der
Küste in Richtung Nordwesten. Ihr Ziel: eine Flussmündung. Sie bietet
Schutz vor Stürmen, außerdem Trinkwasser, die Chance auf Nahrung
und vor allem die Möglichkeit, sich schnell von der Küste zu entfernen.

Der erste größere und schiffbare Fluss, auf dessen Mündung sie stoßen, ist der Rio Paraíba, etwa 100 Kilometer nördlich von Recife. Es bietet
sich an, hier so weit wie möglich landeinwärts zu rudern und dann nach
einem geeigneten Ort für eine Niederlassung zu suchen. Aber irgendwann geht es mit den Schiffen nicht mehr weiter, der Fluss wird zu
schmal, zu flach, führt zu wenig Wasser.

DIE FELSGRAVUREN AM
PEDRA DO INGA

Heute ist der Oberlauf des Rio Paraíba ausgetrocknet. Doch vor zweitausendeinhundertfünfzig Jahren herrschte ein anderes Klima, und der Paraíba war bis etwa 80 Kilometer landeinwärts schiffbar. Das alte Flussbett führt hier noch in unserer Zeit etwas Wasser. Und genau an dieser Stelle findet sich das nach Ansicht hiesiger Archäologen beeindruckendste und rätselhafteste Zeugnis vergangener brasilianischer Kulturen, der Pedra do Inga. Seine Felsgravuren werden viel bestaunt: von Schulkindern aus der Region, von Touristen und von Archäologen aus aller Welt. Was weiß man darüber?

In Recife befindet sich die größte Universität Nordostbrasiliens, die «Universidade Federal de Pernambuco». Verlässliche Informationen wären wohl vor allem hier zu erwarten. An der Universität lehrt die maßgebliche Spezialistin für die alten Kulturen des Nordostens, die Archäologin Anne-Marie Pessis. Auf meine Frage nach der Herkunft der Gravuren ant-

45 Der rätselhafte Pedra do Inga

wortet sie: «Das Alter der Gravuren lässt sich nur schätzen, weil es keine organischen Materialien gibt, an denen man die C14-Methode anwenden könnte. Als die Portugiesen hier vor fünfhundert Jahren ankamen, waren sie schon da, und die Indianer der Region sagen, dass auch die Vorfahren ihrer Vorfahren davon berichtet haben.»[14]

Die Schätzungen gehen weit auseinander, zumal Menschen sich durchaus zu verschiedenen Epochen verewigt haben könnten. Doch Fachleute vermuten aufgrund geologischer Indizien und der Überlieferungen der Indianer, dass die neuesten Gravuren wohl vor etwas über zweitausend Jahren entstanden sind. Wer könnte sie hergestellt haben?

Dazu Pessis: «Sowohl die Symbole als auch die erstaunliche Technik zeigen keinerlei Ähnlichkeit mit irgendeiner der anderen Felszeichnungen und Gravuren der Region. Es gibt viele Geschichten und Spekulationen. Der Zweck und die Herkunft der Zeichen sind nach wie vor ein Mysterium.» In der Tat gilt ihre Entstehung als das vielleicht größte Rätsel der brasilianischen Frühgeschichte. Die Gravuren sind handwerklich perfekt tief in extrem harten Gneis eingetrieben. Die zur Zeit der Ankunft der Portugiesen und noch heute hier lebenden Indianer konnten das nicht – das gilt als sicher. Die Archäologen wissen keine andere Erklärung, als dass früher hier eine ungewöhnlich hoch entwickelte Indianerkultur lebte, über die bisher nichts bekannt ist. Aber niemand der einheimischen Fachleute äußert Überlegungen zu möglichen Verbindungen zwischen den Gravuren des Pedra do Inga und der Alten Welt – ein Tabuthema, wie wir gesehen haben.

Vor kurzem aber wurden in einer Höhle, der Furna do Estrago, nur 50 Kilometer vom Pedra do Inga entfernt, gut zweitausend Jahre alte Gräber eines bisher unbekannten Indianervolks entdeckt. Die Schöpfer der Gravuren vom Pedra do Inga? Die Funde, die in den Gräbern gemacht wurden, liegen im Archäologischen Institut der kleinen privaten «Universidade Católica de Pernambuco» in Recife, sie sind der Öffentlichkeit noch nicht zugänglich.

Die Kultur hat bisher keinen Namen, und die Grabungen sind noch im Gange. Aber die Forschungsgruppe der «Universidade Católica» um die Archäologin und Anthropologin Jeannette Maria Dias de Lima hat schon eine Menge herausgefunden: Diese Menschen bevölkerten die gesamte Region seit etwa elftausend Jahren bis etwa vor tausend Jahren. Dann wurden sie offenbar von den Vorfahren der heutigen Indianer ausgerottet. Sie waren ein urtümliches Jäger- und Sammlervolk, in dem auch Kannibalismus eine Rolle spielte. Rund zehntausend Jahre lang veränderte es seine Kultur kaum, kannte noch keine Keramik und noch nicht einmal Steinwerkzeuge, sondern stellte nur einfache Geräte und Schmuckgegenstände aus Knochen und Holz her.[15] Dass diese Menschen die Inga-Gravuren in perfekter Technik in den granitharten Gneis getrieben haben, lässt sich ausschließen.

Überall in der Region hinterließen die Menschen, die die Gräber von Furna do Estrago anlegten, ihre Spuren, und ihre schlichten und archaischen Malereien findet man zum Beispiel in ihren Grabhöhlen und auf Felsen: Sie sind absolut nicht zu vergleichen mit den ausgefeilten Gravuren am Pedra do Inga. Doch die Archäologen entdeckten nirgendwo Hinweise auf die Anwesenheit irgendeiner anderen antiken Indianerkultur.

Wer also hat sich auf dem Pedra do Inga verewigt? Archäologen haben mit verschiedenen Werkzeugen experimentiert. Nur mit Stahlmeißeln konnten sie ähnlich saubere Kanten im harten Gneis herstellen. Metallwerkzeuge kennen Brasiliens Indianer aber erst seit der Ankunft der Portugiesen im 16. Jahrhundert.

Gilvan de Brito, der brasilianische Forscher, der sich wohl am gründlichsten mit dem Pedra do Inga beschäftigt hat, denkt wie auch andere seiner Kollegen allen Ernstes über eine außerirdische Herkunft nach.[16] Naja. Er berichtet aber auch über Legenden der einheimischen Indianer, nach denen die Schöpfer der Gravuren mit Schiffen über den Rio Paraíba gekommen seien.[17]

Konkreteres dazu können örtliche Heimatforscher, die bei den Indianern der Region recherchiert haben, berichten, zum Beispiel der Geschichtslehrer Marcelo Machuga von der Escola Cecilia Meineles in Inga. Er kennt die Legenden von den fremden Besuchern, die auf dem Fluss zum Pedra do Inga kamen und sich hier verewigten, und er weiß noch mehr: Viele Indianerlegenden der Region berichten, dass vor langer Zeit fremde Männer mit roten Bärten kamen und die Zeichen in den Fels meißelten. Keltiberische Krieger?

Jahrzehntelang wurde versucht, die eingravierten Zeichen zu ent-
schlüsseln. Die Interpretationen reichten von einer Darstellung der Sint-
flut bis zu Kalendern und Sternzeichen aus der Sicht ferner Galaxien. Lei-
der ergab nichts davon wirklich Sinn. Und man erkennt auch nichts, was
als zusammenhängender Text gedeutet werden kann, allenfalls an einzelne Buchstaben erinnernde Symbole.

Manche Forscher vermuten, dass Ägypter oder Phönizier, die Vorfah-
ren der Karthager, die Gravuren hergestellt haben, oder aber – aufgrund
von Ähnlichkeiten einiger Symbole – Hethiter (die vor viertausend Jahren
Kleinasien beherrschten).[18] Doch mehr als jeweils zwei oder drei mit alten
Schriftsystemen übereinstimmende Zeichen entdeckten sie nicht. Und
Stahl konnte erst viel später hergestellt werden – zum Beispiel von den
Kelten.

Aber es finden sich auch Symbole auf dem Pedra do Inga, die mehr aussagen: Spiralen, ein Lieblingsmotiv keltischer Künstler.[19] Bevor die Kelten
christianisiert wurden, hinterließen sie überall in Westeuropa unter anderem mit Spiralen verzierte Steine. Auch die Steingravurtechnik der Kelten
ist praktisch identisch mit der Technik, die am Pedra do Inga verwendet
wurde.

Mit der keltiberischen Schrift, die auch manche der Kelten Spaniens
benutzten, hatte sich in diesem Zusammenhang noch niemand befasst.
Aber da stießen wir auf eine Überraschung: Mindestens fünf Buchstaben
aus einer der Varianten des keltiberischen Alphabets, das aus 23 Buchstaben besteht,[20] lassen sich erstaunlich eindeutig identifizieren: *ti, ku, bo, ś*
und *ŕ*.

Doch, wie gesagt, irgendeine Botschaft ist nicht erkennbar. Man entdeckt nur einzelne, verstreute Buchstaben, dazwischen allerlei abstrakte
Ornamente, dann wieder Phallussymbole und lustige Strichmännchen.
Vielleicht ist ja genau dies des Rätsels Lösung: Die Schöpfer der Gravuren
wollten nichts mitteilen außer «Wir waren hier.» Auf ähnliche Weise sind
auch schon in der Antike, zum Beispiel in Nordafrika, viele Felsbilder entstanden, die an den Pedra do Inga erinnern – etwa der «Felsen von Tifinagh».[21] «Tifinagh» ist eine von den Tuareg benutzte Schrift mit karthagischen Wurzeln. Und vor allem im ehemals keltischen beziehungsweise

46 *Überraschend viele Symbole am Pedra do Inga ähneln keltiberischen Schriftzeichen: ein keltiberisches Alphabet und Symbole auf dem Pedra do Inga*

«protokeltischen» Westen Spaniens findet man zahlreiche antike Steingravuren, die – auch aufgrund der dort verwendeten Technik – dem Pedra do Inga ähneln.

Es scheint, dass wir auf einen ersten Beleg dafür gestoßen sind, dass zumindest Keltiberer tatsächlich Brasilien erreicht haben. Vielleicht würden systematische Grabungen und umfassende Vergleiche mit Schriften und Symbolen der Alten Welt mehr Klarheit schaffen. Doch Derartiges geschah noch nie am Pedra do Inga.

SZENARIO 3:
VORSTOSS AM RIO PARAÍBA

Die Gravuren haben – auch wenn man Metallwerkzeuge besaß – viel Zeit und Mühe gekostet. So etwas lässt sich nicht im Vorbeiziehen herstellen; die Künstler müssen länger hier verweilt haben. Aber warum hätten die Einwanderer unseres Szenarios überhaupt solche aufwändigen Gravuren herstellen sollen? Hinterließen sie noch weitere Spuren, und was geschah danach?

Stellen wir uns die Situation der Einwanderer kurz nach ihrer Ankunft am Rio Paraíba vor. Ihre Nahrungsvorräte gehen zur Neige. Die Indianer, denen sie hier begegnen, kennen keine Landwirtschaft,[22] sie ernähren sich von gejagtem Wild, gesammelten Früchten und Wurzeln und von getöteten Feinden. Wirklich gefährlich können die umherstreifenden Horden den erfahrenen Kriegern aus der Alten Welt nicht werden, aber die Einheimischen eignen sich auch nicht als Handelspartner und Nachbarn für die Einwanderer.

Während nun ein Teil der Expeditionstruppen unterwegs ist, um den Indianern ihre Lebensmittelvorräte abzujagen und nach höher entwickelten Gemeinschaften und möglichen Partnern zu suchen, wartet der andere Teil als Wache bei den Schiffen und am Basislager am Fuße des Pedra do Inga. Und vielleicht vertreiben sich die Männer die Wartezeit unter anderem damit, sich hier zu verewigen. Als Seeleute und Krieger sind sie sicher großteils Analphabeten; manche schaben Symbole ihrer Familien-Clans ein, andere irgendwelche Zeichen, die sie an ihre Heimat erinnern, wie zum Beispiel Buchstaben, die sie dort gesehen haben, wieder andere lassen ihrer Fantasie freien Lauf.

In der Nähe des Pedra do Inga finden sich noch weitere Hinweise, die auf Besucher aus der Alten Welt deuten könnten: in den Gräbern in der Höhle Furna do Estrago.

Die sogenannte Hocker- oder Embryostellung, in der die Indianer in Furna do Estrago beigesetzt wurden, entspricht einer in der Jungsteinzeit in der Alten Welt weit verbreiteten Bestattungspraxis, die dort dann allerdings seit etwa 1500 v. Chr. weitgehend von anderen Begräbnisformen abgelöst wurde. Doch auf Mallorca und Menorca war das anders. Die bedeutendste antike Gräberstätte Mallorcas ist die Necropolis, die Totenstadt von Son Real. Sie war noch in Betrieb, als die Römer Mallorca eroberten. Man fand dort über hundert Gräber aus der Zeit zwischen dem 7. und dem 1. Jahrhundert v. Chr.

Noch im 1. Jahrhundert v. Chr., also zu der Zeit, als die balearischen Steinschleuderer vielleicht eine Expedition in die Neue Welt begleiteten, begruben sie ihre Toten hier in der archaischen Embryostellung – so wie vor gut zweitausend Jahren die Indianer in der Höhle Furna do Estrago. Und wie diese benutzten auch die Mallorquiner dafür Grabhöhlen und legten Dinge des täglichen Gebrauchs als Grabbeigaben zu den Toten.[23]

Möglicherweise hatten die Indianer mallorquinische Krieger bei der Beisetzung von toten Kameraden beobachtet und glaubten vielleicht, dass es sich dabei um ein machtvolles magisches Ritual der sicher beeindruckenden und furchteinflößenden Fremden handelte – ein Ritual, das sich zu imitieren lohnte.

Nun ist die Embryostellung aus vielen archaischen Kulturen bekannt, und auch die Bestattung in Felshöhlen ist nichts besonders Ausgefallenes. Doch immerhin: Die frühesten bekannten Belege dafür, dass die Indianer dieser Region ihre Toten so bestatteten wie die Krieger aus Mallorca und Menorca, stammen aus der Zeit vor etwa zweitausend Jahren – obwohl Felszeichnungen und andere Funde belegen, dass diese Indianer schon viele Jahrtausende zuvor hier lebten.

Weitere Hinweise auf Besucher aus der Alten Welt hat man in der Region um den Pedra do Inga bisher nicht gefunden. Sind sie verhungert oder wurden sie von den Indianern erschlagen?

Vielleicht war es aber auch so: Nach einiger Zeit haben sich die Einheimischen weiträumig von den gefährlichen Fremden entfernt. Jetzt gibt es nichts mehr zu essen. So bleibt nur, auf dem Rio Paraíba zurück zum

Atlantik zu rudern und die Suche nach einem geeigneteren Siedlungsort fortzusetzen. Und an der Küste gibt es kaum eine andere Möglichkeit, als sich von Wind und Strömung weiter nach Nordwesten treiben zu lassen. Irgendwann – vielleicht nach einigen weiteren Fehlversuchen – erreichen die Einwanderer die Amazonasmündung. Finden sie hier im Regenwald einen Zufluchtsort, an dem sie überleben können?

Führen wir uns ihre Situation vor Augen: Die Vorräte aus der Alten Heimat sind längst aufgebraucht, und sie brauchen dringend Nahrung. Der Amazonas-Regenwald ist für sie eine völlig neue, fremde Welt mit unbekannten, oft giftigen Früchten und gefährlichen, gut getarnten und scheuen Tieren. Ohne fremde Hilfe würden die Einwanderer in der Wildnis schnell verhungern, denn hier können sich nur Menschen ernähren, die mit diesem Lebensraum seit Generationen vertraut sind.

Und wie moderne Kolonisten den Urwald roden, Landwirtschaft treiben und auf die erste Ernte warten kommt auch nicht in Frage. Dazu fehlt den Einwanderern die Erfahrung mit der unbekannten Flora, und so viel Zeit bleibt ihnen auch nicht. Sie sind auf hilfsbereite Nachbarn und geeignete Handelspartner angewiesen. Finden sie solche Menschen am Amazonas?

SPUREN IN DER
AMAZONASMÜNDUNG

Zwischenstation im Delta

Noch vor wenigen Jahrzehnten hätten alle Archäologen die Frage, ob antike Einwanderer bei Amazonasindianern überleben konnten, entschieden verneint: Am Amazonas leben – so die vorherrschende Meinung – seit Urzeiten nur kleine, aggressive und primitive Indianervölker.[24] Doch dann entdeckte man auf Marajó, einer Insel im Mündungsdelta des Amazonas, uralte Keramik, die das Bild von der Vergangenheit Amazoniens auf den Kopf stellte. Und heute gilt die Kultur der Marajó-Indianer als die am höchsten entwickelte antike Indianer-Kultur Brasiliens.

Wie der Pedra do Inga gibt die Marajó-Kultur den einheimischen Archäologen eine Fülle von Rätseln auf. Ihre Erforschung steht noch am Anfang, und nur wenige wissenschaftliche Veröffentlichungen haben bisher darüber berichtet.

Schon bei der ersten Bestandsaufnahme von rätselhaften Phänomenen, die auf eine Alte-Welt-Herkunft der Chachapoya-Kultur hinweisen, war ich in der Fachliteratur auf spannende Informationen gestoßen: «Vor rund zweitausend Jahren (fand) am mittleren und unteren Amazonas eine kreative Explosion verschiedener Keramikstile statt …, die … ihren Ursprung offenbar auf Marajó hatte.»[25] Die damals im Amazonasgebiet völlig neuen Keramikstile erinnern deutlich an Techniken und Gestaltungsformen, die zu jener Zeit im Mittelmeerraum und im vorrömischen Spanien verbreitet waren. Und inzwischen haben die Ermittlungen ergeben, dass die Annahme von antiken Einwanderern aus der Alten Welt nicht grundsätzlich unrealistisch ist.

Noch ein weiteres Phänomen bringt Marajó mit einer möglichen antiken Einwanderung in Verbindung: die Axt aus Messing, mit der wir uns ausführlich befasst haben. Inzwischen wissen wir, dass sie als Beleg für antike transatlantische Kontakte dienen kann und dass manches dafür spricht, dass Karthager das Artefakt über den Atlantik nach Brasilien brachten. Die Untersuchungen an der Universität São Paulo lieferten jedoch keinen Aufschluss, wann das genau gewesen sein könnte; sie zeigten nur, dass sich die Axt um etwa 500 n. Chr. bereits in Amazonien befand.

So kommt nicht nur die von den antiken Historikern beschriebene Reise, die zur Entdeckung der «großen Insel» führte, in Frage, sondern ebenso eine Expedition, die erst etwa ein bis zwei Jahrhunderte nach der Zerstörung Karthagos, stattfand.

Bei der ersten Variante bleibt eine Frage offen: Wenn, wie wir vermuten, die Axt auf dem Weg über Marajó an ihren Fundort gelangte – wie konnte das Artefakt dann von dem wohl menschenleeren Küstenabschnitt, in dem sich die frühen karthagischen Entdecker aufhielten, in das Amazonasdelta gelangen?

Deshalb scheint die zweite Variante plausibler: nämlich dass die Axt von Mitgliedern unserer angenommenen Einwanderergemeinschaft nach Marajó gebracht wurde, vielleicht dort den Besitzer wechselte und dann irgendwann am späteren Fundort im oberen Amazonasbecken wieder auftauchte.

Auch die Gestaltung der Axt könnte für diese Theorie sprechen: Karin Hornig hatte die Unklarheit der stilistischen Zuordnung keine Ruhe gelassen, sie forschte weiter und entdeckte dann doch noch einige etwas genauere Parallelen. Eine Tierkopfskulptur aus dem keltiberischen Spanien zum Beispiel weist bei Details der Augen und des Mauls Entsprechungen auf. Auch manche anderen keltischen Artefakte zeigen deutliche Ähnlichkeiten.

Das passt zusammen: In der Zeit bis zum Zweiten Punischen Krieg war die Kultur Spaniens geprägt durch eine spezielle Mischung von keltischen, iberischen und karthagisch/phönizischen Einflüssen – mit einer Vorliebe dafür, Gebrauchs- und Kultobjekte, unter anderem Äxte, mit Skulpturen von gehörnten Tierköpfen zu verzieren.[26] Ein Hinweis, dass spanische Kelten etwas mit der Axt zu tun haben? Die Galicier galten als Meister der Metallverarbeitung.

47a keltische Keramik, 47b Kultaxt aus Galicien, 48 Kultaxt aus Amazonien

Gehen wir der Frage, ob die Einwanderergemeinschaft Marajó erreicht haben könnte, weiter nach.

Zunächst: Ist es überhaupt denkbar, dass der rätselhafte Kulturschub
auf Marajó durch antike Einwanderer ausgelöst wurde? Dazu müssten
die Einwanderer sich ja zumindest eine Weile in der Amazonasmündung
aufgehalten und relativ intensive Kontakte mit den Ureinwohnern gepflegt haben. Viele Altamerikanisten schließen so etwas aus, weil sie es
für unmöglich halten, dass damals fremde Einwanderer am Amazonas
überleben konnten.

Für diese Einschätzung sind nicht zuletzt Hans Stadens Berichte verantwortlich. Im Jahr 1550 wurde der deutsche Landsknecht Hans Staden,
der als Söldner im Amazonasgebiet gegen aufständische Indianer kämpfte, von Tupinambá-Indianern gefangen genommen. Neun Monate lebte
er unter den kannibalischen Indianern. Sein 1557 in Marburg erschienener
Bericht über diese Zeit – «Warhaftige Historia und beschreibung eyner
Landtschafft der Wilden Nacketen, Grimmigen Menschfresser-Leuthen
in der Newenwelt America gelegen» – prägte Europas Bild vom Amazonasgebiet nachhaltig. So dienten Stadens Holzschnitte von Indianern, die
Menschen schlachteten und aßen, auch als Vorlage für die Kupferstiche,

die der Flame Theodor de Bry am Ende des 16. Jahrhunderts produzierte und die bis ins 19. Jahrhundert in Europa weit verbreitet waren.

In der Tat waren früher viele Amazonasvölker kriegerische Kannibalen. Vielleicht wurden die Fremden ja gleich nach der Ankunft von Indianern erschlagen und aufgegessen? Doch die Begegnungen von Einwanderern aus der Alten Welt mit Amazonas-Indianern hätten auch ganz anders verlaufen können. Hans Stadens Berichte schildern nicht nur schockierende Gewohnheiten der Indianer, sie beschreiben auch, wie selbst die wildesten Kannibalen Fremden gegenüber freundlich auftraten, wenn sie nicht bedroht wurden und wenn sich die Chance auf einen interessanten Tauschhandel bot.[27]

49 *Indianer essen Weiße. Kupferstich von Theodor de Bry, um 1610*

50 *Indianer bearbeiten den Boden. Kupferstich von Theodor de Bry, um 1610*

Noch ein häufig vorgebrachter Einwand: Die Amazonasindianer lebten versteckt im Regenwald in kleinen, isolierten Gruppen, könnten sich
nur mit Mühe selber ernähren und reagierten auf Fremde meist scheu,
misstrauisch und aggressiv. Dass sie Angehörige eines fremden Volkes mit
Nahrung versorgten, sei undenkbar.

Die Berichte der ersten Europäer, die nach Kolumbus Amazonien
bereisten, vermitteln jedoch ein völlig anderes, überraschendes Bild von
den Amazonasvölkern. Amerigo Vespucci, der im Jahr 1501 die gesamte
brasilianische Küste erforschte, besuchte dieselben Regionen, die auch
auf der vermutlichen Route der antiken Einwanderer lagen. Er war zwar
schockiert vom Kannibalismus und dem kriegerischen Charakter der Einheimischen, schilderte aber auch begeistert deren Gastfreundschaft und
die intensive und harmonische Beziehung, die er und seine Männer
schnell mit den Indianern des brasilianischen Regenwaldes aufbauen
konnten.[28] Und Francisco de Orellana, der im Jahr 1541 als erster Spanier

den gesamten Amazonas befuhr, äußerte sich immer wieder erstaunt über die blühenden Kulturlandschaften, die ertragreiche Landwirtschaft und die Großzügigkeit und Hilfsbereitschaft der Indianer am Amazonas, wie sein Chronist Gaspar de Carvajal mehrfach festhielt.[29]

Lange Zeit wurden solche Berichte als Fantasieprodukte abgetan, doch seit wenigen Jahren sieht die archäologische Forschung das Amazonasgebiet mit anderen Augen. Überall an den eigentlich nährstoffarmen Ufern des Amazonas entdeckte man uralten und meterdicken, künstlich geschaffenen fruchtbaren Ackerboden, die berühmte «Schwarze Erde» (*terra preta*), sowie Unmengen von Keramikscherben in den Terra-preta-Gebieten. Seitdem gehen die Archäologen davon aus, dass die alten Berichte über die «blühenden Landschaften» stimmen.[30]

Erst die Gemetzel der portugiesischen und spanischen Eroberer im 16. Jahrhundert und die von ihnen eingeschleppten Krankheiten wie Grippe oder Masern, gegen die die Indianer keine Abwehrkräfte besaßen, dezimierten die Bevölkerung und warfen ihre Kultur auf Steinzeitniveau zurück.[31]

Aber finden sich auf Marajó auch konkrete Hinweise auf Kontakte zwischen antiken Einwanderern und den Marajó-Indianern?

Marajó: Auffallende Parallelen

Die Insel Marajó ist wegen der von den Portugiesen mitgebrachten Krankheiten heute fast menschenleer. Die meisten Spuren der alten Kultur der Marajó-Indianer wurden vom Dschungel überwuchert, die Archäologen brachten die Funde in Museen. Ein Großteil der Keramik wird in der Marajó gegenüberliegenden Stadt Belém an der Amazonasmündung, im archäologischen Labor des Museum Goeldi, gelagert, untersucht und restauriert.

Die Marajó-Keramik findet nirgendwo im Amazonasgebiet ihresgleichen. Sie scheint eher ins antike Mittelmeer zu passen, und viele der teils über zweitausend Jahre alten Tongefäße, die man auf Marajó entdeckte, ähneln alten keltiberischen Keramiken.

Zunächst irritierte mich, dass brasilianischen Archäologen die Blütezeit der Marajó-Keramik auf die Zeit ab etwa 500 n. Chr. datieren – das
würde nicht zu unseren Szenarien passen. Doch Denise Schaan, die die
Grabungen auf Marajó leitet[32], meint: Die Zeugnisse der frühen Phase
vor gut zweitausend Jahren zeigen, dass damals schon «dauerhafte und
gut bearbeitete Keramiktöpfe mit den typischen Marajó-Stilmerkmalen
hergestellt wurden.»[33]

Allerdings: Auch Schaan mag sich nicht zur Möglichkeit antiker
Transatlantik-Kontakte äußern, und auch mit der Chachapoya-Kultur hat
sie sich noch nicht befasst. Die Parallelen mancher Marajó-Artefakte zu
Kulturen der Alten Welt sind uns aufgrund eigener Beobachtungen aufgefallen, und da sind wir auf eine überraschende Fülle gestoßen!

Wie bei den alten Mittelmeervölkern gab es auch bei den Marajó Grabbeigaben für ein Leben nach dem Tod und Kulte um Krokodil, Skorpion
und Schlange. Auch Spiraldarstellungen, die – ebenso wie Schlangen – besonders für Kelten heilig waren, sind auf Marajó-Keramik häufig, während die anderen amazonischen Indianervölker konzentrische Kreise be-
vorzugen. Schon am Pedra do Inga war uns die Ähnlichkeit mit keltischen
Spiraldarstellungen aufgefallen. Vergleichbare Spiralen findet man auch
auf Marajó-Keramik (siehe Abb. 53 u. 54., S. 182).

Vor allem hat die Archäologen eine weitere Besonderheit der Marajó-
Kultur überrascht: die Textilherstellung. In ganz Amazonien flochten die
Indianer bis zur Ankunft der Portugiesen nur Körbe und Matten aus Grä-
sern, Schilf oder Rinde. Auf Marajó fand man jedoch viele Schwungsteine von Spindeln, die aus der «Aufblühphase» der Marajó-Kultur vor wohl
über zweitausend Jahren stammen.[34] Ähnliche Schwungsteine entdeckten
Archäologen übrigens auch bei den Vorfahren der Chachapoya,[35] deren
Kunstfertigkeit in der Textilherstellung dann im ganzen Andenraum ge-
rühmt wurde.[36] Noch heute verwenden die Einheimischen im Chachapoya-Gebiet Spindeln mit Schwungsteinen.

Das Spinnen von Textilfäden aus Wolle oder verschiedenen Pflanzen-
fasern mit Hilfe von Spindeln war in der Alten Welt seit der Jungsteinzeit
bekannt und gehörte bei den Kelten zum alltäglichen Standard.

Doch wenn solche Entsprechungen tatsächlich auf Kontakte zwi-

schen Marajó-Indianern und Einwanderern aus der Alten Welt zurückzuführen wären – wie kann man sich das vorstellen?

Eine Einwanderergemeinschaft in Amazonien könnte – im Tausch
gegen Nahrung – ihre handwerklichen Fähigkeiten zum Beispiel bei der
Herstellung von Textilien und Keramik vermittelt haben und zugleich
auch einige ihrer Traditionen beim Verzieren von Keramik. Die Einheimischen könnten diese dann mit ihren eigenen Traditionen verbunden haben. Und möglicherweise wirkten solche Einflüsse noch viele Jahrhunderte nach.

Im Zusammenhang mit den Keramiken, die die Marajó-Kultur berühmt
gemacht haben, sind wir auf eine weitere Überraschung gestoßen: eine
Fülle von prächtigen Bestattungsurnen, die vermutlich auch zu den Kul-
turelementen gehörten, die vor rund zweitausend Jahren plötzlich auf
Marajó auftauchten. Im Lauf der Jahrhunderte haben dann die Marajó
immer neue Formen und Dekorationen entwickelt und ihre Urnen in
viele andere Regionen Amazoniens exportiert. Dort entstanden wieder
neue reiche Formen, die in nichts mehr an die Alte Welt erinnern.[37]

Die Bestattungsriten in Marajó waren typisch für das präkolumbische
Südamerika: Man verehrte die Ahnen und glaubte an ein Leben nach dem
Tod und – wie im Alten Ägypten – daran, dass die Seele mit Teilen des
Körpers verbunden sei. Denise Schaan: «Viele Kulturen in Amazonien
entfernen das Fleisch der Leiche. Das liegt an dem Glauben, dass die Seele in den Knochen wohnt.» Dann wurde von den Marajó «rote Farbe auf
die voneinander getrennten Knochen aufgetragen, die dann akribisch in
den Urnen arrangiert wurden.»[38] Die Urnen wurden auf einem speziellen
Platz außerhalb des Dorfes aufbewahrt und dort von den Angehörigen
besucht und verehrt[39] – genau wie in der sogenannten Urnenfeldkultur,
die vor allem von etwa 1300 bis 800 v. Chr. in Europa verbreitet war.

In Europa wurde die Urnenbestattung in den Gebieten, in denen
sich die keltische Kultur durchsetzte, allmählich von der Erdbestattung
verdrängt. Doch auf der Iberischen Halbinsel blieb die Urnenbestattung
weiterhin die vorherrschende Bestattungsform[40] – bis zur Eroberung
Spaniens durch die Römer. Manche der Marajó-Urnen erinnern tatsächlich an antike keltiberische Graburnen.

Aber es gab einen entscheidenden Unterschied zwischen den Kulturen: Die Keltiberer verbrannten ihre Toten und setzten dann die Asche in den Urnen bei. Sie glaubten an eine vom Körper unabhängige unsterbliche Seele.

Ganz anders die Amazonasindianer, auch die Indianer aus Marajó. Sie hatten zwar wenig Angst vor Tod und Schmerzen und ließen sich – wie Missionare und Forscher erstaunt berichteten – sogar oft freiwillig von siegreichen Feinden aufessen, um in deren Körper weiterzuleben. Doch Verbrennen, die vollständige Vernichtung des Körpers, war für sie eine entsetzliche Vorstellung und bedeutete eine unvorstellbare Missachtung der Ahnen. Die spanischen Konquistadoren nutzten das später aus, um Angst und Schrecken zu verbreiten.

Und dann die Überraschung: Archäologen entdeckten auf Marajó den Rest einer uralten Urne, in der sich die Asche eines verbrannten Menschen befindet. Die Archäologen präsentierten mir ihren Fund als ein ganz besonders rätselhaftes Phänomen der Marajó-Kultur.

Doch in Bezug auf das Rätsel des Ursprungs der Chachapoya-Kultur lassen all diese Parallelen noch viele Fragen offen: Bei den Chachapoya fanden wir weder Urnen noch irgendwelche Anzeichen für Feuerbestattung. Und die anderen Parallelen kann man vielleicht als Hinweis darauf werten, dass die Besucher von Marajó ebenfalls die Chachapoya-Kultur inspiriert haben könnten; aber dafür mögen auch Zufälle verantwortlich

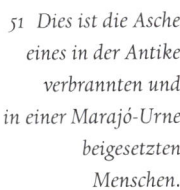

51 Dies ist die Asche eines in der Antike verbrannten und in einer Marajó-Urne beigesetzten Menschen.

sein. Das gilt erst recht, solange nicht klar ist, wie und warum die Einwanderer unseres Szenarios den ganzen Kontinent durchquert haben sollten.

Und weitere, zumindest einigermaßen verlässliche Spuren von Besuchern aus der Alten Welt sind uns aus keiner Region Amazoniens bekannt: Die Weiterentwicklung der Marajó-Keramik zu den prachtvollen Ergebnissen späterer Jahrhunderte geschah offenbar ohne fremden Einfluss.

Den archäologischen Zeugnissen ist nur eines sicher zu entnehmen: Wenn sich – und dafür sprechen manche Indizien – Einwanderer aus der Alten Welt am unteren Amazonas aufgehalten haben sollten, dann nur für eine relativ kurze Zeit.

SZENARIO 4:
VOM ATLANTIK IN DIE ANDEN

Nehmen wir zur Fortschreibung unserer Szenarien an, dass es Kontakte zwischen Mitgliedern der Einwanderergemeinschaft und der Marajó-Kultur gab und dass die Einwanderer überlebten, anstatt kriegerischen Indianern oder Tropenkrankheiten zum Opfer zu fallen. Dann stellen sich jetzt folgende Fragen: Warum blieben die Einwanderer nicht einfach bei den Marajó? Und wie konnten sie es schaffen, Tausende von Kilometern quer durch das Amazonasgebiet bis in die Anden Nordostperus zu reisen?

Um das zu verstehen, versetze ich mich wieder in ihre Lage. Dabei stütze ich mich auf verschiedene Quellen: eigene Beobachtungen am Amazonas, Chronistenberichte und Informationen von Brasiliens führendem Experten für antike Amazonas-Kulturen, Eduardo Neves.

Die Einwanderer sind also bei den Marajó auf Handelspartner getroffen und bekommen Nahrung und auch die Gelegenheit, ihre Schiffe auf Vordermann zu bringen. Doch irgendwann sind alle mitgebrachten Handelsgüter aufgebraucht, und das Repertoire an handwerklichen Techniken, mit denen die Einwanderer die Marajó-Indianer eine Weile beeindrucken konnten, ist erschöpft. Ihre Nahrung selber anbauen können sie nicht. Die Männer von den Balearen und vor allem aus Nordwestspanien kennen sich mit steinigen Bergböden in gemäßigtem Klima aus, nicht aber mit dem lehmigen und oft sumpfigen Boden im Amazonasdelta, und zu fremd sind Klima und Pflanzen.

Jetzt wird es ungemütlich: Fremde, die nur noch Nahrung fordern, aber nichts mehr im Austausch bieten können, sind nirgendwo willkommen.

Was bleibt den Einwanderern? Marajó erobern? Die Krieger haben hier wenig Chancen. Für ihre effektivste Waffe, die Steinschleuder, gibt es im Regenwald weder Munition noch freies Schussfeld. Aber wohin soll man weiterziehen? Zurück an die Atlantikküste kommt nicht in Frage. Die bisherigen Erfahrungen südöstlich von Marajó waren nicht ermutigend, und an der Küste nordwestlich der Amazonasmündung gibt es nur endlose, menschenleere Sümpfe voller Moskitos. Außerdem müssen die Einwanderer ins Kalkül ziehen, dass die römischen Erzfeinde an der Atlantikküste nach ihnen suchen. Bleibt nur ein Weg: den Amazonas flussaufwärts. Auch aus einem anderen Grund ist der Strom verlockend: An der Küste unterhalten die Indianer keine Handelshäfen, wohl aber am endlos breiten Amazonas.

Was die Einwanderer zu Beginn ihrer Reise auf dem großen Strom nicht wissen können: Im Becken des Amazonas erstreckt sich in jeder Richtung über Tausende von Kilometern schwülheißer Regenwald mit lehmigem und sumpfigem Boden. Also bleibt nur: immer weiter flussaufwärts! Im Quellgebiet des Stroms müsste es kühlere und für Europäer gesündere Gebirgsregionen geben, in denen vielleicht eine Landwirtschaft wie in der alten Heimat möglich ist. Und vielleicht leben dort auch Menschen, die sich besser als Nachbarn eignen als die meist kriegerischen Amazonasindianer.

Doch könnte die Einwanderergemeinschaft tatsächlich ganz Amazonien – auf dem Fluss weit über 4000 Kilometer – durchquert haben?

Im Jahr 1542 bewältigten Spanier dieselbe Strecke, allerdings flussabwärts, in umgekehrter Richtung; sie waren die ersten Europäer, die den ganzen Kontinent von den Anden bis zum Atlantik durchquerten. Zu der Zeit hatten die Konquistadoren Amazonien noch nicht mit Gemetzeln und europäischen Krankheiten entvölkert. Und die Bedingungen am Amazonas unterschieden sich damals vermutlich nicht wesentlich von denen der vorangegangenen anderthalb Jahrtausende.

Der Chronist und Begleiter dieser Reise, der Dominikanermönch Gaspar de Carvajal, berichtet[41]: Der Konquistador Francisco de Orellana reiste mit siebzig Spaniern auf einer am Amazonas gebauten Brigantine in acht Monaten auf dem großen Fluss von den Anden bis zum Atlantik. Orellana traf auf verschiedene gut organisierte Indianervölker, darunter

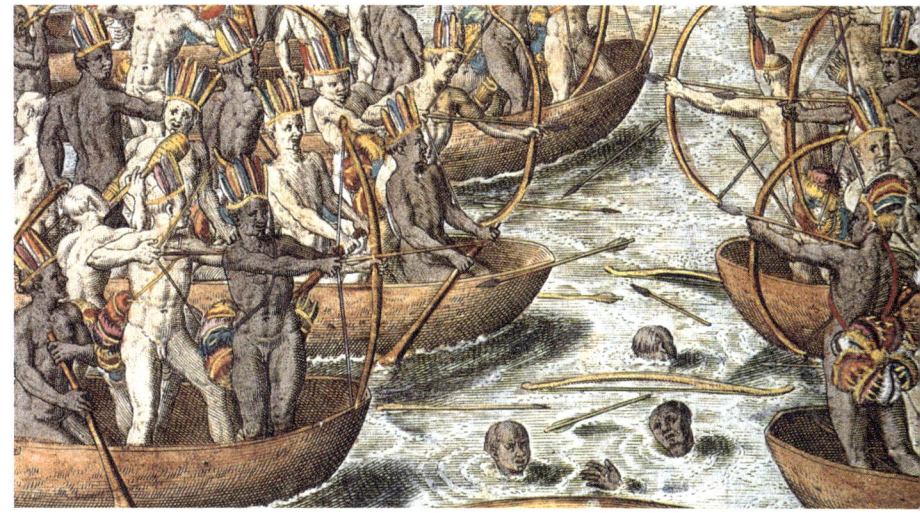

52 Kriegerische Amazonasindianer. Kupferstich von Theodor de Bry, um 1610

auch kriegerische Indianerinnen, die ihn an die Amazonen der griechischen Mythologie erinnerten. Er war beeindruckt und taufte den Strom auf den Namen «Fluss der Amazonen» – «Río de las Amazonas».

Häufig wurden die Männer schon von großen Flotten mit Tausenden von Einbäumen erwartet, die sie ohne zu zögern angriffen und mit Pfeilhageln überschütteten. Diese Völker lebten an einer viel befahrenen Verkehrsader und erlebten deshalb ständig fremde Besucher. Sie ließen sich nicht einschüchtern, obwohl Orellana Kanonen an Bord hatte. Oft konnte er nur mit Glück entkommen. Verhungern mussten die Spanier allerdings nicht: Zwischendurch trafen sie immer wieder friedliche und gastfreundliche Stämme, die sie für eine Weile mit Nahrung versorgten. Schon vor über zweitausend Jahren gab es in vielen Gebieten Amazoniens – anders als heute – gut organisierte ergiebige Landwirtschaft und dichte Besiedlung. Das zeigen Entdeckungen wie die fruchtbare Terra-Preta-Erde und Unmengen von Keramikscherben.[42]

Man mag einwenden: Orellana ließ sich den Amazonas flussabwärts treiben. Doch flussaufwärts? Das ist durchaus denkbar: Auf über 4000 Ki-

lometern gibt es insgesamt nur 40 Meter Gefälle. Und überall an den
Ufern des riesigen Flusses bilden sich Gegenströmungen, die Schiffe flussaufwärts treiben können. Außerdem helfen die Rudererreihen. Die Wind-
verhältnisse unterstützen eine Reise flussaufwärts. Auf dem Amazonas
wehen die Passatwinde oft kräftig nach Westen. Sie versorgen das Quellgebiet im Nordosten der peruanischen Anden mit Wasser vom Atlantik,
das dort abregnet. (Deshalb bleiben übrigens am Westabhang der Anden
Perus nur Wüsten.)

So treibt der Passat die Segelschiffe der Einwanderer auf dem breiten
Strom gut voran und hilft ihnen, den Kriegseinbäumen der Indianer zu
entkommen. Vielleicht schaffen sie die Reise bis in das Quellgebiet des
großen Flusses in weniger als einem Jahr, vielleicht dauert es aber auch
Jahrzehnte, etwa wenn die Einwanderer ab und zu versuchen, sich anzusiedeln, oder wenn sie Pausen brauchen, um – wie tausendfünfhundert
Jahre später auch Francisco de Orellana – neue Schiffe zu bauen.

Sicher sind seit dem Beginn der Expedition schon viele der Teilnehmer gestorben. Aber die Flüchtlinge von der anderen Seite des Atlantiks
sind ja mit einer recht großen Flotte aufgebrochen. Sie wussten: Eine kleine Gruppe hätte keine Überlebenschance in der fremden Welt.

Vielleicht wächst die Zahl der Reisenden am Amazonas sogar. Vielleicht schließen sich mehr und mehr einheimische Indianer den Fremden
mit den unbekannten Kampftechniken an, teilweise aus Abenteuerlust
oder weil sie von den kühnen Männern fasziniert sind (dasselbe erleben
tausendsechshundert Jahre später häufig die spanischen Konquistadoren), teilweise als Gefangene, die als Arbeitskräfte und Hilfssoldaten eingesetzt werden. Auch Frauen sind stets eine besonders beliebte Kriegsbeute.

Die Einwanderer setzen alles daran, ein immer mächtigeres Heer zu
bilden, das irgendwann die Gründung einer neuen Heimat ermöglicht.
Ihnen muss spätestens während ihrer langen Reise den Amazonas flussaufwärts klar geworden sein, dass Handel auf Dauer keine ausreichende
Basis für ihr Überleben bietet: In der alten Heimat lieferten Handwerker,
Bauern und Rohstoffproduzenten ständig neue Handelswaren, nicht jedoch am Amazonas.

Die einzige Alternative: unabhängige Siedlungen schaffen. Das Ziel der Reise wird immer deutlicher: eine Gebirgsregion, in der Klima und Landschaft angenehm sind und es keine allzu mächtigen Feinde gibt.

SPUREN IM
AMAZONASBECKEN

So weit das Szenario zur über 4000 Kilometer langen Reise flussaufwärts und quer durch einen wilden Kontinent: ein Unterfangen mit so
vielen Unwägbarkeiten, dass immer noch Zweifel erlaubt sind. Ist die Annahme, dass unsere Einwanderergemeinschaft diese Reise gewagt und
bewältigt haben könnte, tatsächlich realistisch? Liefern vielleicht Spuren
im Amazonasgebiet zusätzliche Gewissheit?

Der berühmte brasilianische Schriftsteller und Ethnologe Darcy
Ribeiro soll mehrfach voller Verwunderung berichtet haben, dass ihm immer wieder im tiefsten Amazonien blonde und rothaarige Indianer – auch
in seit Jahrhunderten isolierten Indianerstämmen – begegnet seien. Auch
Francisco de Orellana erzählt von Begegnungen mit hellhäutigen, europäisch wirkenden Indianern mitten in Amazonien.[43] Nachkommen ver-
sprengter keltischer Kolonisten?

Auf solche Berichte können wir uns nicht verlassen. Und archäologische Spuren, die belegen, dass die Einwanderer tatsächlich den ganzen
Amazonas flussaufwärts reisen konnten, wird man nirgendwo an den
Ufern des riesigen Stroms finden. Das liegt vor allem an der Entwaldung
weiter Teile der Anden im Lauf der Jahrhunderte; sie führte zu stetig fort-
schreitender Erosion. Die Wälder speicherten die Wassermassen der
Regenzeit nicht mehr, und der Unterschied zwischen Niedrig- und Hoch-
wasser am Amazonas wurde immer größer. Unmengen von Schlamm
wurden in das Flussbett gespült und trugen dazu bei, dass der Fluss die
Ufer wegriss und sich ständig verbreitete. Eventuelle Überreste von Siedlungen von Einwanderern wären längst in den schlammigen Fluten des
Amazonas versunken.

Stecken die Ermittlungen in einer Sackgasse?

Einem im Sommer 2011 geführten Gespräch mit Eduardo Neves von der Universität São Paulo verdanke ich folgende Information: «Ein Forscher stieß im Chachapoya-Gebiet auf einen Beweis, dass eine Reise vom Osten Brasiliens bis in die peruanischen Anden schon vor der Ankunft der Konquistadoren in Amazonien und mit einfachsten Mitteln möglich und sogar naheliegend war.»

Im Jahr 1538 – drei Jahre vor dem Beginn der Amazonasexpedition von Francisco de Orellana und drei Jahre, nachdem die spanischen Konquistadoren zum ersten Mal ins Chachapoya-Gebiet vorgedrungen waren – nahm der portugiesische Entdecker Diego Nunes als Begleiter des spanischen Konquistadors Capitan Alonso de Mercadillo an einer der ersten Erkundungsreisen der Spanier in den Osten der Anden teil. Über seine Erlebnisse informierte er den portugiesischen König João III. mit einem Brief.[44] So wissen wir davon.

Auf dieser Reise gelangte Nunes auch in das Gebiet der Chachapoya. Von diesen berichtete er seinem König Erstaunliches: Sie bekamen Besuch von etwa 300 Mitgliedern eines Tupi-Guarani-Stammes von der brasilianischen Atlantikküste. Auch sie waren vor übermächtigen Feinden – brutalen portugiesischen Landbesitzern – vom Osten Brasiliens nach Westen bis in die Anden Nordostperus geflüchtet. Diego Nunes berichtete dem König, wie erstaunt er war, dass die Indianer die riesige Strecke den ganzen Amazonas flussaufwärts mit ihren schlichten Einbäumen bewältigt hatten.[45]

Zu jener Zeit war das Innere Amazoniens noch unberührt von neuzeitlichen Entdeckern, und die Bedingungen für Amazonasreisen werden – so Neves – mehr als tausendfünfhundert Jahre vorher nicht wesentlich anders gewesen sein. Die Reise hatte die indianischen Flüchtlinge ins Chachapoya-Gebiet geführt. Für Menschen, die im präkolumbischen Südamerika eine neue Heimat fernab der brasilianischen Atlantikküste suchten, standen die Chancen also gut, dass sie den gesamten Kontinent von Ost nach West durchqueren konnten und dass sie schließlich im Chachapoya-Gebiet in der Amazonas-Quellregion landeten.

Jetzt ist das Szenario 4 realistisch: Es wäre denkbar und plausibel, dass auch unsere Einwanderergemeinschaft die Region in den Anden Nordostperus, die wir heute als das Chachapoya-Gebiet kennen, erreicht hat.

53–55 Spiralornamente auf Kunstwerken spanischer Kelten, auf Marajó-Keramik und auf einem Chachapoya-Stein

Dazu passt, dass die neusten Entdeckungen der peruanischen Archäologen nahelegen, dass manche Vorfahren der Chachapoya einst aus dem Amazonasgebiet in die Anden kamen. Vor allem frühe Relikte der Kultur im Einzugsgebiet des Amazonas-Quellflusses Río Huayabamba weisen darauf hin.

Und auch einige Kulturparallelen könnten für das Szenario sprechen. Schon am Pedra do Inga und auf Marajó-Keramik entdeckten wir Spiralen, die in keltischen Kunstformen weit mehr Entsprechungen finden als bei anderen Indianerkulturen. Spiralen sind auch im Chachapoya-Gebiet verbreitet.[46] Oft sind sie kombiniert mit Schlangendarstellungen, und die zieren ebenfalls Marajó-Keramik und keltische Kunstwerke. Denn Schlangen waren sowohl für die Kelten als auch für die Marajó und Chachapoya heilig.

Eine Spezialität keltischer Künstler bestand darin, dass sie mehrere Spiralen zu raffinierten Ornamenten verbanden. Solche Ornamente fand man nicht nur bei den Kelten Nordwestspaniens, sondern auch bei den Chachapoya und auf Marajó-Keramik.

SZENARIO 5:
EINE NEUE HEIMAT IM NORDOSTEN PERUS

Irgendwann, vielleicht zwischen 30 v. Chr. und der Zeitenwende, passieren die Einwanderer die heutige Grenze zu Peru, dem Land, in dem tausendvierhundert Jahre später die Inka die Bühne der Geschichte betreten sollten.

Der im Osten noch riesige Amazonas (in Peru heißt er Marañon) wird allmählich schmaler und wilder. In der Ferne zeigen sich die Silhouetten von Bergketten, dann erblicken die Einwanderer die Gipfel schneebedeckter Andenvulkane.

Vermutlich sind sie schon östlich des heutigen Städtchens Tarapoto einem dort breiteren, einladenderen und schon in der Antike als Hauptverkehrsweg in die Anden genutzten Nebenfluss des Marañon, dem Río Huallaga, gefolgt. Und dort, wo der Huayabamba vom Huallaga abzweigt, hatten sie die Andenhänge vor Augen: das Ziel der Reise (siehe Karte auf dem hinteren Vorsatz).

Jedenfalls ist die Schiffsreise bald vorbei. Die reißenden Bergflüsse, die den Amazonas speisen, sind nicht mehr schiffbar. Nun wird marschiert. Die Reisenden sind in der heutigen peruanischen Provinz San Martín angekommen.

Die steilen und mit Felsschluchten durchsetzten Berge und das Klima ähneln dem Bergland Mallorcas und der spanischen Atlantikküste, der Heimat eines Großteils der Einwanderer. Eine ideale Gegend, um sich anzusiedeln.

Allerdings sind zu der Zeit alle Berge der Region noch dicht mit üppigen Wäldern überzogen. Die Baumgrenze liegt in den äquatornahen Ostanden bei mehr als 4000 Metern über dem Meeresspiegel. Doch in Wäldern lässt sich durch Roden Lebensraum schaffen. Und endlich können die Einwanderer beginnen, so wie früher in der alten Heimat steinerne Wohnhäuser und Befestigungen zu bauen und Terrassen anzulegen.

Sicher finden sie schnell heraus, dass die Region auch aus einem anderen Grund besonders geeignet für ihren Plan ist. Denn sie erreichen das Bergland Nordostperus zu einer Zeit, als es hier keine übermächtigen, gut organisierten Gegner gibt wie am Amazonas. Zwar entstehen auch in den Anden gerade mächtige Kulturen: die Moche- und Nasca-Reiche, die sicher nicht zugelassen hätten, dass sich Fremde in ihrer Nähe niederlassen. Doch diese Reiche befinden sich weit entfernt auf der anderen Seite der Anden an der Pazifikküste.[47] Die verschiedenen, kaum organisierten Indianervölker der Region mit ihrer noch recht schlichten Kultur stellen keine Bedrohung für die Krieger aus der Alten Welt dar.

Im Gegenteil, solche Menschen können die Einwanderer mit ihrer Andersartigkeit und ihren Fähigkeiten beeindrucken und einschüchtern und vermutlich unter ihnen Vasallen und Arbeitskräfte rekrutieren. Vielleicht werden sie sogar – wie über anderthalb Jahrtausende später die ersten Spanier – für Götter gehalten.

Die neuen Nachbarn zeigen ihnen die seit Jahrtausenden in den peruanischen Anden kultivierten Nutzpflanzen Mais und Kartoffeln, die sie auf ihren kleinen Feldern anbauen. Die Einwanderer revanchieren sich. Mit solchem Gelände kennen sie sich aus, und sie beginnen, wie in ihrer alten Heimat an den steilen Hängern bewässerte Terrassen[48] anzulegen und damit den Ertrag der Landwirtschaft zu vervielfachen. Auch die stabilen Rundbautensiedlungen, die die Einwanderer überall auf den Bergkuppen errichten und mit steinernen Mauern sichern, beeindrucken die Nachbarn.

Alles in allem ideale Voraussetzungen. Sind die Einwanderer an der letzten Station ihrer Reise, in ihrer neuen Heimat angekommen?

Ein herausragendes Merkmal der Marajó-Kultur waren die Begräbnisurnen. Manche erinnern an keltische Graburnen. Und der wohl deutlichste Hinweis auf Kontakte der Marajó-Kultur mit der Alten Welt bestand darin, dass dort ein Beispiel für Feuerbestattung und Beisetzung der Asche in Urnen entdeckt wurde (siehe Abb. 51, S. 173) – im alten Südamerika völlig unüblich und mit den Glaubensvorstellungen eigentlich unvereinbar, aber die Haupt-Bestattungsart der Kelten Spaniens. Diese Tradition allerdings sucht man bei den Chachapoya vergeblich. Und dafür gibt es Gründe. Noch Atahualpa, der letzte Inkakaiser, verriet lieber seinen Glauben und ließ sich von den Konquistadoren christlich taufen und anschließend erwürgen, als seinen Körper verbrennen zu lassen. Auch die Indianer, die bei der Ankunft der Einwanderer bereits seit Jahrtausenden im Nordosten Perus leben, reagieren auf die keltiberischen Begräbnissitten sicher mit Abscheu und Entsetzen.

Wenn sich die Einwanderer hier dauerhaft zu Haus fühlen wollen, müssen sie auch den Glauben der neuen indianischen Nachbarn achten. Welche Alternativen zur Feuerbestattung haben sie?

In unserem Szenario gibt es noch eine weitere Einwanderergruppe. Die Steinschleuderer aus Mallorca und Menorca bringen aus ihrer Heimat eine andere Begräbnistradition mit, mit der sie möglicherweise schon die Indianer am Pedra do Inga beeindruckt haben: Die Toten werden in Embryostellung gebracht und – mit Grabbeigaben versehen – in Höhlen bestattet. So liegt es nahe, dass sich die Einwanderergemeinschaft – aus Rücksicht auf die indianischen Nachbarn – auf den Totenkult der Krieger von den Balearen einigt. Deren Bestattungsform findet sich auch in der Kultur der Chachapoya von ihrem Anfang bis zur Ankunft der Spanier.

Im «Instituto Nacional de Cultura» in Chachapoyas bewahrt man einige Chachapoya-Mumien auf, die natürlich ebenfalls in Embryostellung bestattet wurden. Man geht hier davon aus, dass die Chachapoya zumindest zeitweise aus verschiedenen Clans und Stämmen mit zum Teil unterschiedlichen Kulturformen bestanden. Aber ihre gemeinsame Bestattungsform, mit der sie sich von anderen Kulturen unterschieden, war stets ein starkes Bindeglied. Die Archäologin Rocío Paz Sotero erklärt: «Man spricht zwar von verschiedenen Völkern, aber mit vielen Ähnlichkeiten … Aber sie unterschieden sich von den anderen Kulturen Perus, zum Beispiel den Kulturen an der Küste wie den Moche. In deren Gräbern lagen die Toten ausgestreckt, während in der Chachapoya-Kultur die Toten stets in Embryostellung bestattet wurden, wie ein Embryo im Bauch der Mutter.»[49]

Andere Kulturen Südamerikas – besonders die Nasca- und Paracas-Kulturen – bestatten ihre Toten schon lange vor dem Beginn der Chacha-

56a Chachapoya-Mumien, 56b, c Skelett in Grabhöhle links im Chachapoya-Gebiet und rechts auf Mallorca, 56d–g Grabhöhlen jeweils links im Chachapoya-Gebiet, rechts auf Menorca

poya-Kultur in ähnlichen Stellungen, doch sie lebten weit entfernt von der isolierten nordostperuanischen Andenregion – im Südwesten des Landes. Es könnte also sein, dass die Bestattungsform der Chachapoya Traditionen der Balearen weiterführte.

Von weiteren Parallelen erfuhr ich durch den auf Menorca und Mallorca unter anderem als Ausgrabungsleiter in Mallorcas wichtigster post-tayalotischer Begräbnisstätte Son Real forschenden Archäologen: Die dort und auch auf der Nachbarinsel Menorca bis in die Römerzeit bestatteten Menschen wurden meist in – durch Bänder erzwungener – Embryostellung und mit Stoffen und Leder umhüllt beigesetzt. Es gab auch Mumifizierungsversuche, so wie offenbar auch bei den Chachapoya schon lange, bevor sich deren «moderne», an den Kondorsee-Mumien festgestellte Mumifizierungstechnik durchsetzte.[50] Die meisten der gefundenen Chachapoya-Mumien fand man allerdings in hockender Stellung. Doch diese Mumien sind selten älter als 800 Jahre, und die wenigen bisher entdeckten älteren Skelette der Chachapoya fand man ebenfalls in Embryo-

Stellung, aber in ihren Grabhöhlen liegend. Vielleicht entstand die in den Anden verbreitete Sitzposition der Chachapoya-Mumien auch durch spätere indianische Einflüsse. Was mich aber dennoch davon abhielt, hier eine hinreichend beweiskräftige Kulturparallele zu sehen, war die Tatsache, dass die Chachapoya-Bestattungstradition vor allem durch ein – meines Wissens nach in Südamerika einzigartiges und mir auch in der Alten Welt nicht bekanntes – Merkmal gekennzeichnet ist: die Bestattung in Höhlen hoch oben in senkrechten und unzugänglichen Felswänden. In den meisten Kulturen, die, wie die Chachapoya und die posttayalotische Kultur, ihre Ahnen verehren, werden Angehörige so bestattet, dass man sie jederzeit besuchen kann. In Mallorca wurden die Toten zwar auch in Felshöhlen beigesetzt, jedoch befinden sich die dort heute noch erhaltenen Grabstätten nicht in großer Höhe.

Zur Sicherheit wollte ich auch eine der noch zur Römerzeit genutzten Grabanlagen Menorcas kennenlernen. Man empfahl mir die größte und bedeutendste Nekropole der Insel: Cales Coves an der Südküste. Ich wanderte dort hin – und war vom Donner gerührt: Genau wie die im gesamten Chachapoya-Gebiet verbreiteten typischen Grabhöhlen waren auch hier – vor über zweitausend Jahren – Mengen von runden und rechteckigen Grabhöhlen hoch oben in unzugänglichen, senkrecht abfallenden Felswänden angelegt.

Beweist das nun, dass Menschen aus der posttayalotischen Kultur in Nordostperu waren? Schließlich gehörten auch sie zu den drei Gruppen, die, als es um die Frage nach hinreichend starkem Motiv und hinreichend plausibler Gelegenheit ging, als Einzige übrigblieben.

So haben schließlich die Ermittlungen zu einem erstaunlichen Ergebnis geführt. Unsere Szenarien, die sich auf eine Fülle unterschiedlicher historischer, geografischer und archäologischer Informationen und auch auf einige Indizien stützten, lassen es jetzt durchaus denkbar erscheinen, dass Männer aus dem antiken Spanien den Atlantik übercquerten, Brasilien und dann Nordostperu erreichten und dort eine Kultur begründeten, die später als die Chachapoya-Kultur bekannt wurde. Wir können zwar noch nicht ausschließen, dass alle bisher entdeckten Hinweise und Indizien auf Zufällen beruhen, aber unsere Überlegungen werden durch Informationen aus einer ganz anderen Richtung gestützt.

TUBERKULOSE BEI DEN CHACHAPOYA:
EIN RÄTSEL IST GELÖST

Dafür, dass die ältesten Tuberkulosefälle in der Neuen Welt vor gut zweitausend Jahren in den Andenländern Südamerikas auftraten, fand sich bisher nur eine Erklärung, nämlich dass die Krankheit mit frühen Einwanderern aus der Alten in die Neue Welt übertragen wurde (siehe Kapitel 1, S. 72). Doch vor unseren Untersuchungen zu den Chachapoya waren von keinem Volk im Westen Südamerikas irgendwelche ernstzunehmenden Hinweise auf antike Alte-Welt-Kontakte bekannt. Erst jetzt liegt eine Theorie dazu vor.

Das veranlasste den Paläopathologen Michael Schultz, sich intensiver mit den Forschungen zu den Mumien vom Kondorsee zu beschäftigen. Dabei stellte sich heraus, dass schon sechs Jahre vor den weltweit bekann-

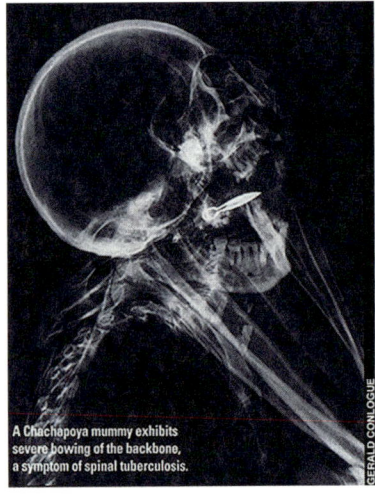

A Chachapoya mummy exhibits severe bowing of the backbone, a symptom of spinal tuberculosis.

57 Spinaltuberkulose in einer etwa tausend Jahre alten Chachapoya-Mumie (Röntgenbild: Gerald Conlogue 2002)

ten Untersuchungen der Mumien an der Universität Wien umfassende Röntgenaufnahmen im Chachapoya-Museum in Leymebamba durchgeführt wurden. Unter der Leitung von Gerald Conlogue von der «Quinnipiac University» in Hamden, Connecticut, waren in den Jahren 2000 und 2001, ohne dass das von einer breiteren Öffentlichkeit zur Kenntnis genommen wurde, 188 Mumien mehr als 900 Mal geröntgt worden – eine gute Datenbasis. In zahlreichen Fällen wurde Knochentuberkulose diagnostiziert.[51]

Während Schultz in Göttingen solche Diagnosen an raffiniert aufbereiteten Präparaten durchführt, mit modernsten Geräten wie Elektronenmikroskop, Computertomograph und Polarisationsmikroskop, stand Conlogue mitten im abgelegenen Chachapoya-Gebiet nur ein schlichtes transportables Röntgengerät zur Verfügung. Dennoch ist sich Schultz – vor allem aufgrund des guten Zustands der Mumien – sicher, dass die Untersuchungsergebnisse mit dem Röntgengerät ebenfalls verlässlich sind. Außerdem waren Conlogues Diagnosen von Knochentuberkulose 2006 zusätzlich durch die Wiener Untersuchungen bestätigt worden, dort stellte man außerdem auch Lungentuberkulose fest.

Aber die eigentlich aufregende Entdeckung ist etwas ganz anderes – das war Schultz nun klar –, denn man hat «wider Erwarten festgestellt, dass etwa ein Fünftel, also 20 Prozent dieser untersuchten Individuen, an Tuberkulose litt! Das ist außerordentlich hoch, ein sehr sehr hoher Prozentsatz. Und wir fragen uns natürlich schon: Wie ist es dazu gekommen?»[52] Nirgendwo sonst im präkolumbischen Südamerika fand man eine solche Häufung von Tuberkulose. Und dafür bieten weder die Wiener Wissenschaftler noch Gerald Conlogue noch die peruanischen Forscher eine überzeugende Erklärung an. Die Lebensbedingungen der Chachapoya zum Beispiel unterschieden sich nicht wesentlich von denen vieler anderer Völker Südamerikas.

Wenn also Tuberkulose – vielfach bezeichnet als eine Krankheit der Alten Welt – in einer Häufigkeit, wie man sie in der Alten Welt kaum findet, ausgerechnet in Peru auftritt, lässt sich daraus nach Schultz schließen, «dass vor ungefähr zweitausend Jahren Einwanderer aus Europa die Krankheit mitgenommen haben, und dass die Krankheit dann in dieser

Umgebung in Südamerika bei den Chachapoya praktisch explodiert ist, weil deren Organismus noch nie mit Tuberkuloseerregern in Verbindung gekommen ist.»

Das bedeutet, dass die ersten Bewohner Amerikas, die mit TBC infiziert wurden, offenbar die Indianer im Chachapoya-Gebiet waren. Von dort aus könnte sich die Tuberkulose über den Westen Südamerikas ausgebreitet haben. Der Auslöser der Infektion aber müssten dann Einwanderer aus der Alten Welt gewesen sein. Das würde eines der bisher rätselhaftesten Phänomene in der Geschichte der Tuberkulose erklären und zugleich bestätigen, dass tatsächlich in der Antike Menschen aus der Alten Welt nach Nordostperu einwanderten.

Eine Frage dazu ist jedoch noch offen: Wenn manche der Einwanderer Tuberkulosekeime in sich trugen, als sie die lange Reise antraten – warum starben nicht zuerst sie und ihre Mitreisenden an der Krankheit? Und würde das wiederum nicht das gesamte Einwanderungsszenario in Frage stellen?

Doch auch dies kann Schultz erklären: Tuberkulose gab es in der Alten Welt schon vor fünftausend Jahren, eventuell sogar vor siebentausend Jahren. Und wenn eine Population über einen längeren Zeitraum, also Jahrhunderte oder Jahrtausende, Erfahrungen mit der Tuberkulose gemacht habe, dann stelle sich das Immunsystem dieser Bevölkerung darauf ein, «sodass dann viele Menschen praktisch den Erreger in sich tragen können, ohne dass das Krankheitsbild drastisch in Erscheinung tritt bzw. überhaupt auftritt.»

Die Tuberkulose wurde also offenbar von Einwanderern nach Nordostperu gebracht, die aufgrund ihres Immunsystems selber nicht erkrankten. Dafür wiederum kommen nur Menschen in Frage, die über viele Generationen mit der Tuberkulose gelebt haben und so besonders starke Abwehrkräfte gegen diese Krankheit entwickeln konnten. Forschungen zur Geschichte der Tuberkulose zeigten, dass besonders der Kontakt zu Rindern eine Rolle spielte. Immun gegen Tuberkulose waren demnach vor allem Menschen, die über einen langen Zeitraum eng mit Rindern zusammenlebten.

Die Kelten aus dem Norden und Nordwesten Spaniens müssten ein besonders wirksames Immunsystem gegen Tuberkulose entwickelt haben. Rinderzucht und Viehwirtschaft trieben sie und ihre Vorfahren schon seit mindestens 2000 v. Chr.[53] Noch heute ist diese Region Spaniens der Hauptproduzent von Milchprodukten. Dort wuchsen die Krieger Galiciens auf – in einer bäuerlichen Umgebung, mit Rindern und mit Tuberkulose.[54] Sie könnten also durchaus die Tuberkulose nach Nordostperu gebracht haben, ohne selbst zu erkranken.

So hat die Geschichte der Tuberkulose weitere Argumente dafür geliefert, dass Menschen aus der Alten Welt, und zwar insbesondere spanische Kelten, die Entstehung der Chachapoya-Kultur beeinflusst haben. Doch «beweisen» die Ergebnisse der paläopathologischen Untersuchungen nun, dass unsere Szenarien der Realität entsprechen?

4.
DIE URSPRÜNGE DER
CHACHAPOYA-KULTUR

DAS ERMITTLUNGSVERFAHREN

Im Folgenden will ich in zehn Schritten den bisherigen Verlauf unserer Ermittlungen zusammenfassen:

(1) Im ersten Schritt wurde der «Fall» vorgestellt: Wir stießen im Chachapoya-Gebiet auf eine Vielzahl unterschiedlicher rätselhafter Phänomene, für die niemand befriedigende Erklärungen vorlegen konnte. Welche Geschehnisse könnten diese Phänomene verursacht haben? Welche Fakten sind bekannt, auf die man eine Theorie, eine Arbeitshypothese zur Lösung des Falls stützen kann?

(2) Unsere erste Vermutung: Vielleicht gibt es für all die Phänomene eine gemeinsame Erklärung.

(3) Das führte zu der Überlegung, dass die Phänomene alle in irgendeiner Form mit dem Ursprung der Chachapoya-Kultur zusammenhängen könnten.

(4) Weitere Ermittlungen erlaubten Präzisierungen: Der Ursprung der Chachapoya-Kultur könnte mit Geschehnissen zusammenhängen, die vor über zweitausend Jahren stattfanden, und zwar auch auf der anderen Seite des Atlantiks. So entstand die kühne, noch unfundierte und recht vage Idee von Einflüssen antiker Kulturen aus der Alten Welt auf die Entstehung der Chachapoya-Kultur – eine erste, vorläufige Hypothese.

(5) Um den «Fall» zu lösen, müssen Hypothesen konkretisiert und im Hinblick auf ihren Wahrheitsgehalt überprüft werden: Darum geht es bei allen unseren Ermittlungen. Der nächste Schritt musste also darin bestehen, die Hypothese unter Berücksichtigung der im Chachapoya-Gebiet festgestellten Fakten so konkret zu formulieren, dass sie überprüfbar, also auch prinzipiell widerlegbar ist. So hieß unsere nächste Hypothese: Es ist nicht auszuschließen, dass eine größere Gruppe von Menschen aus antiken Kulturen der Alten Welt Nordostperu erreichte und dort

Spuren hinterließ, auf die wir noch heute im Chachapoya-Gebiet stoßen können.

(6) Ein Beispiel für einen ersten Widerlegungsversuch war die Auseinandersetzung mit «archäologischen Gegenargumenten» in Kapitel 1. Und da unsere Hypothese voraussetzt, dass es eine Auswanderung von der Alten Welt nach Nordostperu gegeben hat, mussten wir auch diese Möglichkeit überprüfen. Das führte zur klassischen Kriminalistenfrage, welche Gruppe sowohl die Gelegenheit als auch ein Motiv dazu gehabt haben könnten. Wenn sich solche Gruppen nicht finden lassen, wäre auch die Hypothese widerlegt. Doch im Kapitel 2 bestand die Hypothese auch diesen Test.

(7) Für den nächsten Test wandten wir die Szenario-Technik an: Wir teilten die hypothetisch angenommene Auswanderung in fünf Etappen von der Alten Welt bis in das Chachapoya-Gebiet auf. Zu jeder der Etappen versuchten wir, ein realistisches, plausibles und in sich widerspruchsfreies Szenario zu entwickeln. Und das gelang. Da ich dabei wie schon zuvor stets nach dem Ausschlussverfahren vorging, stellte sich allerdings heraus, dass hinreichende Bedingungen für die angenommene Auswanderung nur auf einige Kulturen aus dem antiken Spanien zutrafen.

(8) So führten die Ermittlungen schließlich zu dem Ergebnis: Die zunächst absurd erscheinende Idee von einer antiken Auswanderung nach Nordostperu hat sich – zumindest nach dem gegenwärtigen Stand unseres Wissens – als eine keineswegs unrealistische Vermutung erwiesen.

(9) Unterstützend fanden wir eine Reihe von Hinweisen, die dafür sprechen, dass die angenommene Auswanderung nicht nur denkbar ist, sondern auch tatsächlich stattfand: die zahlreichen Kulturparallelen, die die in den Szenarien entworfenen Details bestätigten, sowie die Schlussfolgerungen aus den Tuberkulose-Befunden bei den Chachapoya-Mumien.

(10) So passte alles zusammen.

Ist die Hypothese damit bewiesen?

Wissenschaftstheoretiker haben sich mit dem Problem befasst und von empirischen Forschern genutzte Methoden entwickelt. Ein Beispiel für empirische Forschung ist die Arbeit des Archäologen Warren B. Church von der «Columbus State University». Er absolvierte sein Studium an der amerikanischen Eliteuniversität Yale und arbeitete seit dem Beginn seiner Forschungen zu den Chachapoya in den frühen 1980er Jahren stets eng mit Experten verschiedener Disziplinen zusammen. Heute ist er der auf internationalem Niveau renommierteste Chachapoya-Experte, und er stellt fest: «Viele Leute glauben, dass Wissenschaftler einfach Fakten sammeln, bis sie etwas ‹beweisen› können. Das beruht auf einem grundlegenden Missverständnis in Bezug auf die Frage, wie man zu den plausibelsten Theorien gelangen kann.»[1]

Schon 1868 schrieb der Wissenschaftsphilosoph August Weismann: «[Es] lässt sich eine wissenschaftliche Hypothese […] niemals erweisen.»[2] Bedeutet das, dass die Wissenschaft niemals Aussagen liefert, auf die wir uns verlassen können? Keineswegs, denn Hypothesen lassen sich zwar nicht beweisen, aber durchaus widerlegen. August Weismann fährt fort: «[Es] lässt sich eine wissenschaftliche Hypothese […], wenn sie falsch ist, widerlegen, und es fragt sich deshalb, ob nicht Thatsachen beigebracht werden können, welche mit einer der beiden Hypothesen in unauflöslichem Widerspruch stehen und somit dieselbe zu Fall bringen.»

Nehmen wir an (in dem Fall zu Recht), jemand behauptet zum Ursprung Kuelaps: Man kennt keine Vorläuferkulturen, also wird Kuelap ohne weitere Voraussetzungen gebaut worden sein. Diese Hypothese würde ich ausschließen, weil es mit meinem Wissen über Vorgänge beim Bauen und den dafür notwendigen Fähigkeiten «in unauflöslichem Widerspruch» steht. Aber ich kann zumindest theoretisch nicht grundsätzlich ausschließen, dass mir irgendwann jemand nachweist, dass in diesem Fall andere Vorgänge beim Bauen stattfanden.

Church erläutert: «Wissenschaftstheoretiker kamen zu dem Ergebnis, dass man sich überzeugender der Wahrheit nähern kann, indem man verschiedene Arbeitshypothesen eine nach der anderen widerlegt. Selbstverständlich müssen die Hypothesen mit Hilfe von dokumentierten Fakten, die dazu in Beziehung stehen, widerlegbar sein. Der Grundgedanke ist also, dass wir zu den wahrscheinlichsten Erklärungen von Phänomenen durch ein Ausschlussverfahren gelangen. Wissenschaft kommt voran durch ‹Widerlegung›. Das bedeutet, die Hypothese, die zum Schluss alle Widerlegungsversuche überstanden hat, gewinnt.»

Die bisherigen Ermittlungen haben ergeben, dass eine antike Einwanderung aus der Alten Welt stattgefunden haben muss, und dass dafür offenbar niemand außer den genannten Gruppen sowohl ein hinreichendes Motiv als auch die Gelegenheit besaß. Damit scheint der Fall klar zu sein. Doch erst, wenn zusätzliche Indizien eine Verbindung zwischen diesen Gruppen und dem Chachapoya-Gebiet belegen, hat die Arbeitshypothese ein Höchstmaß an Verlässlichkeit erreicht. In unserem Fall – genau wie bei vielen anderen Fragen der archäologischen und historischen Forschung – bleibt dafür allerdings nur eine Art von Indizien: Kulturparallelen.

ZUR BEWEISKRAFT
VON KULTURPARALLELEN

Kulturparallelen sind Kulturmerkmale, die räumlich und / oder zeitlich voneinander getrennt auftreten und einander ähneln. Die Ähnlichkeit lässt sich stets durch zwei unterschiedliche Hypothesen erklären: Hypothese A: Die Kulturmerkmale entstammen derselben Kultur, sind also letztlich auf eine gemeinsame Ursache zurückzuführen. Das Auftreten in verschiedenen Regionen oder Epochen liegt entweder daran, dass die Kultur über einen entsprechend langen Zeitraum existierte, oder daran, dass ihre Urheber direkt oder indirekt miteinander Kontakt hatten (zum Beispiel durch Handelsbeziehungen) und dabei eine Beeinflussung stattfand, oder daran, dass es sich bei den Urhebern um dieselben Menschen handelte, die von einer Region in die andere gereist sind.

Hypothese B: Die Kulturmerkmale entstammen unterschiedlichen Kulturen und sind auf voneinander unabhängige Ursachen zurückzuführen, und die Ähnlichkeit ist reiner Zufall (eine «zufällige Parallelentwicklung»). Gilt das für sämtlichen vorgestellten Kulturmerkmale, so gilt auch: Die angenommenen Kontakte und Verbindungen gab es nicht.

Wenn eine Kulturparallele als Indiz für die Hypothese A herangezogen wird, hängt ihre Beweiskraft davon ab, wie unwahrscheinlich Hypothese B ist, wie hoch also die Wahrscheinlichkeit ist, dass (wie bei jedem Indiz) das Phänomen (hier die Ähnlichkeit) durch den in Hypothese A genannten Sachverhalt verursacht wurde. In unserem Fall schlägt Hypothese A diesen Sachverhalt vor: Die im Chachapoya-Gebiet festgestellte Bautradition stammt ursprünglich aus der Region der Alten Welt, in der eine ähnliche Tradition festgestellt wurde, und die angenommenen Einwanderer haben die Tradition von dort nach Nordostperu gebracht. Je unwahrscheinlicher es ist, dass die in der Alten Welt entdeckte Bautradition nichts mit der Chachapoya-Bautradition zu tun hat, desto höher ist die Beweiskraft der Kulturparallele.

Archäologen benutzen ständig Kulturparallelen, um Verbindungen zwischen geografisch oder zeitlich auseinanderliegenden Kulturen festzustellen. Das ist beispielsweise unverzichtbar, wenn es um den Nachweis von Handelskontakten oder von Wanderungen oder Kontinuität in der Geschichte einer Kultur geht. Der Grad der Beweiskraft hängt unter anderem von den Informationen ab, die zur Erklärung der Ähnlichkeiten zur Verfügung stehen. Im ersten Kapitel habe ich eine Reihe von «rätselhaften» Kulturparallelen vorgestellt, dort aber solche Informationen noch nicht genannt. Das bedeutet, dass der Leser ohne zusätzliche Informationen die Beweiskraft nicht beurteilen konnte (so ging es auch mir bei meinen ersten Begegnungen mit der Chachapoya-Kultur).

Doch wie lässt sich die Beweiskraft beurteilen? Wenn Informationen belegen würden, dass Hypothese A nicht der Realität entsprechen kann, weil zum Beispiel die Einwanderung nicht stattfinden konnte, wäre selbstverständlich auch jede Kulturparallele, die auf eine solche Einwanderung hinzuweisen scheint, belanglos. Aber auch wenn andere zusätzliche Informationen ausschließen würden, dass die Ähnlichkeit zweier Kulturmerkmale auf die von Hypothese A angenommene Einwanderung zurückzuführen ist, würde Hypothese B (zufällige Parallelentwicklung) zutreffen. Wenn keine Fakten vorliegen, die Hypothese A widerlegen, kann dennoch die Beweiskraft unterschiedlich hoch sein: je nachdem, wie unwahrscheinlich die Gegenhypothese B ist. Einige Beispiele: Dass ähnliche Kulturmerkmale unabhängig voneinander bei verschiedenen Kulturen entstanden sind, wäre weniger unwahrscheinlich, wenn praktische Gründe die Entwicklung dieser Merkmale nahelegen würden, oder wenn man solche Merkmale in vielen nie miteinander verbundenen Kulturen antreffen könnte. Auch wenn eine nur vage, keine Details einschließende Ähnlichkeit festgestellt würde, wäre ein Zufall als Ursache eher in Betracht zu ziehen.

Von Wissenschaftstheoretikern und der Wahrscheinlichkeitstheorie wurde ein weiteres, besonders aussagekräftiges Kriterium präzisiert: Je mehr verschiedene Sachverhalte (zum Beispiel noch weitere Kulturparallelen) sich mit einer einzigen Hypothese plausibel erklären lassen, desto wahrscheinlicher ist es, dass diese Hypothese der Realität entspricht. Experten gehen – so der Wissenschaftstheoretiker Martin Carrier – gewöhnlich davon aus, dass, wenn in einer solchen Situation für verschiedene Phänomene jeweils nur separate Erklärungen angeboten werden, keine dieser Erklärungen annehmbar ist. Unsere Erfahrungen bestätigten das: Die wenigen angebotenen Einzelerklärungen für verschiedene rätselhafte Merkmale der Chachapoya-Kultur standen oft im Widerspruch zueinander, und weitergehende Fragen wie die nach dem Ursprung der Chachapoya-Kultur blieben unbeantwortet.

Liegt jedoch für viele voneinander unabhängige Phänomene eine gemeinsame plausible Erklärung vor, so ist diese vorzuziehen – sie besitzt eine «höhere Erklärungskraft»[3] und kommt damit der Wahrheit vermutlich näher.

KULTURMERKMALE DER CHACHAPOYA
AUF DEM PRÜFSTAND

Die Bestandsaufnahme zur Chachapoya-Kultur und ihrer Erforschung (in Kapitel 1) hat ergeben, dass Forscher auf eine neue Arbeitshypothese angewiesen sind, wenn sie Antworten auf viele bislang ungeklärte Fragen finden wollen. Die Befunde im Chachapoya-Gebiet führten zu dem Ergebnis, dass die Arbeitshypothese nur dann hilfreich ist, wenn sie die hinreichend verlässliche Annahme einer antiken Einwanderung aus der Alten Welt enthält.

Dafür musste zunächst (in den Kapiteln 2 und 3) geklärt werden, ob und unter welchen historischen und geografischen Bedingungen eine solche Einwanderung möglich und plausibel ist.

Dann war nur noch nach Indizien zu fragen, die möglichst eindeutig auf eine Verbindung zwischen der Chachapoya-Kultur und Kulturmerkmalen in den Herkunftsregionen der angenommenen Einwanderer schließen lassen. Dieser Teil der Ermittlungen erforderte andere Forschungsansätze, Informationsquellen und Experten. Um uns für unerwartete Erkenntnisse offen zu halten, fragten wir (auf ein Minimum von Voraussetzungen beschränkt): Welche als besonders typisch geltenden Kulturmerkmale der Chachapoya könnten auf eine Einwanderung vor gut zweitausend Jahren zurückzuführen sein?

Im Anschluss begann der mühsamste Teil der Recherchen, der die Archäologin Karin Hornig über vier Jahre und mich vom März 1998 bis zum September 2013 in Atem gehalten hat: die Suche nach Entsprechungen außerhalb Amerikas. Sämtliche antike Kulturen der Alten Welt und sogar in Ostasien und Westafrika bezog Karin Hornig in die Suche mit ein – ohne brauchbare Ergebnisse.

Doch dann der Durchbruch: Im antiken Spanien, und nur dort fanden sich zunächst einzelne, dann immer mehr überzeugende Parallelen zur Chachapoya-Kultur.

Ich fragte zunächst, welche Merkmale der Chachapoya-Kultur als Indiz in Frage kommen. Dass die typischen Chachapoya-Keramikformen oder die berühmten Lehmsarkophage plausibler ohne die angenommene Einwanderung erklärbar sind, hat sich schon früh herausgestellt. Auch manche der Parallelen, die mir bei den ersten Reisen aufgefallen waren, erwiesen sich in den folgenden Jahren als nicht hinreichend beweiskräftig. Das gilt zum Beispiel für manche Ornamente und weitgehend für die an Karthago oder Ibiza erinnernden Kulturmerkmale. Als besonders typisch für die Chachapoya-Kultur gelten die meist zickzack- und rautenförmigen Friese, die deren Rundbauten schmücken. Aber die lange und mühsame Suche nach beweiskräftigen Parallelen in der Alten Welt blieb ohne Erfolg, und im August 2013 schrieb mir Warren Church: «Niemand hat Gebäude mit Friesen früher als auf die Inkazeit datiert, glaub's mir oder nicht.» Dieses Merkmal ließ sich also eher durch Inka-Einflüsse erklären.

Doch einige durchaus hilfreiche Kulturparallelen konnte ich bereits vorstellen: 2013 stieß ich auf Informationen, die belegten, dass die oft als «Markenzeichen» der Chachapoya-Kultur genannte Begräbnistradition überraschend beweiskräftige Parallelen zur posttayalotischen Kultur Mallorcas und Menorcas aufweist.

Und die durch kriegerischen Charakter, Naturreligionen und vor allem die große Bedeutung von individueller Freiheit geprägte – von dem Ethnologen Peter Lerche beschriebene – Gesellschaftsform der Chachapoya (siehe S. 23–33, 54 ff.) kann durchaus als im Andenraum äußerst ungewöhnliches und damit typisches Kulturmerkmal der Chachapoya gelten. Das macht die Altamerikanistin Doris Kurella deutlich: «Die völlige Unterordnung unter die staatlichen Prinzipien (war) für die Andenbewohner […] nichts Neues. Auch in den Vorläuferkulturen (vor den Eroberungen durch die Inka, H. G.) war die Gemeinschaft wichtiger als das Individuum gewesen, und persönliche Freiheit wohl eher unbekannt.»[4] Schon Peter Lerche waren Parallelen zu den Kelten aufgefallen, und die Recherchen zu den Kulturen des antiken Spanien, insbesondere den Galiciern und Keltiberern, zeigen eine Vielzahl verblüffender Entsprechungen.

Ansonsten kommen – nach meinem Wissensstand – nur noch die folgenden Kulturmerkmale als Indizien in Frage:

– Die Bauweise der Chachapoya fiel bisher allen Forschern auf.

– Der Trophäenkopfkult und die damit verbundenen Kunstformen faszinierten besonders die Forscher Klaus Koschmieder und Peter Lerche und gelten als sehr prägnantes Merkmal der Chachapoya-Kultur.

– Die Steinschleuder, die gefürchtete Hauptwaffe der Chachapoya, ist aufgrund der vielen belegten Schlachten mit Steinschleudern und dank der Erwähnungen bei Chronisten als bedeutendes Kulturmerkmal allen Archäologen bekannt.

– Auf die ausgefallene und typische Technik der Schädeltrepanation an Chachapoya-Schädeln stieß unter anderem die Archäologin Inge Schjellerup, aber unabhängig davon auch Peter Lerche.

Schädeleröffnung

Die für die Chachapoya «typischen Bohrlöcher»[5] der Schädeltrepanation lassen schon deshalb eine außergewöhnlich hohe Beweiskraft erwarten, weil diese Art der Schädelbehandlung extrem selten ist. Laut Michael Schultz, der sich eingehend mit der speziellen Trepanationsform der Chachapoya befasst hat (siehe S. 36 f.), waren die Chachapoya die ersten in ganz Nord- und Südamerika, die die Bohrtechnik mit konischen Bohrern angewandt haben, und außerdem ließ sich die spezielle Anordnung der Bohrlöcher nirgendwo sonst in Amerika nachweisen.

Diese Aussage ist im Vergleich zu anderen auf archäologischen Funden begründeten Vermutungen ungewöhnlich verlässlich, weil die Trepanation weltweit besonders gut dokumentiert ist. Die Gründe sind naheliegend: Schädel sind in der Regel gut erhalten, und vor allem trepanierte Schädel fallen auf, sind aber für «Privatkunden» von Grabräubern recht uninteressant und gelangen deshalb regelmäßig in Museen und in Forschungsinstitute.

Die potentiell extrem hohe Beweiskraft dieses Kulturmerkmals für unseren Zusammenhang wird auch dadurch bestätigt, dass in Amerika

keine Hinweise auf irgendwelche Vorläufer der ausgefeilten und kom-
plizierten Chachapoya-Bohrtechnik zu finden sind. Doch Beweiskraft
wofür?

Zunächst hatte Michael Schultz beim Durchforsten der wissenschaftlichen Standardwerke zur Trepanation auch in der Alten Welt keinerlei
Parallelen zur Chachapoya-Trepanationsform entdeckt. Doch auch ihm
hatte das rätselhafte Phänomen keine Ruhe gelassen, und dann stieß er
auf eine erst kürzlich in Spanien erschienene Dokumentation der Sammlung trepanierter Schädel des spanischen Neurochirurgen und Paläopathologen Doménec Campillo. Viele der Schädel zeigen genau das, wonach
Schultz lange vergeblich gesucht hatte: kleine Gruppen von Löchern, die
mit konischen Bohrern hergestellt wurden[6] – wie bei den Chachapoya.
Und nun das Verblüffende: Diese Schädel stammen aus Son Real, der bedeutendsten antiken Gräberstätte der Ureinwohner der Baleareninsel Mallorca.[7]

Die Entsprechungen zwischen den Schädeln aus Mallorca und aus
dem Chachapoya-Gebiet sind so verblüffend – exakt dieselbe ausgefallene
Trepanationstechnik mit konischen Bohrern und dieselbe Anordnung der
Bohrungen –, dass Schultz zu dem Ergebnis kommt: «Wenn wir die Bohrungen auf Mallorca und die Bohrungen an Chachapoya-Schädeln vergleichen, dann können wir vermuten, dass die auf den Balearen prak-

*58 Schädel aus Son Real, Mallorca,
mit konischen Bohrungen*

*59 Chachapoya-Schädel
mit konischen Bohrungen*

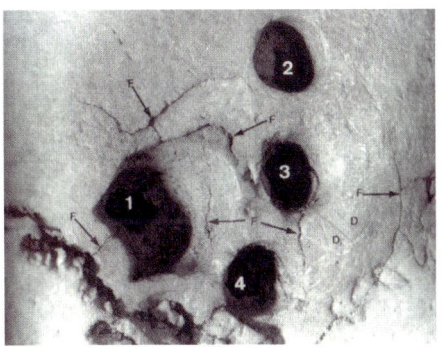

tizierte Trepanationstechnik in die Neue Welt gebracht und dort praktiziert und dann auch weiter gepflegt wurde.»[8]

Wie sonst könnte man so präzise Übereinstimmungen zwischen zwei auf ihren Heimatkontinenten offenbar jeweils einzigartigen Kulturformen erklären?

Falls alle Informationen stimmen, wäre das Indiz «Trepanation» äußerst beweiskräftig. Wenn eine Verbindung zwischen den Balearen und Nordostperu plausibel ist und eine schon in der megalithischen Phase der Talayot-Kultur entstandene, mit magischen Traditionen verknüpfte spezielle Technik tatsächlich in der Alten Welt nur in der Region der Balearen und in der Neuen Welt ausschließlich von den Chachapoya praktiziert würde, lässt sich keine andere realistische Erklärung denken, als die von Michael Schultz genannte Erklärung.

Allerdings ist Michael Schultz kein Spezialist für die spanischen Trepanationen, sein Kollege Doménec Campillo, der auch die Schädel analysiert hat, dagegen ein zu dem Thema weltweit führender Experte. Ich versuchte, seine Adresse in Spanien herauszufinden – vergeblich. Immerhin erfuhr ich, dass die Schädel aus Son Real in einem Keller der anthropologischen Abteilung der Universität Barcelona lagern. Besser als nichts. Der Kollege der Abteilung spürte die Schädel auf, und ich reiste im April 2013 nach Barcelona. Dort erwartete mich eine Überraschung! Der über 80 Jahre alte Campillo war extra angereist.

Ich zeigte ihm Fotos des Chachapoya-Schädels, und er war genauso verblüfft über die exakte Entsprechung zu den Chachapoya wie sein Göttinger Kollege. Diese Trepanationsform kannte er zuvor nur von den Balearen und den direkt gegenüberliegenden Küsten des Festlands, sonst aber (abgesehen von den in Kapitel 1 beschriebenen Inkatrepanationen) von keinem Ort. Außerdem betonte Campillo die identische Technik mit steinernen Bohrspitzen, die zutiefst magische Funktion und die seltene «post mortem» Anwendung dieser Trepanationsform in beiden Kulturen. Wenn dies unabhängig voneinander entstanden sein sollte, müsste man schon an einen absurd unwahrscheinlichen Zufall glauben.

60, 61 Trophäenschädel: als Schmuck auf Chachapoya-Sarkophagen und auf Säulen der keltischen Kultstätte Roquepertuse, Südfrankreich

Trophäenkopfkult und Kopfskulpturen

Für das Kulturmerkmal «Trophäenkopfjagd» schien eine ähnlich hohe Beweiskraft zunächst nicht zu gelten. Zwar gibt es die für die Chachapoya typische Form des Trophäenkopfkults offenbar relativ selten in Südamerika, und es sind auch keine Vorläufer bei früheren peruanischen Kulturen bekannt, aber beides bedeutet nicht viel im Hinblick auf unsere Hypothese. Im Gegensatz zum Beispiel zur ausgefeilten Chachapoya-Trepanationstechnik kann sich ein eher simpler Brauch, wie toten Feinden die Köpfe abzuschneiden und aus Prestigegründen mit nach Hause zu nehmen, ohne weiteres spontan etablieren.

62, 63 Trophäenkopf-Darstellung in Halbreliefs an Bauwerken:
in Kuelap und aus einem keltiberischen Castro in Nordwestspanien

Doch weitere Recherchen ergaben, dass diese Form des Trophäenkopfkults besonders bei spanischen Kelten verbreitet war.[9] Und mit jeder neuen Entdeckung in der Fachliteratur ließen uns Details der Übereinstimmungen die Beweiskraft dieser Parallele höher einstufen:

Sowohl die Kelten als auch die Chachapoya schmückten Kultplätze mit Trophäenschädeln. Das zeigen Chachapoya-Sarkophage und auch die Säulen der keltischen Kultstätte von Roquepertuse.

Auch die Wohnhäuser wurden in beiden Kulturen mit Schädeln von Feinden geschmückt. Strabon und Diodor berichteten über die Kelten, dass auch deren Wohnhäuser mit Schädeln von Feinden geschmückt wurden,[10] und in Wandnischen von Chachapoya-Wohnbauten fanden Archäologen immer wieder abgetrennte menschliche Schädel. Und nicht nur die Schädel selbst wurden aufbewahrt. Beide Kulturen dokumentierten diesen Kult auch durch Nachbildungen von abgeschlagenen Köpfen an ihren Kunstwerken und Gebrauchsgegenständen.

An vielen Gebäudemauern der Chachapoya, zum Beispiel an der schon vor mindestens eintausendsechshundert Jahren in der Frühphase der Kultur entstandenen Festung Kuelap, findet man Halbreliefs von Köpfen. In dieser Form haben wir sie nirgendwo sonst in Amerika entdeckt. In Peru forschende Archäologen deuten sie als Darstellungen von abgeschlagenen Köpfen, als Verherrlichung des Kopfkults.[11]

64, 65 Portraitskulpturen der Chachapoya
66, 67 Portraitskulpturen aus keltischen Siedlungen
(Castros im Nordwesten der Iberischen Halbinsel)

Vor allem in den keltischen Rundbautensiedlungen, den *Castros* im Nordwesten Spaniens, fielen den dort arbeitenden Archäologen zahlreiche über zweitausend Jahre alte Kopfdarstellungen auf – Halbreliefs. Die spanischen Archäologen nennen diese Eigenart der Region «*Cabezas cortadas*», «abgeschlagene Köpfe», und beziehen sie auf den Trophäenkopfkult der spanischen Kelten.

Damit nicht genug der Übereinstimmungen – manchmal wirken die Skulpturen geradezu zum Verwechseln ähnlich.

Ob Kulturen miteinander verwandt sind, sehen Archäologen oft an auf den ersten Blick scheinbar unbedeutenden Details – zum Beispiel an der Gestaltung der Augen: Die Indianer Südamerikas haben gewöhnlich – wie ihre über die Beringstraße eingewanderten mongolischen Vorfahren – geschlitzte oder mandelförmige Augen, und diese Augenform findet man auch in den Portraits, die die verschiedenen Indianerkulturen hinterlassen haben.

Ganz anders bei den Chachapoya und ihren Vorfahren: Sie hatten eine ungewöhnliche Vorliebe. In vielen Kopfskulpturen formten sie die Augen kreisrund und hervorstehend, sie setzten quasi zwei Halbkugeln ins Gesicht. Und exakt dieselbe ausgefallene Gestaltung der Augen zeigt eine Fülle von keltischen Kopfskulpturen. Die genauesten Übereinstimmungen fanden wir jedoch bei Kopfskulpturen aus den keltischen Rundbautensiedlungen im Nordwesten Spaniens. Das gilt auch für die meist kräftigen Nasen sowohl der Chachapoya-Portraits als auch der Kopfdarstellungen spanischer Kelten.

So prägnant wie bei dem Beispiel Trepanation ist beim Trophäenkopfkult die Beweiskraft wohl nicht, weil man auf ähnliche Portraits vermutlich auch bei einigen anderen Kulturen stoßen könnte. Doch immerhin konnten wir uns auf eine Vielzahl unterschiedlicher Belege aus einem recht bedeutsamen und repräsentativen Bereich der Chachapoya-Kultur stützen und dabei nicht nur das Thema «künstlerische Gestaltung», sondern auch – neben archäologischen Funden – Berichte von antiken Autoren miteinbeziehen. Sieht man beide Beispiele – Trophäenkopfkult und Trepanation – im Zusammenhang miteinander und mit dem Ergebnis der Ermittlungen zu Motiv und Gelegenheit, so lässt sich die Verlässlichkeit der Arbeitshypothese recht gut einschätzen.

Die wichtigste Waffe: Steinschleudern

Der Krieg bestimmte das Leben der Chachapoya, da sind sich Chronisten und Archäologen einig, und damit hatten auch die bisher untersuchten Indizien zu tun: Trepanationen dienten vor allem der Behandlung von Kriegsverletzungen, und der Trophäenkopfkult war Teil des Umgangs mit Kriegsgegnern. Bleiben wir bei diesem zentralen Bereich der Chachapoya-Kultur: Welche Waffen wurden benutzt?

Obwohl sich die Chachapoya-Kultur bis ins angrenzende Amazonasgebiet ausdehnte und die meisten Archäologen die Herkunft dieser Kultur in Amazonien sehen, wurden die noch zur Zeit der Ankunft der Konquistadoren wichtigsten Kriegswaffen der Amazonasindianer – Blasrohre sowie Pfeil und Bogen[12] – von den Chachapoya nicht benutzt. Die Andenvölker führten ihre Kriege mit Lanzen und diversen Keulenarten, auch die Chachapoya. Wurfspieße und Lanzen waren auch Kriegswaffen der Kelten. Pfeil und Bogen benutzten sie nur selten im Krieg, sondern in erster Linie bei der Jagd.[13]

Noch eine andere Waffe war in ganz Amerika unüblich, jedoch eine Standardwaffe der Alten Welt, auch der Kelten: das Schwert. Falls die vermuteten Einwanderer Eisenschwerter mit in die Anden gebracht haben sollten, so wären diese im feuchten Klima der Bergnebelwälder schnell verrostet. Bronze stand den Chachapoya – wie die Funde nahelegen – nicht zur Verfügung, und aus Kupfer, Stein und Knochen lassen sich keine brauchbaren Schwerter herstellen.

Doch als die ersten Spanier unter Alonso de Alvarado zu den Chachapoya kamen, staunten die Konquistadoren, dass die Chachapoya Schwerter benutzten, hergestellt aus dem extrem harten Holz der Chonta-Dura-Palme. Außerdem trugen sie aus «Textil gefertigte Waffen.»[14] Mit solchen Waffen, zum Beispiel mit aus Baumwolle gefertigten Bändern, kann Cieza wohl nur die Steinschleuder gemeint haben; sie war nach Aussage von Garcilaso de la Vega, dem Chronisten, der die detailliertesten Berichte über die Chachapoya-Kultur lieferte, die «Hauptwaffe der Chachapoya».[15] Schon Jahrhunderte, bevor es die Inka gab, kämpften die Chachapoya ihre Schlachten damit. Tausende von Schleudersteinen wurden in der Festung Kuelap gefunden.[16]

Die Steinschleuder war seit etwa 2000 v. Chr. oder noch früher auch die wichtigste Waffe der Krieger der Balearen (vermutlich ist sie auch dort entstanden). Und im Amazonasgebiet findet sich die Steinschleuder nirgendwo.

Aber: Die Konquistadoren trafen im ganzen Andenraum und selbst in Mittelamerika auf die Steinschleuder. Und in der Alten Welt gab es kaum eine antike Kultur, die die Steinschleuder nicht kannte. Sie war eine wichtige Waffe in den meisten Heeren des antiken Mittelmeerraums, auch bei den Kelten.[17] Die Häufigkeit und die offensichtliche Zweckmäßigkeit der Steinschleuder mindern die Beweiskraft dieser Kulturparallele erheblich. Steinschleudern waren einfach und billig aus Baumwolle oder Bast herzustellen, Munition kostete nichts und lag überall herum, die Waffe selber wog kaum etwas und ließ sich ums Handgelenk wickeln oder in den Gürtel stecken – und trotzdem stellte sie eine äußerst wirksame Fernwaffe dar. Mit 90 Stundenkilometern prallte der Stein an den Kopf des Feindes, wie Experimente ergaben.[18] Das war meist tödlich.

Dass eine so zweckmäßige und weit verbreitete Waffe mehrfach an verschiedenen Plätzen der Welt und zum Beispiel auch von irgendeiner Indianerkultur entwickelt und dann von den Chachapoya übernommen wurde, wäre durchaus nicht unwahrscheinlich. Dann hat diese Parallele also kaum Beweiskraft.

So schien es – bis Karin Hornig eine Entdeckung machte: Im Fundus des «United States National Museum» in Washington lagert eine vor knapp hundert Jahren entstandenen Sammlung präkolumbischer Steinschleudern. Sie wurde von dem renommierten amerikanischen Archäologen Philip Ainsworth Means angelegt, umfassend dokumentiert und analysiert.[19] Und dort fanden wir Informationen zu unseren Fragen.

Die erste Frage: Haben die Inka und die anderen Indianervölker, die Steinschleudern benutzten, diese Waffe selbständig und unabhängig voneinander erfunden? Dann müsste sie praktisch überall, wo die Bedingungen passen, zu finden sein, also weit verstreut in Amerika.

Aufgrund der Funde konnte Means ihre Ausbreitung rekonstruieren. In der Zeit vor der Ankunft von Kolumbus war die Ausbreitung klar begrenzt. Man fand die Waffe weder nördlich von Mexiko und Kalifornien noch südlich von Nordchile und Nordargentinien noch irgendwo östlich der Anden. Daraus schloss Means, dass Steinschleudern in der Neuen Welt eben nicht zufällig und an mehreren Orten entstanden, sondern sich ausgehend von einer begrenzten Region im Westen Südamerikas verbreitet haben. Die Verbreitungsdichte sowie das, was Means über die damaligen Handelsbeziehungen bekannt war, legten für ihn den Norden Perus als Ausgangspunkt der Entwicklung nahe.[20]

Dort lebten die Chachapoya. Von denen wusste Means jedoch noch nichts, ebenso wenig wie von ihrer möglichen Verbindung zur Alten Welt. Doch da von keiner älteren Kultur der Neuen Welt der Gebrauch von Steinschleudern bekannt war, machen es diese neuen Informationen durchaus denkbar, dass die Waffe vor über zweitausend Jahren mit unseren Einwanderern nach Nordperu, ins Chachapoya-Gebiet, kam und dass dann Nachbarstämme und danach immer weitere Indianervölker die Steinschleuder übernahmen und im Lauf der Jahrhunderte unterschiedliche Variationen entwickelten.

Das war die nächste Information, die wir Means verdankten: Im alten

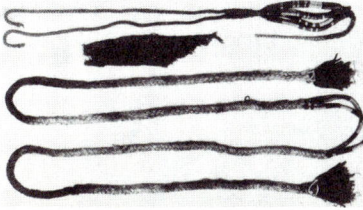

68 [links oben] Präkolumbische Steinschleudern aus der Sammlung von Philip Ainsworth Means
69 [links unten] Auch Inka-Steinschleudern (Kopie aus einem Museum in Lima) ähnelten zwar den Steinschleudern der Chachapoya, waren jedoch anders gefertigt.

70a,b [rechts oben] Steinschleuder aus dem Chachapoya-Museum in Leymebamba und aus Mallorca. Sogar die Flechttechnik ist identisch.
71 [rechts unten] Steinschleuderer auf Mallorca: Noch heute wird dort dieselbe Form und dieselbe Technik benutzt wie vor Jahrtausenden, allerdings nur noch für sportliche Wettkämpfe.

Amerika gab es eine ganze Reihe verschiedener Formen dieser Waffe[21], auch zum Beispiel bei den Inka. So lohnte es sich, der Form und der Funktionsweise der Steinschleudern mehr Aufmerksamkeit zu widmen.

Die Steinschleuderer vieler Völker der Alten Welt banden sich meistens das eine Ende der Schleuder ums Handgelenk oder hielten es mit dem Ringfinger und dem kleinen Finger fest. Auf den Balearen jedoch – so berichteten mir die einheimischen Steinschleuder-Spezialisten – verwendet man seit Jahrtausenden und bis heute eine andere Form der

Schleuder: Sie hat eine relativ kurze, in der Mitte offene Halterung für den Stein und eine kleine Schlaufe an einem Ende, die beim Wurf über einen Finger gezogen wird. Das schlaufenlose andere Ende wird von der ganzen Hand festgehalten und beim Schleudern losgelassen, sodass der Stein herausfliegt.

Im Chachapoya-Museum in Leymebamba wurde mir Jahre später eine in einer Grabstätte gefundene typische Chachapoya-Steinschleuder gezeigt. Sie sah anders aus als die meisten von Means präsentierten und auch von den Inka bekannten Steinschleudern. Aber ihre Konstruktionsweise entspricht recht exakt den Steinschleudern aus Ibiza und Mallorca: ebenfalls eine kurze Halterung für den Stein und eine kleine Schlaufe an einem Ende! Offenbar setzten die Chachapoya ihre Steinschleudern genau so ein wie die Krieger aus Mallorca.

Die neuen Informationen ergaben auf einmal eine erstaunlich hohe Beweiskraft dieser Parallele. Das veranlasste Karin Hornig, noch weiter zu recherchieren. Sie befasste sich genauer mit dem Originaltext des Chronisten Garcilaso de la Vega, der von den Archäologen meist herangezogen wird, wenn es um das Leben der Chachapoya geht. Seine Berichte sind sehr zuverlässig, obwohl er selber nie im Chachapoya-Gebiet war. Garcilasos Vater war ein spanischer Konquistador, seine Mutter eine Inka-Prinzessin. Garcilaso wuchs am Hof des Inka in Cusco auf. Sein Wissen verdankt er gut informierten Quellen: den Berichten seiner Inka-Verwandten, deren Väter und Großväter gegen die Chachapoya in den Krieg zogen und deren Gebiet verwalteten, und vor allem den (verschollenen) Berichten des Chronisten Padre Blas Valera, der bei den Chachapoya aufgewachsen war (Valeras Vater zog mit den ersten Spaniern ins Chachapoya-Gebiet[22]).

Im Jahr 1603, nach seinem Umzug nach Spanien, verfasste Garcilaso die «Comentarios Reales» und schrieb darin: «Die Steinschleuder (der Chachapoya) ist anders gefertigt als die anderer Indianer, und sie benutzten sie im Krieg als ihre wichtigste Waffe.» Und Garcilaso fiel noch etwas auf: «Sie benutzen sie ... so wie die alten Mallorquiner.»[23] Garcilaso kannte die spanische Insel Mallorca, auf der im 17. Jahrhundert die antike Steinschleuderer-Tradition noch lebendig war.

Schon vor über vierhundert Jahren wunderte sich also ein Zeitzeuge über die Parallelen zwischen den Chachapoya und den Ureinwohnern Mallorcas. Umso überzeugender ist jetzt die Erklärung, die sich für all das, was wir inzwischen über die Steinschleuder in der Alten und der Neuen Welt herausgefunden haben, aufdrängt: nämlich dass Steinschleuderer aus Mallorca vor über zweitausend Jahren ihre Waffe ins Chachapoya-Gebiet gebracht haben und dass dort der Ausgangspunkt für die weitere Verbreitung der Steinschleuder in Amerika lag.

In Garcilasos Bericht fand sich noch eine weitere kuriose Information: «Die Chachapoya binden sich ihre Steinschleuder um ihre Stirn. Das ist ihr Erkennungszeichen – damit unterscheiden sie sich von allen anderen Indianervölkern.»[24] Auch vielen anderen spanischen und indianischen Chronisten des 16. Jahrhunderts fiel diese Sitte als sehr ungewöhnlich auf, zum Beispiel Pedro Pizarro, dem Inkachronisten Felipe Cayo Tupac Yupanqui[25] und Cieza de Leon.[26] Verblüffenderweise entdeckte Karin Hornig kurz darauf in den Schriften des griechischen Geografen Strabon aus dem 1. Jahrhundert n. Chr. die Bemerkung, dass die Steinschleuderer Mallorcas eine besondere Angewohnheit hätten: Sie trugen ihre Reserve-Steinschleudern nicht etwa am Gürtel oder um den Arm gewickelt, sondern banden sich stets eine um die Stirn – als Kennzeichen ihrer Stammesidentität.[27]

Fassen wir zusammen: Die Idee für eine Steinschleuder könnte theoretisch sowohl in der Alten Welt als auch in Amerika unabhängig voneinander entstanden sein. Übereinstimmungen bei den Details der technischen Gestaltung sind damit allerdings nicht mehr ohne weiteres zu erklären. Wenn man dazu noch die ausgefallene Eigenart sowohl der Chachapoya als auch der Krieger aus Mallorca berücksichtigt, nämlich die Steinschleuder als Kopfschmuck und Stammeskennzeichen zu benutzen, und wenn außerdem eine plausible und durch vielfältige Fakten gestützte Theorie zeigt, wann und auf welchem Weg eine Beeinflussung stattfinden konnte, dann wird die Behauptung, dass es sich ausschließlich um eine Anhäufung voneinander unabhängiger Zufälle handele, haltlos.

Rundbauten und Siedlungsformen

Wenden wir uns nun dem auffälligsten und typischsten Merkmal der Chachapoya-Kultur zu, den ungewöhnlichen und in Amerika in mancher Beziehung einzigartigen Rundbauten, für die man keinerlei Vorläufer in der weiteren Region fand. Für Archäologen, die heute irgendwo im Nordosten Perus außerhalb des Chachapoya-Gebiets auf eine Gruppe kreisrunder Ruinen stoßen, steht sofort fest, dass die Chachapoya-Kultur sich also auch bis dorthin erstreckt hat und die Grenzen des Kulturbereichs neu definiert werden müssen.

Die Ähnlichkeit mit den Rundbauten, die keltische Gruppen zum Beispiel in Wales hinterließen (siehe Abb. 4, S. 19), brachte uns auf die Idee, dass Kelten diese Tradition nach Nordostperu gebracht haben könnten. Aber welche Beweiskraft steckt in dieser Kulturparallele? Wer eine runde Steinmauer errichten kann, kann auch rechteckig bauen – und umgekehrt. Zwar waren rechteckige Wohnhäuser auch in der Antike weit verbreiteter als steinerne Rundbauten, aber auch diese fand man an verschiedenen Stellen. In den Anden sind steinerne Rundbauten zwar außerhalb des Chachapoya-Gebiets sehr selten, doch im 12. Jahrhundert n. Chr. begann das Indianervolk der Wanka in den wüstenartigen Gebieten der westlichen Zentralanden Perus ganz ähnliche Rundbauten zu errichten.

Das Kriterium «Zweckmäßigkeit» ist besonders hilfreich bei der Beurteilung der Beweiskraft von Kulturparallelen: Je zweckmäßiger und somit naheliegender zum Beispiel eine Bauform ist, desto eher kann damit gerechnet werden, dass sie von allein, also ohne fremde Einflüsse entstand und keine Beweiskraft besitzt. Wie steht es also mit der Zweckmäßigkeit und Häufigkeit von steinernen Rundbauten im Vergleich zu rechteckigen Bauten?

Praktische Vor- und Nachteile bieten beide Bauformen. Rechteckige Häuser lassen sich flexibler unterteilen und erweitern und raumsparend aneinander reihen. Runde Steinhäuser (von Archäologen allgemein als «Trullo» bezeichnet) sind dagegen oft stabiler und bieten den Familien mehr Schutz bei Stürmen oder auch bei feindlichen Überfällen. Die blo-

ße Tatsache, dass bei den Chachapoya runde Steinhäuser gebaut wurden, besäße demnach deutlich weniger Beweiskraft, als wir zunächst
dachten.

Ungewöhnlich, wenn nicht einzigartig, ist jedoch die Konsequenz
und Ausschließlichkeit, mit der die Chachapoya weit über tausend Jahre
lang alle ihre Wohnhäuser als steinerne Rundbauten errichteten. Offenbar ist die Chachapoya-Bauweise ein Ergebnis tiefverwurzelter, uralter
Traditionen. Die Geschichte der Architektur lehrt, dass solche Traditionen oft mit dem Beginn des Baus von festen Häusern zusammenhängen.
Und dabei spielten gewöhnlich zunächst vor allem praktische Motive die
entscheidende Rolle, etwa die zur Verfügung stehenden Baumaterialien.
So lässt sich die in Mitteleuropa vorherrschende rechteckige Bauweise
auf die Fachwerkbauweise zurückführen, und diese wiederum auf die
rechteckigen Holzhäuser der Germanen und auch der meisten keltischen
Völker. Die Erklärung dafür ist einfach: Mitteleuropa war früher durchge-

72 *Rundbauten der Chachapoya, meist tief im Wald, umgeben von praktischem Baumaterial: Holz. Doch die Chachapoya verwendeten Steine.*

hend dicht bewaldet. Deshalb konstruierte man die Häuser aus Baumstämmen, die eine rechteckige Bauweise nahelegen.

In den kargen, trockenen Regionen Südeuropas waren dagegen schon in der Antike steinerne Rundbauten zwar nicht vorherrschend, jedoch deutlich häufiger als im waldreichen Mittel- und Nordeuropa.

Und jetzt wird es interessant: Auch die Indianer der bewaldeten Abhänge der Ostanden im weiten Umkreis um das Chachapoya-Gebiet leben zum Teil seit Urzeiten und noch heute – genau wie die meisten Amazonasindianer – in rechteckigen und aus Holz konstruierten Häusern. Die meisten Reste von Chachapoya-Wohnhäusern finden Archäologen und brandrodende Bauern ebenfalls tief im Urwald. Bevor der Raubbau der spanischen Konquistadoren und ihrer Nachfolger begann, war das Chachapoya-Gebiet bis in weit über 4000 Meter Höhe mit mächtigen Wäldern überzogen. Besonders der Südosten dieses Gebiets, wo die Chachapoya-Kultur ihren Ausgang genommen hat, ist noch heute von dichtem Urwald bedeckt. Baumstämme wären also das bei weitem naheliegendste Baumaterial gewesen. Warum wählten die Vorfahren der Chachapoya dann Steine? Steinerne Bauten, auch Rundbauten, mögen für Völker in felsigen, trockenen, waldarmen Regionen zweckmäßig gewesen sein, nicht jedoch für die Chachapoya! Offensichtlich hatte sich ihre Bautradition ursprünglich in einer anderen, kargeren Region entwickelt – doch in Amerika fanden sich keine Vorläufer.

Gibt es irgendwo in der Alten Welt ähnliche Traditionen, anhand derer wir unsere Arbeitshypothese überprüfen können? Bisher hatten wir nur die walisischen Rundbauten ins Auge gefasst – aber Waliser konnten wir uns nicht als Teilnehmer der Auswanderung vorstellen. Und mitteleuropäische Kelten, Germanen oder Karthager bauten genau wie die Römer und Griechen und die meisten Ureinwohner der Balearen ihre Wohnhäuser rechteckig. Dasselbe gilt für die Iberer und Keltiberer Zentral-, Süd- und Ostspaniens. Und wer die Chachapoya-Ruinen kennt und die auf Fotos ähnlichen Talayots, die Rundtürme Menorcas, in Natur gesehen hat, weiß, dass das nichts miteinander zu tun hat.

Doch wir entdeckten in der Fachliteratur eine Ausnahme: In einer kleinen, überwiegend waldarmen Region an der Atlantikküste im Nordwesten der Iberischen Halbinsel, zwischen Nordportugal und den spani-

73, 74 [oben] Antike Rundbauten in Nordwestspanien
75, 76 [unten] Antike Rundbauten bei den Chachapoya

schen Provinzen Galicien und Asturien, stießen Archäologen auf zahl-reiche Ruinen von kreisrund gebauten, steinernen Wohnhäusern. Es handelt sich um die vermutlich über dreitausend Jahre alte sogenannte Castro-Kultur. Und dort lebten noch vor zweitausend Jahren Kelten.[28] Und die Ruinen der Wohnhäuser ausgerechnet dieser Menschen glei-chen denen der Chachapoya-Wohnhäuser bis ins Detail.

Später stieß ich auf Abbildungen von ähnlichen Rundbautenruinen – in Irland und vor allem in Wales. Doch das bedeutet keine Einschrän-kung, sondern eine Bestätigung unserer Hypothese: Galicien unterhielt seit Urzeiten enge Kontakte mit diesen Regionen, und eine intensive wechselseitige kulturelle Beeinflussung gilt als sicher.

Damit ergibt sich ein stimmiges Bild. Die Kelten (und die sogenannten Protokelten[29]) aus dem Westen und Nordwesten der Iberischen Halbinsel hatten schon vielleicht tausend Jahre zuvor eine für ihre Region zweckmäßige Bauform entwickelt. Daraus entstand allmählich eine feste Tradition. Als es dann vor gut zweitausend Jahren Menschen aus diesen *castros*, den Rundbautensiedlungen, in die Nebelwälder Nordostperus verschlug, blieben sie ihrer Bautradition treu. Und diese Tradition war – fern der alten Heimat – so mächtig, vielleicht auch identitätsstiftend, dass sie weitere tausendfünfhundert Jahre bis zum Ende der Chachapoya-Kultur unverändert überlebte. Einem ähnlich konservativen Umgang mit Traditionen begegnet man weltweit bei vielen Auswanderergemeinschaften.

Eine plausiblere Erklärung dafür, dass eine in der Chachapoya-Region recht unzweckmäßige, eigentlich gar nicht in die dortigen Wälder gehörende und im weiten Umfeld einzigartige Bauweise vor rund zweitausend Jahren plötzlich, «ohne erkennbare Vorläufer» (Lerche) auftauchte und sich danach nicht mehr änderte, gibt es zur Zeit nicht: Jetzt besitzt die Kulturparallele «Rundbauten» in der Tat eine beeindruckende Beweiskraft.

Die ähnlichen Rundbauten der Wanka-Indianer Zentralperus sprechen nicht gegen, sondern eher für unsere Erklärung: Die Wanka entwickelten rund tausendzweihundert Jahre nach den Chachapoya in ihrer wüstenartigen und weit entfernten Heimat eine für sie zweckmäßige Bauform und haben mit der antiken Einwanderung offenbar nichts zu tun.

Die Entsprechungen in der Hausbauweise betreffen darüber hinaus auch die Konstruktion und die Proportionen zum Beispiel der Türen und Dächer der einzelnen Wohnhäuser. Vor einigen Jahren rekonstruierten spanische Archäologen Castro-Rundbauten; sie hatten damals noch nie etwas von der Chachapoya-Kultur im fernen Nordosten Perus gehört. Und peruanische Archäologen rekonstruierten Rundbauten der Chachapoya; sie wussten nichts von den antiken Castros Nordwestspaniens. Es kamen kaum unterscheidbare Häuser heraus. Selbst die gelegentlich von den Chachapoya gebauten Sockel der Rundbauten findet man auch im keltiberischen Spanien. Und die unter anderem an Chachapoya-Keramiken sichtbare Vorliebe für Zickzack- und Rautenornamente zeigt sich auch an vielen Keramikfunden aus der Castro-Kultur.[30]

In der Nähe von La Coruña, dem Haupthafen Galiciens im Nordwes-

77 Von spanischen Archäologen rekonstruierter Rundbau in Nordwestspanien

78 Von peruanischen Archäologen rekonstruierter Rundbau der Chachapoya

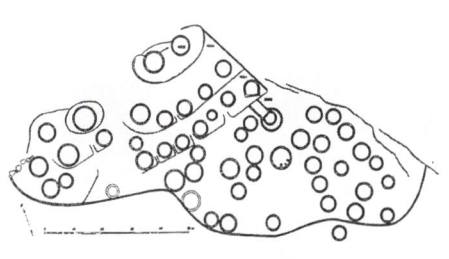

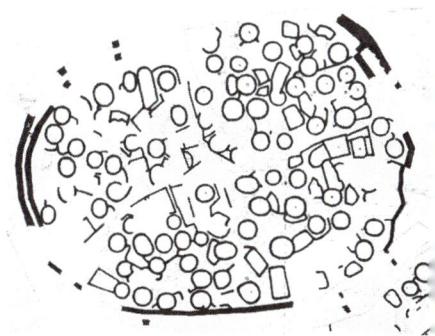

79 Grundriss der befestigten Chachapoya-Siedlung Gentil

80 Grundriss einer typischen befestigten Castro-Siedlung im Nordwesten der Iberischen Halbinsel

ten Spaniens, liegt eine typische keltische Rundbauten-Siedlung, der Castro de Baroña, der eine verblüffende Ähnlichkeit mit den Siedlungen der Chachapoya zeigt. Er wurde von den Männern des als besonders kriegerisch geltenden keltischen Stamms der Ártabros bewohnt.[31] Solche Ansammlungen von steinernen Rundhäusern, meist auf Hügelkuppen und von Verteidigungsmauern umgeben, überzogen vor zweitausend Jahren die Küstengebirge Galiciens.[32]

Nicht nur die Rundbauten selber, auch die Anlagen der Siedlungen entsprechen exakt der Siedlungsweise der Chachapoya – das bestätigt ein Vergleich der Grundrisse von Chachapoya-Siedlungen und nordwest-spanischen Kelten-Siedlungen. Und sowohl die Castros als auch die Chachapoya-Siedlungen waren gewöhnlich umgeben von durch Steinmauern abgestützten Terrassen für die Landwirtschaft.[33]

Die Beweiskraft der Kulturparallele «Wohnbauten und Siedlungen» ist also insgesamt als recht hoch einzuschätzen und wird noch durch eine weitere Parallele gestützt: In beiden Kulturen wurde die Bautradition über einen sehr langen Zeitraum unverändert bewahrt und erst beendet, als fremde Mächte – die Inka beziehungsweise die Römer – die Regionen eroberten und die Kulturen zerstörten.

Festungsbau

Zum Abschluss stellen wir das Merkmal «Festungsbau» auf den Prüf-stand. Die gewaltige, in der Neuen Welt einzigartige Festung Kuelap, vor

81 Die Inka-Festung Sacsayhuaman oberhalb der alten Inka-Hauptstadt Cusco: ein grundlegend anderes Prinzip als die Festungen der Chachapoya

82, 83 Das gleiche Konzept: Eine auf karthagischen Grundmauern gebaute Festung in Tunesien und die Chachapoya-Festung Kuelap

der wir ganz am Anfang unserer Reise staunend standen (siehe Abb. 1 und 2, S. 14 ff., und Abb. 10, S. 26), gibt den Archäologen mindestens so viele Rätsel auf wie die Rundbauten-Tradition. Die Festungen der anderen alten Hochkulturen Amerikas sind völlig anders konstruiert als Kuelap. So schützten die Inka und die Azteken ihre Anlagen zum Beispiel mit gestaffelten, vergleichsweise niedrigen Mauern; in Kuelap sind diese bis zu zwanzig Meter hoch. Doch wo lassen sich beweiskräftige Parallelen in der Alten Welt finden?

84 Mauern aus kunstvoll behauenen und genau auf- und ineinander passenden Kalksteinen finden sich bei Keltiberern und den Chachapoya: keltiberische Festungsmauer (Segontia Lanka)

85 Ganz ähnliche Festungsmauern bauten die Chachapoya

86 Die Festungsmauern der Inka sind zwar auch ohne Mörtel gefertigt, jedoch nach einem völlig anderen Prinzip

Die im 7. Jahrhundert v. Chr. gebaute karthagische Festung der Insel Ibiza ist nach den selben Prinzipien konzipiert wie Kuelap: Auf einer Bergkuppe umgibt eine gewaltige Mauer zahlreiche Wohnhäuser. Dieses Konzept war in der antiken Alten Welt weit verbreitet, zum Beispiel auch bei karthagischen Festungen in Nordafrika.

Die genauesten Entsprechungen entdeckten wir jedoch im vorrömischen Spanien. Viele keltiberische Städte – wie Numancia, Uxama und Tiermes – thronten auf Bergkuppen, und auch diese Städte waren wie Kuelap von einer starken Verteidigungsmauer umgeben,[34] und oft war sogar die Größe der Anlagen identisch.[35]

Dennoch: Wir müssen auch hier – wie bei der Steinbauweise der Rundbauten – für die Beurteilung der Beweiskraft das Kriterium der Zweckmäßigkeit anlegen, und da kommen wir zu einem anderen Ergebnis. Die Anlage auf Bergkuppen, von Mauern geschützt, ist ein sehr zweckmäßiges Konzept. Darauf hätten die Vorfahren der Chachapoya auch ohne Impuls von außen kommen können. Die Beweiskraft dieser Parallele scheint also nicht sehr ausgeprägt.

Doch ganz anders steht es mit der Bautechnologie, mit der Art, wie Steine gestaltet und zusammengefügt wurden. Wie beim Festungskonzept ist auch bei Festungsmauern die praktische Funktion festgelegt: Die Mauer muss schützen und möglichst stabil sein. Die verschiedenen Kulturen lösten diese Aufgabe auf unterschiedliche Weise. Im präkolumbischen Amerika waren Holz und Lehm verbreitet, und in den Anden verwendeten eine Reihe von Indianervölkern auch bearbeitete Felsblöcke, zum Teil mit diversen Füllmaterialien verbunden, doch meist, wie in Nordostperu und bei den Inka, ohne Mörtel.

Auch in der Alten Welt bauten viele antike Völker ihre Festungsmauern mit dieser Technik. Doch diese Bauweise bot überraschend unterschiedliche Möglichkeiten. So zeigen die auf den ersten Blick ähnlichen Mauern der Festung von Ibiza oder der von den Römern gebaute Hadrianswall im Detail deutliche Unterschiede zu Kuelap. Die Art, wie die Steine bearbeitet wurden, welche Proportionen vorherrschten, wie die Fugen verliefen und wie Stabilität hergestellt wurde – all das unterschied sich von Volk zu Volk. Karin Hornig charakterisiert diese Unterschiede und ihre Bedeutung für die Beweiskraft von Kulturparallelen so: «Zahlreiche Kulturen zeichnen sich durch unverwechselbare Architekturformen aus. Dies gilt nicht nur für die Gesamtgestalt von Bauwerken, sondern auch für das Mauerwerk, dessen Struktur wie ein überdimensionaler Fingerabdruck seine Urheber verrät.»[36]

Und sie stieß auf überraschend übereinstimmende «Fingerabdrücke»: In den Keltengebieten Spaniens legten Archäologen etwa zweitausendzweihundert Jahre alte Mauern frei.[37] Sowohl die Proportionen der Steine als auch die Art, wie die Steine bearbeitet und aufeinander gefügt wurden, entspricht in jedem Detail der Bauweise von Festungsmauern der Chachapoya. Fast alle keltiberischen Befestigungsmauern auch noch aus der Zeit lange nach den Niederlagen der Keltiberer gegen die Römer weisen dieselben typischen Merkmale auf wie die Mauern von Kuelap und anderer Befestigungsmauern der Chachapoya.[38] Karin Hornig kommt zu dem Schluss: «Angesichts der überraschenden Übereinstimmungen zwischen den Festungsmauern von Kuelap und denen der Iberischen Halbinsel darf man einen entsprechenden Kultureinfluss annehmen.» Selbst für die bisher nic verstandenen monströsen Ausmaße der Mauern von Kuelap böte die Hypothese endlich eine Erklärung: ein Ergebnis gemeinschaftsstiftender Rituale aus den megalithischen Wurzeln der Einwandererkulturen. Die neusten Ausgrabungsergebnisse zur Baugeschichte Kuelaps sprechen jedenfalls dafür.

DAS ERGEBNIS:
EINE NEUE ARBEITSHYPOTHESE

Werden die Ergebnisse aller in diesem Buch vorgestellten Ermittlungen berücksichtigt, lässt sich die folgende neue Arbeitshypothese formulieren: In den letzten Jahrzehnten vor der endgültigen Romanisierung der Iberischen Halbinsel, etwa um 19 v. Chr., verließen zuvor aus verschiedenen Regionen Europas nach Spanien eingewanderte Kelten sowie Männer aus dem Gebiet der Castro-Kultur im Nordwesten Spaniens, dem keltiberischen Kulturbereich im nördlichen Zentralspanien und dem Gebiet der posttayalotischen Kultur Mallorcas und Menorcas die Alte Welt, um eine neue Heimat zu suchen, weil ihre Traditionen in Europa vom Untergang bedroht waren. Sie erreichten eine später «Chachapoya-Gebiet» genannte Region im Nordosten der peruanischen Anden. Dort überlebten viele ihrer Traditionen teilweise bis in das 16. Jahrhundert n. Chr.

Im Kapitel «Zur Beweiskraft von Kulturparallelen» habe ich ein wesentliches Kriterium zur Beurteilung der Beweiskraft beschrieben: Je mehr voneinander unabhängige Indizien durch dieselbe Hypothese erklärt werden können, desto höher ist ihre Beweiskraft. Eine vergleichbare Situation auf Basis der Wahrscheinlichkeitstheorie liegt dem zugrunde, was der Evolutionsforscher Trevor D. Lamb als Ergebnis seines Projekts nannte: «Dermaßen zahlreiche Parallelen konnten nicht unabhängig voneinander entstanden sein.»[39]

Das ging mir auch durch den Kopf, als ich mir die Erlebnisse auf einigen kurzen, erholsamen Reisen zwischen April und September und bei einigen Briefwechseln im Oktober 2013 vor Augen hielt: Eine lange Reihe verschiedener und für mich unvorhersehbarer Entdeckungen lieferte Indizien für nur eine einzige Hypothese, die neue Arbeitshypothese. Zuvor nagten stets Restzweifel: Zu tief hatten sich die ständig und überall wiederholten Behauptungen der Fachwelt, dass an solchen Hypothesen nichts dran sein könne, eingebrannt. Konnten so viele voneinander unabhängige Experten tatsächlich alle irren? Doch die Experten sind nicht wirklich voneinander unabhängig, die Entdeckungen auf meinen Reisen waren das dagegen schon.

Natürlich kann auch ich Fehlinformationen aufsitzen oder aufgrund unvollständiger Informationen falsche Schlüsse ziehen. Das geschah im Verlauf der Recherchen einige Male, und ich möchte das auch für die Zukunft nicht ausschließen. Ich bin jedoch allen Fragen so gewissenhaft wie möglich auf den Grund gegangen: Ich habe mich nicht mehr auf die veröffentlichte Fachliteratur verlassen, sondern mich direkt bei den vor Ort forschenden Experten zum aktuellsten Forschungs- und Diskussionsstand informiert. Ihre Aussagen habe ich dann stets anhand von Veröffentlichungen und anderen Expertenaussagen abgewogen sowie drei voneinander unabhängige Forschungsstränge verfolgt und aneinander überprüft.

Die neue Arbeitshypothese erklärt nicht nur sämtliche von der altamerikanistischen Forschung bislang nicht geklärten Phänomene der Chachapoya-Kultur, auf die ich im Verlauf der Ermittlungen gestoßen bin, sie ermöglicht auch ein tieferes Verständnis vieler anderer Bereiche dieser Kultur. Außerdem kann sie zum Beispiel Paläopathologen bei der Forschung nach dem Ursprung der Tuberkulose in der Neuen Welt, brasilianischen Archäologen bei ihrer Arbeit zur Marajó-Kultur und zum Pedra do Inga neue Impulse liefern oder Forschungen zu den seit über zweitausend Jahren untergegangen geglaubten archaischen, zum Teil im Megalithikum wurzelnden Kriegerkulturen Europas befruchten.

Doch die Hypothese wird es schwer haben, von der Fachwelt zur Kenntnis genommen zu werden. Eine Reihe von Erlebnissen nach dem Erscheinen der ersten Auflage des Buchs machte mir das klar. Zu stark ist der Einfluss eines seit über hundert Jahren mit allen Mitteln verteidigten Paradigmas, und zu sehr sind die Wissenschaftler in den Strukturen des Wissenschaftsbetriebs gefangen.

Ich zumindest habe die mir mit diesem Buch selbst gestellte Aufgabe erfüllt: der Forschung eine neue, hilfreiche Arbeitshypothese zu liefern. Darauf, was Forscher damit anfangen, habe ich keinen Einfluss.

5.
DAS LETZTE VERBLEIBENDE RÄTSEL:
HINWEISE AUF
«HELLHAARIGE CHACHAPOYA»

DIE ANFÄNGE
EINER VÖLKERGEMEINSCHAFT

Meine Forschungspartner und ich konnten über die Jahre für alle Fragen, die uns im Chachapoya-Gebiet in Bezug auf Kulturmerkmale begegnet sind, eine nach dem Stand unseres Wissens plausible Erklärung entwickeln.

Ich möchte aber noch wissen, ob die neue Arbeitshypothese auch dazu beiträgt, ein weiteres Rätsel, die mysteriösen Hinweise auf europäisch aussehende und hellhaarige präkolumbische Chachapoya, «weiße Indianer», aufzuklären. Zitate spanischer Chronisten und die seltsamen «Gringuitos» sind mir schon bei meiner ersten Reise in die Anden Nordostperus begegnet. Dass solche Hinweise etwas mit einer präkolumbischen Einwanderung aus der Alten Welt zu tun haben könnten, wird von der überwältigenden Mehrheit der altamerikanistischen Fachwelt vehement bestritten. In der Tat lässt sich eine Vielzahl anderer und ganz unterschiedlicher Erklärungen für die Hinweise denken. Die Annahme, dass sie etwas mit unserer Hypothese zu tun haben, wäre eine neue und noch nicht überprüfte Hypothese.

So ist zum einen die Verlässlichkeit der Hinweise und die jeweilige Wahrscheinlichkeit konkurrierender Hypothesen zu überprüfen, zum anderen muss gefragt werden, ob unter den Einwanderern auch hellhaarige Menschen gewesen sein könnten und ob es denkbar ist, dass Nachfahren solcher Menschen noch bis zur Zeit der Konquistadoren und eventuell sogar bis heute überlebten und sichtbare Merkmale ihrer europäischen Vorfahren zeigen. Zugrunde liegen den Ermittlungen die bereits im vorherigen Kapitel vorgestellten Verfahren.

Was geschah nach der angenommenen Einwanderung? Beginnen wir mit der Anfangszeit.

In der Bestandsaufnahme zur Geschichte der Chachapoya und dem

Szenario 5 zur «neuen Heimat in Nordostperu» wurden bereits die wenigen Fakten, die in Bezug auf die Anfangszeit bekannt sind, vorgestellt: Die Einwanderer und ihre vermutlich im Verlauf der langen Reise dazu gekommenen indianischen Begleiter trafen sicher auf einheimische Indianer, das belegen archäologische Funde.[1] Und auch wenn die Zahl der Einwanderer beeindruckend gewesen sein sollte, ist davon auszugehen, dass sie eine Minderheit in der indianischen Bevölkerung darstellten, auf ein gutes Verhältnis zu den Ureinwohnern angewiesen waren und bald enge Kontakte pflegten. Der gemeinsame Bau von Siedlungen, Terrassen und Festungen hat sicher recht früh angefangen – das zeigt das offenbar schon in der Anfangszeit der Kultur gestartete Megaprojekt der Festung Kuelap in keltiberischen Traditionen: Ohne einheimische Helfer wäre so etwas kaum zu realisieren gewesen.

So könnte bald eine Völkergemeinschaft mit einer Art Mischkultur entstanden sein. Die Funde sprechen dafür, dass verschiedene Indianerstämme mit unterschiedlichen Kulturen zwar ihre Eigenheiten bewahrten, jedoch schnell auch Elemente der Einwandererkulturen übernahmen, zum Beispiel die Bautraditionen. Vor Ort forschende Archäologen wie Klaus Koschmieder kamen zu dem Schluss, dass «die anfangs sprachlich und ethnisch heterogenen Gruppen einen uniformen Architektur- und Keramikstil entwickelten.»[2] Auch die Verwendung der Steinschleuder und die Bestattung in Embryostellung in Felshöhlen (beides ein Hinweis auf Einwanderer von den Balearen) sowie der Trophäenkopfkult wurden wohl von allen Indianervölkern der Region übernommen. Der Meinung ist auch die Archäologin des «Instituto Nacional de Cultura» der Stadt Chachapoyas: «Was wir herausgefunden haben: Diese Völker hatten dasselbe Grundmuster in der Architektur, bei den Bestattungen, bei der Herstellung ihrer Waffen.»[3]

Die gemeinsamen Kulturmerkmale der einheimischen Indianerstämme und der Einwanderer unseres Szenarios bedeuten jedoch nicht automatisch, dass Nachfahren von Kriegern aus Mallorca oder dem keltischen Spanien längere Zeit überlebt oder gar europäisches Aussehen bewahrt haben. Genauso gut ist denkbar, dass die Ureinwohner aus welchen Gründen auch immer im Lauf der Zeit Kulturformen der Einwanderer übernahmen und bewahrten, während die Urheber selber spurlos in der indianischen Bevölkerung aufgingen. Vielleicht haben auch einige Generationen überlebt, doch irgendwann fielen ihre letzten Nachkommen und deren Familien Krankheiten oder Feinden zum Opfer, oder die indianischen Nachbarn hatten die Fremden satt und töteten sie alle. Und damit wären die Einwanderer ausgestorben.

Im Folgenden versuchen wir herauszufinden, ob das tatsächlich so war. Auf Berichte können wir uns dabei nicht stützen. Weder die Inka noch die spanischen Chronisten scheinen sich für die ethnische Zusammensetzung der Chachapoya interessiert zu haben. Was weiß man heute darüber?

Rocío Paz Sotero fasst den Stand der Forschung zu dieser Frage zusammen: «Diese Kultur bestand aus Ethnien, aus organisierten Völkern, die in verschiedenen Teilen der Provinz Amazonas lebten. Da haben wir zum Beispiel in Jaen die Blatamores, wir haben die Lama, die Cascayunda. Und alle diese Völker vereinigten sich im Kriegsfall. Und als dann die Inka kamen, haben sie diese Kultur als die Chachapoya-Kultur zusammengefasst. Aber es waren verschiedene Völker.» Also existierte wohl auch noch bis ins 15. Jahrhundert eine mehr oder weniger heterogene Völkergemeinschaft. Bestand sie vielleicht teilweise aus Gruppen der Einwanderer, teilweise aus indianischen Ureinwohnern?

Bei keinem der von Paz Sotero genannten Völker sind den Archäologen bisher irgendwelche Hinweise auf die Zugehörigkeit zu einer der Einwanderergruppen aufgefallen. So leben auch heute im Gebiet der Lama traditionsbewusste Indianer; ihr Aussehen unterscheidet sich nicht von anderen Andenindianern (allerdings gab es zu dieser Frage auch noch nie systematische Forschungen).

Eventuelle Spuren von Nachfahren der Einwanderer lassen sich also nur auf anderen Wegen entdecken. Um die Suche zu erleichtern, grenzen wir sie ein: Bei welchen Mitgliedern der Einwanderergemeinschaft bestehen die besten Chancen, auf Spuren zu stoßen?

Verlässliche Indizien liegen nur in Bezug auf zwei Gruppen vor: Krieger der Balearen und Menschen aus dem keltisch geprägten Spanien – das zeigten die Kulturparallelen. Doch sowohl Steinschleuder als auch Trepanation hätten jeweils auch ohne unmittelbaren Kontakt mit Ureinwohnern Mallorcas oder Menorcas zu den Chachapoya gelangen können. Spanische Kelten und balearische Steinschleuderer haben viele Schlachten Seite an Seite geschlagen. Auch die Kelten kannten daher diese Waffe und sicher auch die Angewohnheit der Männer aus Mallorca, ihren Kopf mit einer Steinschleuder zu schmücken. So ist nicht ganz auszuschließen, dass sie die Waffe und auch die Sitte von ihren Kameraden übernommen haben. Und auch bei der Trepanationstechnik ist Folgendes denkbar: Wenn die Männer aus Mallorca gemeinsam mit spanischen Kelten ins Feld zogen oder Expeditionen unternahmen, waren vermutlich auch regelmäßig Heiler beider Völker dabei. Und so könnten Heiler oder Schamanen aus dem keltischen Spanien irgendwann die Trepanationstechnik aus Mallorca übernommen und später nach Peru gebracht haben.

Doch in Bezug auf die Bauweise, die so deutlich auf Wurzeln auf der Iberischen Halbinsel hinweist und die gesamte Chachapoya-Kultur prägt, wären solche mittelbaren Kontakte kein realistisches Argument. Damit sich diese Bauweise durchsetzen konnte, müssen galicische und keltiberische Baumeister mindestens einige Jahrzehnte mit den Vorfahren der Chachapoya zusammengearbeitet haben. Andere plausible Erklärungen haben wir jedenfalls vergeblich gesucht.

Dennoch: Auch Nachfahren anderer Einwanderergruppen könnten in der neuen Heimat überlebt haben, ohne auffällige Spuren in der Kultur der Chachapoya zu hinterlassen. Es gibt nur eine Chance, das herauszufinden: Vielleicht lassen sich bei den Chachapoya Hinweise auf körperliche Merkmale entdecken, die nicht zu Indianern passen. Die Indianer der Region sind im Vergleich zu Europäern recht klein und haben stets schwarze glatte Haare.

Wie steht es mit den Einwanderergruppen? Dazu greifen wir zurück auf unser Szenario 1, das sich mit denkbaren Teilnehmern der Expedition befasst.

Die Ureinwohner der Balearen bestanden vermutlich vor allem aus Iberern, die vor langer Zeit wohl vom spanischen Festland eingewandert waren, und diversen, später zugewanderten Gruppen. Man weiß wenig darüber. Die Iberer, die auch den Süden Spaniens bewohnten, waren wohl vorwiegend dunkelhaarig und relativ klein – so wie auch die Indianer Südamerikas. Diese Einwanderer wären spätestens nach einigen Generationen Vermischung mit einheimischen Indianern kaum noch aufgefallen.

Bei den Kelten ist die Sache komplizierter: Sie stellen keine einheitliche Ethnie dar, sondern eine vor allem durch Sprache und Religion geeinte Kulturgemeinschaft. Und sie sind – so der neueste Forschungsstand – das Ergebnis jahrtausendelanger Vermischung.[4]

So lassen sich auch Iberer und Kelten oft nicht eindeutig voneinander trennen. Der Grad ihrer Vermischung ist von Region zu Region unterschiedlich und genauso unklar wie die Zuordnung der Bezeichnungen zu verschiedenen Regionen der Iberischen Halbinsel. Also sprechen wir der Einfachheit halber von (spanischen) «Kelten», wenn wir uns auf nachgewiesene Keltenstämme beziehen, und von Keltiberern, wenn – wie meistens – das Verhältnis Kelten/Iberer nicht klar ist.

Von Keltenstämmen aus Portugal, aber auch aus Wales oder Süddeutschland weiß man, dass sie wie Iberer meist dunkelhaarig und nicht sehr groß waren. Zum Aussehen der Kelten und Keltiberer Nord- und Nordwestspaniens liegen uns keine eindeutigen Informationen vor. Doch es gibt – so Simon James – Berichte antiker Autoren: «Für die Griechen und Römer waren die Festlandskelten wegen ihrer Körpergröße, blonden oder rötlichen Haare und blassen Gesichtsfarbe aufsehenerregende Gestalten.»[5] James bezieht sich vor allem auf Berichte von Herodot (ca. 490–414 v. Chr.) und Diodor (1. Jahrhundert v. Chr). Und diese Autoren kannten auch die Kelten Spaniens.[6] Kulturelle Indizien belegen, dass im Lauf der langen Geschichte Nordwestspaniens auch ein Austausch mit den Kelten des nahen Gallien stattfand.[7]

All das macht es wahrscheinlich, dass sich zumindest unter den keltischen Auswanderern auch Menschen befanden, die auffällig groß, hellhaarig und hellhäutig waren. Und eventuell könnten besondere Umstände dazu geführt haben, dass solche Merkmale auch noch späteren Besuchern der Chachapoya aufgefallen sind. Wir wissen jetzt also, wonach wir Ausschau halten müssen.

MUMIEN, ZEUGNISSE DER INKA, SPUREN VON KELTEN?

Chachapoya-Mumien, DNA-Analysen und ein Wissenschaftskrimi

In obskuren Internetforen kursieren Berichte, dass die Chachapoya-Mumien außergewöhnlich groß seien – ein Beweis für die europäische Abstammung der Chachapoya. Doch die Stichprobe der im Jahr 2006 an der Medizinischen Universität in Wien untersuchten Mumien zeigte Merkmale von ganz normalen, also relativ klein gewachsenen Indianern – Grund genug für die Forscher, Vermutungen über eine fremde Herkunft der Chachapoya ins Reich der Fabeln zu verweisen.

Allerdings lassen sich die Ergebnisse aus Wien auch anders erklären: Die Einwanderer stellten von Anfang an nur eine Minderheit innerhalb der Indianervölker der Region dar. Und selbst wenn einige ihrer Nachfah-

87 *Chachapoya-Mumie mit braunen Locken (die Kiefer des Mannes wurden vermutlich durch einen Keulenschlag zerschmettert).*

ren längere Zeit in der fremden Welt überlebt haben sollten, wären es Ausnahmefälle, wenn nach vielen Generationen der Vermischung mit den Einheimischen noch irgendwelche körperlichen Merkmale zum Beispiel auf keltische Vorfahren hinweisen würden.

Doch bei einer meiner frühen Reisen fiel mir ein seltsames Foto in die Hände: eine Chachapoya-Mumie, deren Haare rotbraun und lockig wirkten. Michael Schultz, dem ich das Foto zeigte, war ebenfalls erstaunt, denn Indianer haben ja gewöhnlich glatte schwarze Haare. Die Mumie selbst war nirgendwo aufzutreiben.

Zu der Zeit lagerten die am Kondorsee entdeckten Mumien noch in einem Schuppen in Leymebamba. Doch inzwischen werden sie im neuen Museum fachgerecht aufbewahrt. Und dort versuchte ich bei meiner letzten Reise mein Glück: Ich zeigte Marcelita Hidalgo Pineda, der Museums-Kuratorin, das Foto. Und tatsächlich: Sie wurde fündig. Die Nummer in der Inventarliste: 195, Alter der Mumie: fünf- bis sechshundert Jahre. Ein Krieger, er starb an einer schweren Kopfverletzung und hatte braune Haare – das steht in der Beschreibung.

Im für die Öffentlichkeit nicht zugänglichen Mumienraum des Museums suchte Marcelita die Mumie Nr. 195 heraus, wickelte sie aus und

88, 89 Die Kuratorin der Mumiensammlung in Leymebamba packt die Mumie vorsichtig aus. Das Haarnetz hat die Locken angepresst, trotzdem ist erkennbar, dass es keine typischen (glatten und schwarzen) Indianerhaare sind.

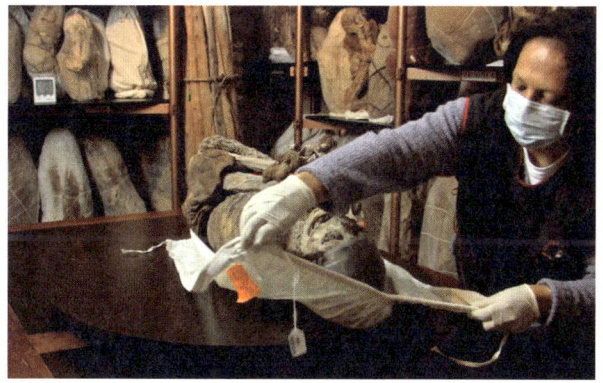

entfernte die schützende Kopfhaube, die die Haare angepresst hatte. Doch der Unterschied zu typischen Indianerhaaren war immer noch erkennbar. Michael Schultz überprüfte auch die neuen Bilder und hatte Bedenken in Bezug auf die Beweiskraft: «Vielleicht sollte man noch mal nachforschen, ob das nicht möglicherweise nur eine Verfärbung aufgrund der Leichenvergängnis, der Diagenese ist.» Diese chemisch-physikalische Strukturumwandlung kann bei Mumienhaaren zu Verfärbungen führen.

Noch etwas brachte ich in Erfahrung: Messungen an Chachapoya-Mumien ergaben, dass einige weitaus größer waren als Indianer aus den Anden oder aus Amazonien, die selten größer als 1,60 Meter sind.[8] Im «Instituto Nacional de la Cultura» von Chachapoyas werden einige Mumien aufbewahrt, und eine dieser Mumien schmückt das Büro von Rocío Paz Sotero: «Diese Mumie stammt aus einer Grabstätte, gefunden bei San Carlos [im Chachapoya-Gebiet], ein Mann, etwa 1,80 Meter groß.» Eine solche Größe würde eher zu den von Römern und Griechen als «riesig» beschriebenen Kelten als zu Indianern passen.

Es gibt noch weitere dokumentierte Belege: Inge Schjellerup berichtete in ihrer Doktorarbeit von Untersuchungen an vermutlich recht alten Schädeln von Chachapoya-Vorfahren aus der Chuquibamba-Region südwestlich von Kuelap: «Die Chuquibamba-Schädel stellen eine Mittelposition dar zwischen Eskimos und Polynesiern auf der einen Seite, und Europäern auf der anderen.»[9] Dieses Ergebnis weist auf eine frühe Vermischung von Einheimischen und Europäern hin.

Einem Bekannten aus Chachapoyas verdanke ich den Hinweis auf eine andere Quelle, ein historisches Dokument. Am 31. Januar 1843 beschrieb der Entdecker der Festung Kuelap, der aus der Stadt Chachapoyas stammende Richter Crisóstomo Nieto, in seinem Bericht an den Präfekten des Departements Amazonas, D. Miguel Mesia, das, was er in der Festung fand: vier Mumien «mit geschnittenem, dünnem blondem Haar und nicht wie das der Indianer von heute.» (In: «Colección de leyes, decretos, resoluciones i otros documentos oficiales» Imp. de «La Opinión Nacional», Lima 1905).

Wenn sich für diese Informationen keine andere plausible Erklärung findet, belegen Relikte von Vorfahren der Chachapoya also präkolumbische Verbindungen mit teilweise blonden Europäern – eine Aussage, die

90 Die Archäologin Rocío im «Instituto Nacional de Cultura» in Chachapoyas informiert den Autor über die 1,80 Meter große Mumie, die in ihrem Büro ausgestellt ist.

mich nicht überraschte. Die Arbeitshypothese würde hierfür eine Erklärung liefern, aber theoretisch sind auch andere Erklärungen denkbar. Können DNA-Analysen von Chachapoya-Mumien dieses Ergebnis präzisieren?

Das «Erasmus University Medical Centre» in der niederländischen Hafenstadt Rotterdam beherbergt die Abteilung für Forensische Molekularbiologie, eines der weltweit führenden Labore für molekular-genetische Forschungen über menschliches Aussehen und geografische Abstammung. Besonders erfolgreich arbeitet man hier zu dem Verhältnis zwischen der Herkunft der Menschen und zum Beispiel ihrer Augen- und Haarfarbe und ihren Erbanlagen. Der Leiter der Abteilung, Manfred Kayser, informierte mich: Da – laut unserer Hypothese – nur Männer aus Europa eingewandert sind und sich nur mit einheimischen Frauen fortpflanzen konnten, lässt sich bei ihren Nachfahren der europäische Einfluss nur über die von Vätern auf ihre Söhne vererbte sogenannte Y-DNA feststellen. Der Y-Teil des Erbguts ist aber im Vergleich zur mütterlichen mtDNA wesentlich kleiner und erst seit wenigen Jahren zu isolieren. Zudem ist bei Mumien die Gewinnung von analysierbaren DNA-Resten ohnehin kein leichtes Unterfangen.

Einige DNA-Analysen von Chachapoya-Mumien wurden bereits durchgeführt, zum Beispiel an der Universität Wien. In der Fachliteratur

wird – gewöhnlich unter Berufung auf die Dissertation von Inge Schjellerup – oft behauptet, dass diese Analysen keinerlei Hinweise auf europäi
sche Einwanderer ergeben hätten. Wir – Inge Schjellerup und ich – korre-
spondierten kürzlich dazu: Ihre Aussagen beziehen sich ausschließlich auf
die für die Überprüfung unserer Hypothese bedeutungslosen mt-Haplo-
Gruppen.

Kayser bestätigte auch die Aussagen von Michael Schultz hinsichtlich
der braunen Haare von Mumie Nr. 195 und sagte, dass mit neusten Methoden durchgeführte DNA-Analysen Klarheit schaffen könnten. Aber
wie? Die Anthropologin Sonia Guillén, die ich bereits 1998 einige Male getroffen habe, gilt als Perus führende Mumienexpertin. Von ihrer Entschei-
dung hängt es ab, ob DNA-Analysen durchgeführt werden können.

Aber vielleicht wurde die DNA von Mumie Nr. 195 schon professionell
analysiert.

Im Frühjahr 2008 war ich auf der Suche nach für meine Fragen zu-
ständigen Experten auf Manfred Kayser gestoßen und hatte ihm berichtet, wie schwierig es sei, an die DNA von Chachapoya-Mumien heran zu
kommen. Er erklärte mir, dass es geeignetere Methoden gebe, etwas über
die genetischen Zusammensetzung der Chachapoya-Vorfahren heraus zu
finden: eine möglichst groß angelegte Erhebung der DNA von lebenden
Nachfahren der Chachapoya. Die Erlebnisse im Chachapoya-Gebiet, von
denen ich Kayser berichtete, fand dieser so spannend, dass er sich ent-
schloss, ein solches Projekt (mit den Mitteln der Universität Rotterdam)
durchzuführen. Er gewann schnell einen weiteren Partner, einen Kollegen von der Universität Helsinki, der regelmäßig in Peru zu solchen Fragen forscht, und wir hofften, dass dem Rotterdamer Labor Mumien-DNA
zur Verfügung gestellt würde.

Ende 2008 erfuhr Kaysers finnischer Kollege von Sonia Guillén, dass
es bei den Genehmigungen für das Projekt Schwierigkeiten gäbe. Auch
später hörte Kayser aus Peru immer nur, dass sich die Umsetzung seines
Projekts verzögere. So begann eine seltsame Geschichte:

Seit März 2013 ist mein Buch auch bei Anthropologen im Chachapoya-Gebiet bekannt. Im Sommer wurde mir von einem Bekannten aus
Chachapoyas berichtet, dass in der dortigen Fachwelt eine neue Theorie

aufgetaucht ist: Die Tuberkulose (mein wichtigstes «rein anthropologi-
sches» Indiz) sei vor zweitausend Jahren unabhängig von der Alten Welt
im Westen Südamerikas «von allein» entstanden (die Paläopathologen,
die ich kenne, schütteln dazu nur den Kopf). Kurz danach erfuhr ich, dass
Sonia Guillén, der finnische Kollege von Kayser sowie eine peruanische
Genetikerin gemeinsam ein DNA-Forschungsprojekt zur Bevölkerung,
zu den Mumien und zur «rätselhaften» Geschichte der Zusammensetzung der Chachapoya-Bevölkerung gestartet haben (dies entnahm ich unter anderem dem Bericht von einem Paläopathologen-Kongress, der Ende
2011 in Lima stattfand).[10]

Ich informierte Kayser, der wiederum im Juli 2013 seine Kollegen an
die gemeinsamen Pläne erinnerte und fragte, ob sie schon Y-DNA-Ergeb-
nisse gewonnen hätten. Im selben Schreiben informierte er die Kollegen,
dass an seinem Institut inzwischen neue, präzise und effektivere Verfahren beispielsweise zum Nachweis europäischer Vorfahren der Chachapoya entwickelt wurden. Diese Verfahren (sogenannte «YSNP SNaPshot
assays») sind noch nicht veröffentlicht, doch er bot an, den Kollegen die
Verfahren und die Einrichtungen seines Instituts zur Verfügung zu stellen. Manfred Kayser erhielt bis heute (Januar 2014) keine Antwort.

Erst im Dezember 2013 kam ich dazu, mich intensiver mit den Kon-
gressberichten zu befassen – und verstand, was geschehen sein musste:
Zwar wurden nur Zwischenergebnisse veröffentlicht, doch schon diese
lassen sich rundum plausibel durch meine Arbeitshypothese erklären und
stellen zugleich die Autoren in einen unüberbrückbaren Gegensatz zu
den Vertretern des altamerikanistischen Mainstreams, nach dem die
Chachapoya-Kultur ein im 8.–10. Jahrhundert n. Chr. entstandenes Beispiel für normale und rein peruanische Anden-Kulturen darstelle. In dem
Kongressbericht heißt es: «Die genetischen Unterschiede […] zeigen relativ gut definierte Gruppen, die Andenbevölkerung und die amazonische
Bevölkerung. Die Chachapoya gehören zu keiner der Gruppen, sondern
sind verschieden vom Rest der Bevölkerung […] Die Einzigartigkeit der
Chachapoya in Bezug auf Grad und Natur der genetischen Vielfalt lässt
vermuten, dass die Chachapoya eine andere demografische Geschichte
hatten als viele andere eingeborene Bevölkerungsgruppen […] auch in
der Vor-Inka-Zeit.»[11]

Als besonders eindeutig erwiesen sich die veröffentlichten mtDNA-Daten, die ich im Kapitel «Das letzte Puzzlestück?» vorstellen werde, und das Fazit lautet: «Die grundlegende Position der Chachapoya-Bevölkerung sowohl in den Y-STR als auch in der mtDNA lässt einen frühen Ursprung dieses rätselhaften Volkes vermuten und erfordert gründliche multidisziplinäre Überprüfung.»[12] Auch Sonia Guillén nannte erste Ergebnisse: Aufgrund von mtDNA-Analysen wurde eine über eine sehr lange Zeit stabile genetische Vielfalt der Chachapoya-Vorfahren nachgewiesen (seit «9 n. Chr.» – vielleicht kein Druckfehler).[13]

Dieser Befund ist ebenfalls durch meine (aufgrund der Forschungsergebnisse des letzten Jahres aktualisierte) Hypothese erklärbar. Das schrieb ich Sonia und ihren Kollegen, erinnerte an Kaysers Pläne und sein Angebot und bot auch meine Hilfe bei der Interpretation ihrer Ergebnisse und der von der Forschungsgruppe geforderten «gründlichen multidisziplinären Überprüfung» an.

Sonia Guillén antwortete (im Januar 2014, mit Kopie an die finnischen Genetiker und deren peruanische Kollegin) sehr freundlich: Ihre Forschungsergebnisse halte sie mit Rücksicht auf die Verhältnisse in der Fachwelt bedeckt. Sie wisse von meinem Buch, würde aber meinen Vorschlägen nicht zustimmen. Sie sei dankbar für die Zusammenarbeit mit den Genetikern von der Universität Helsinki und nehme mein Angebot zur Kooperation gern an. Außerdem glaube sie inzwischen, dass die Vorfahren der Chachapoya aus dem Osten kamen.

Das entspricht meiner Hypothese. Doch falls nicht gezielt nach genetischen Spuren von Europäern gesucht wird, werden die Forschungen nur indianische Begleiter europäischer Einwanderer nachweisen und vieles nicht erklären können. Ich antwortete der Forschungsgruppe wahrheitsgemäß, dass es mir bei der Kooperation nicht darum gehe, jemanden zu überzeugen oder gar «Recht zu behalten», auch nicht um den Austausch von Meinungen und Vermutungen, sondern lediglich darum, Sachinformationen, Belege und Argumente zur Verfügung zu stellen und auszutauschen. Außerdem versprach ich, in der Korrespondenz genannte Ergebnisse nur mit der Zustimmung der Forscher zu veröffentlichen.

Mir fällt nur eine Erklärung dafür ein, dass die Forscher das Angebot von Kayser nicht annahmen: Aufgrund ihrer Entdeckungen sind sie davon überzeugt, dass im Falle einer Kooperation Kayser europäische Vorfahren der Chachapoya nachweisen und das Ergebnis veröffentlichen würde.

Für meine Ermittlungen ist es unerheblich, ob die Forschungsgruppe irgendwann ihre Ergebnisse ungefiltert veröffentlicht. Angesichts der bereits entdeckten Indizien würde die Nachricht, dass in einigen Chachapoya-Mumien europäische Erbanlagen entdeckt wurden, keine für das Verständnis der Chachapoya-Kultur hilfreichen neuen Informationen liefern. Doch solange es gelingt, eine öffentliche Fachdiskussion der Indizien zu verhindern, würde eine solche Nachricht mit einem Schlag die Fachautoritäten, die seit Generationen behaupten, präkolumbische Einwanderungen aus der Alten Welt nach Peru seien auszuschließen, bloßstellen.

Inka und Chachapoya: Berichte und ein Gemälde

Im Jahr 1470 waren die Inka in das Chachapoya-Gebiet eingedrungen. Nach jahrelangen Kämpfen zwang ihre Übermacht die Chachapoya in die Knie. Rund fünfzig Jahre später kamen Spanier nach Peru und mit ihnen Chronisten, die das, was ihnen die Inka berichteten, aufschrieben: Nachdem die Inka unter ihrem berühmten Kaiser Huayna Capac die Chachapoya endlich besiegt hatten, deportierten sie viele von ihnen, auch in ihre damaligen Hauptstädte Cusco und Quito. Offenbar waren die Inka-Adligen vom Aussehen mancher Chachapoya beeindruckt: Inka-Kaiser machten Chachapoya-Krieger zu ihrer Leibgarde,[14] und vor allem die Chachapoya-Frauen müssen die Inka fasziniert haben. Von ihrer Verschleppung wird in vielen Texten berichtet. Auch Cieza de Leon, der sich lange in der Inka-Hauptstadt Cusco aufhielt, hat dies in seiner Chronik aufgezeichnet: «Nach seinem Sieg über die Chachapoya brachte der Inka-Fürst Huayna Capac viele Chachapoya-Frauen in die Sonnentempel der Inka.»[15] Und er nennt auch einen Grund: «… weil sie schön, anmutig und sehr weiß sind».[16] In den Inka-Metropolen wurden die Chachapoya-Frauen hoch geschätzt und oft von den Inka-Adligen geheiratet. Huayna Capac nahm selber eine Chachapoya zur Nebenfrau. Mit ihr zeugte er Atahualpa, seinen Lieblingssohn, den letzten Inkakaiser.

91 Das Gemälde «Atahualpa – der Sohn einer Chachapoya-Mutter» aus der Kolonialzeit Perus

Auf einem Gemälde aus der Kolonialzeit Perus, das Atahualpa dar-stellt, wird erläutert: «Atahualpa, der 14. Inka, der besiegte Sohn einer Chachapoya-Mutter, der Königin von Quito.» (Quito war damals die Hauptstadt des Nordreichs der Inka[17]). Auch der Inka-Chronist Poma de Ayala nennt in seiner Chronik als Atahualpas Mutter eine Chachapoya.[18]

Die Aufzeichnungen der Chronisten sind Berichte aus zweiter Hand. Die Inka selbst kannten keine Schrift, sie gaben ihre Erfahrungen durch mündliche Überlieferung und durch Bilder weiter – und ihre Bilder lie-fern uns ein unmittelbares Zeugnis. In Cusco fand man ein von Inka-Künstlern auf Holz gemaltes Bild, das eine Szene im Aclla Huasi, dem «Haus der auserwählten Frauen» des «höchsten Inka» zeigt[19] und das die Verschleppung der gefangenen Chachapoya-Frauen illustriert. Der Inka ist – wie alle Inka auf solchen Gemälden – schwarzhaarig dargestellt. Die Frauen haben nicht schwarze, sondern rotbraune Haare!

Das scheint alles auf keltische Erbanlagen hinzuweisen. Aber haben von den Inka im 15. Jahrhundert verschleppte Chachapoya-Frauen tat-sächlich ihre Haar- und Hautfarbe von keltischen Vorfahren ererbt? Wir

*92 Gefangene
Chachapoya-Frauen am
Hof des Inka auf
einem Gemälde
der Inka*

haben unsere Fantasie angestrengt, um dafür eine andere Erklärung zu finden, weil wir es eigentlich für unmöglich hielten, dass nach einem so langen Zeitraum unter den Chachapoya immer noch keltische Merkmale erkennbar sind.

Hinweise auf eine keltische Kriegerkaste

Wenn Nachfahren von Kelten tatsächlich bis zur Ankunft der Inka in Peru überlebt haben sollten, hätten sie über anderthalb Jahrtausende unter einer Überzahl von Indianern gelebt, sich sicher mit ihnen vermischt und nie Kontakte zur alten Heimat gehabt. Die berühmte Meuterei auf der Bounty führte zu einer vergleichbaren Situation: Die englischen Meuterer lebten isoliert auf einer Südseeinsel und vermischten sich mit den Einheimischen. Nach wenigen Generationen blieben ihren Nachfahren nur noch die englischen Nachnamen, sie sehen aus wie normale Polynesier.

Bei Nachfahren von Europäern und Indianern setzen sich auf Dauer schwarze Haare durch – die Anlage für helle Haare ist rezessiv. Wie können da keltische Erbanlagen immer noch sichtbar sein?

Marcelita Hidalgo Pineda, die Kuratorin der Mumien-Sammlung im Museum von Leymebamba, brachte mich bei dem Gespräch über die Mumie mit den braunen Haaren auf eine Spur: «Ein Orejon, ein Häuptling. Er hatte perforierte Ohrläppchen.» Wenn die braunhaarige Mumie ein Krieger war, der zur Führungsschicht der Chachapoya gehörte, legt das folgenden Gedankengang nahe: Möglicherweise nahmen die direkten Nachkommen der Einwanderer stets eine führende Stellung innerhalb der Gesellschaft ein und vermischten sich – wie zum Beispiel die Pharaonen und die Inka – nur wenig mit den einheimischen Bewohnern. Das könnte erklären, dass sich äußerliche Merkmale ihrer Vorfahren bis zum Ende des Reichs erhalten konnten.

Poma de Ayala, ein indianischer Adliger, der die ersten Jahrzehnte der spanischen Conquista miterlebt und eine 1200 Seiten lange Chronik mit Hunderten von Zeichnungen verfasst hat, gilt heute als die wichtigste

93 Ein Chachapoya-Kriegsführer mit ungewöhnlichen Gesichtszügen und welligem Haar (rechts im Bild) auf der Darstellung einer Inka-Schlacht gegen die Chachapoya, gezeichnet von Poma de Ayala um 1590

94 Mumie eines Chachapoya-Kriegsführers mit welligem Haar, entdeckt von Grabräubern 1997

und authentischste Quelle der Historiker für Informationen über das Leben der Peruaner vor der Ankunft der Spanier.

Das achte Kapitel seiner Chronik widmete Poma berühmten Inka-Heerführern, und in vielen Zeichnungen stellte er Kämpfe aus ihren Eroberungszügen dar. Stets zeigen sowohl die Inka als auch ihre Gegner normale indianische Gesichtszüge. Poma hat auch eine Kriegsszene zwischen den Inka und den Chachapoya gezeichnet[20], darauf sehen nicht nur die Inka-Soldaten, sondern auch die Chachapoya-Krieger wie normale Indianer aus. Nur der in vorderster Linie kämpfende Anführer der Chachapoya unterscheidet sich deutlich: Poma zeichnete den Chachapoya-Führer mit welligem Haar und mit deutlich anderen, nicht indianischen Gesichtszügen.[21]

So liegen zwar einige Hinweise auf eine keltischstämmige Führungsschicht vor, doch konkretere Belege fehlen.

Keltische Erbanlagen
und die Tuberkulosebefunde aus Leymebamba

Gibt es überzeugendere Erklärungen für die These, dass direkte Nachfahren von Kelten fast anderthalb Jahrtausende bei den Chachapoya überleben konnten?

Auch Michael Schultz stellte sich diese Frage. Deshalb beschäftigte er sich noch einmal genauer mit den im Museum von Leymebamba im Hinblick auf Tuberkulose untersuchten Mumien und entdeckte einen neuen verblüffenden Aspekt. Viele der bei diesen Mumien diagnostizierten Tuberkulose-Fälle sind nur etwa fünf- bis sechshundert Jahre alt. Doch die Indizien sprechen dafür, dass die Tuberkulose bereits vor über zweitausend Jahren bei den Chachapoya eingeschleppt wurde.

Dazu erklärte mir Schultz: «Die in Leymebamba untersuchten Chachapoya-Mumien passen nicht in das Bild, das wir uns bisher für die Situation in Südamerika gemacht haben. Große Seuchen hatten immer nur eine begrenzte Lebensdauer. Das heißt, wenn viele Menschen gestorben waren, hat die Krankheit sich wieder beruhigt, es gab dann keine Ansteckungsherde mehr, und die Krankheit ebbte ab.»[22]

So wird das auch überall in Peru geschehen sein – außer bei den Chachapoya. Dort wütete die Krankheit noch im 15. Jahrhundert, und zwar schlimmer als irgendwo sonst in der Neuen Welt. Das belegen die Diagnosen.

Dieses zunächst verblüffende Phänomen kann Schultz erklären: Manche der Einwanderer müssen bei ihrer Ankunft in Peru Tuberkulose-Erreger in sich getragen haben, ohne dass die Krankheit bei ihnen ausbrach. Diese Einwanderer werden sich zwar nach und nach mit den Ureinwohnern vermischt haben, doch – so Schultz – «die daraus entstandenen Nachkommen haben ein verbessertes Immunsystem gegen die Tuberkulose geerbt.» Und das schützte sie von Generation zu Generation und ermöglichte zugleich, dass sie ständig andere, nicht immune Menschen mit Tuberkulose infizierten – über anderthalb Jahrtausende. Schultz: « So haben sich noch im 15. Jahrhundert die Indianer, die im Chachapoya-Gebiet lebten, immer wieder an dieser Gruppe der ursprünglichen Einwanderer anstecken können.»

Das erklärt nicht nur die Untersuchungsergebnisse aus Leymebamba, sondern erlaubt auch eine weitere Folgerung: Nachfahren dieser Einwanderer müssen tatsächlich bis zur Ankunft der Inka bei den Chachapoya überlebt und Teile ihrer Erbanlagen bewahrt haben!

Dieser Mechanismus erklärt die zunächst irritierenden Untersuchungsergebnisse aus Leymebamba, und daraus lässt sich auch folgern, dass Nachfahren der Einwanderer tatsächlich bis zur Ankunft der Inka bei den Chachapoya überlebt und Teile ihrer Erbanlagen bewahrt haben müssen! Zudem erschließt sich jetzt, weshalb das überhaupt möglich war: Menschen, die von Einwanderern aus der Alten Welt ein starkes Immunsystem gegen Tuberkulose geerbt haben, besaßen einen besonderen Überlebensvorteil insbesondere gegenüber den einheimischen Indianern, mit denen sie Kontakt hatten.

Dazu gibt es eine spätere Parallele: Als Anfang des 16. Jahrhunderts Francisco Pizarro und seine Männer in Peru einmarschierten, waren ihre tödlichsten Waffen nicht Musketen, Stahldegen und Kanonen, sondern die von ihnen mitgebrachten Krankheiten, vor allem Pocken, Pest und Masern. In kurzer Zeit töteten diese Seuchen bis zu 90 Prozent der Indianer. Doch den Spaniern selbst geschah nichts.

Allerdings gehörten damals auch die Chachapoya zu den Opfern der europäischen Seuchen. Wenn sie von europäischen Einwanderern abstammen würden, hätten sie dann nicht ebenfalls immun sein müssen? Doch das lässt sich erklären: Diese Krankheiten waren in der Antike noch nicht in den Heimatregionen der Einwanderer angelangt;[23] somit konnten diese auch keine Immunkräfte dagegen entwickeln.

Zu guter Letzt erlauben diese Ermittlungsergebnisse noch eine konkrete Vermutung in Bezug auf die Herkunft der Einwanderer, deren Erbanlagen so lange überlebt haben. Wir hatten herausgefunden, dass besonders die Kelten aus dem Nordwesten Spaniens aufgrund ihrer langen Rinderhaltungstradition hohe Tuberkulose-Immunität besessen haben müssen (siehe S. 190 f.). Und dieser besondere Vorteil der keltischen Einwanderer hätte sich sicher von Generation zu Generation vererbt.

Daraus würde folgen, dass gerade keltische Erbanlagen noch im 15. Jahrhundert innerhalb der Völkergemeinschaft der Chachapoya besonders präsent waren. Die Hinweise auf helle Haut und helle Haare, die wir den Inka verdanken, bestätigen diese Schlussfolgerung. Und die überwältigende Fülle der Entsprechungen zwischen der Kultur der spanischen Kelten und der Chachapoya stünde damit im Einklang.

Ein denkbarer Einwand: Die Archäologen entdeckten auch an anderen Orten unzählige Relikte der Chachapoya. Warum diagnostizierte man nur bei den Kondorsee-Mumien Tuberkulose? Dafür gibt es eine einfache Erklärung: Vor den Veröffentlichungen zum Kondorsee fanden im Chachapoya-Gebiet solche Forschungen gar nicht statt. Die systematische und aufwändige Erforschung von Chachapoya-Relikten konzentrierte sich bis heute ausschließlich auf die Mumien vom Kondorsee. Andere Skelette oder Mumien der Chachapoya wurden noch nie im Hinblick auf Tuberkulose untersucht.[24]

Es liegen also viele gute Gründe für die Annahme vor, dass Nachfahren von Kelten noch im 15. Jahrhundert bei den Chachapoya lebten, und dass bestimmte ererbte körperliche Merkmale bei ihnen noch erkennbar waren. Wenige Jahrzehnte später kamen die Konquistadoren zu den Chachapoya. Sie müssten eigentlich auch noch einigen dieser Menschen begegnet sein. Und besonders hellhaarige und hellhäutige Menschen hätten die Spanier sicher in Erstaunen versetzt.

«WEISSE INDIANER».

DIE BERICHTE DER KONQUISTADOREN

In diversen Internetforen, die sich mit den Chachapoya befassen, wird behauptet, die Chachapoya seien weißhäutig oder gar blond und blauäugig – das hätten die spanischen Konquistadoren berichtet. Nachprüfbare Quellenangaben darüber fehlen jedoch.

Dazu stellt Michael Zick fest: «Gebetsmühlenartig werden heute Notizen spanischer Chronisten von den ‹schönen und hellhäutigen Chachapoya› zitiert… – und schon erhoben Esoteriker die Wikinger zu den Urahnen der geheimnisvollen Chachapoya.» Vom größten Teil der Fachwelt werden solche Berichte konsequent ignoriert. Zick fasst die Meinung der wenigen Fachleute, die sich überhaupt damit befassen, zusammen: «Keiner der damaligen Schreiber aber war jemals selbst in der Region, sie hatten im besten Fall Chachapoya in Cusco gesehen. Meist bezogen sie ihre Kenntnis vom Hörensagen, also von den Inka, die alle ihre Gegner als hellhäutig brandmarkten. ‹Hellhäutig› mutierte in den epigonalen Berichten zu ‹weiß›, und zu weiß passt ‹blond›».[25]

Dementsprechend stand noch Ende 2012 auf der Wikipedia-Seite zu den Chachapoya Folgendes: «Tatsächlich ist aber in den Berichten der spanischen Eroberer… nie von ‹blonden Indianern› die Rede. … Wahrscheinlich ist, dass sie sich in ihrem Äußeren nur soweit von den übrigen Andenvölkern dieser Gegend unterschieden, dass die Inka und die Konquistadoren dies als Unterscheidungsmerkmal heranzogen.» Ähnlich argumentieren auch Fachwissenschaftler, die zu den Chachapoya geforscht haben:[26] Die Chronisten hätten die Hautfarbe nicht als weiß, sondern als «relativ hell» im Vergleich zu anderen Indianern beschrieben.

Einige Chronistenberichte zu «weißen und blonden Indianern» wurden unter anderem von dem Franzosen Jacques de Mahieu (siehe S. 42 f.) zitiert. De Mahieu wurde nach dem Zweiten Weltkrieg in Frankreich als

Kollaborateur verurteilt, floh nach Südamerika und entwickelte dort seine Theorie, nach der der Inka-Adel von Wikingern abstamme. Die Zitate nutzte er als wesentlichen «Beweis». Doch ihm ging es um ideologische, nicht um wissenschaftliche Ziele. So erklärte er (wie ich an den Originaltexten de Mahieus und der Chronisten nachweisen konnte) diese Zitate zu Beschreibungen von Inka-Herrschern, obwohl sie sich ausdrücklich nicht auf die Inka beziehen, sondern auf deren Feinde, die Chachapoya.

Was Zicks Urteil über die esoterischen Wikingervorstellungen betrifft, so hat er natürlich Recht. Aber ansonsten kamen wir zu anderen Ergebnissen, nachdem wir uns genauer mit den Lebensläufen der Chronisten befasst und die spanischen Originaltexte untersucht hatten.

Zunächst: Wenn die Chronisten die Chachapoya «weiße Indianer» nennen und damit lediglich «relativ hell» gemeint hätten, hätten sie wohl das Wort *claro* («hell») gewählt. Doch sie bezeichneten das Aussehen der Chachapoya stets als *blanco* («weiß»). Und «Indianer» – das sollte man nicht vergessen – waren für die Konquistadoren alle Einheimischen, auf die sie in Amerika trafen. Über Rassenzugehörigkeiten machten sie sich keine Gedanken.

Außerdem ignoriert Zick, dass ausgerechnet derjenige Inka-Kaiser, der die Kriege gegen die Chachapoya leitete, eine Chachapoya, eine «Gebrandmarkte», zu seiner Lieblingsfrau machte und mit ihr den letzten Inkakaiser zeugte. Und was das «Hörensagen» bei den Chronisten betrifft: Cieza de León war zwar tatsächlich nie bei den Chachapoya. Dennoch berichtete er aus eigener Anschauung. In der Inka-Hauptstadt traf er viele der in den letzten Jahrzehnten vor der Ankunft der Spanier von den Inka nach Cusco verschleppten Chachapoya und deren Nachkommen. Er berichtet: «Und so können wir noch heute sehen, dass die Frauen aus dieser Abstammung extrem schön sind, weil sie weiß sind.» Und: «Die Chachapoya sind die weißesten und anmutigsten Menschen von allen Indianern, die ich in Amerika gesehen habe.»[27]

Auch viele andere Konquistadoren hatten persönliche Kontakte zu den Chachapoya, denn sie kämpften ein Jahr lang gemeinsam mit ihnen in Cusco gegen den Inka Manco (siehe S. 30 f.). Ein Vetter des Eroberers von Peru, Francisco Pizarro, der Chronist Pedro Pizarro, beteiligte sich als Soldat an den Feldzügen der Konquistadoren, reiste so quer durch

Peru und staunte über die Chachapoya: «Das übrige Weibervolk in diesem Königreich (Peru) ist mehr gedrungen, weder schön noch hässlich, sondern von mittelmäßigem Aussehen.» Anders die Chachapoya: «Die Indias vom Stamme der ... Chachapoya ... waren besonders schön und gepflegt ... und unter den vornehmen Herren und Herrinnen waren manche weißer als Spanier.» Und: «Dieses Volk aus Peru ist weiß mit dunkelblonden bis braunen Haaren ... In diesem Land sah ich eine Frau und ein Kind so weiß und so blond, wie man es sonst kaum sieht.»[28]

Adriana von Hagen schreibt in ihrer vom Centro Mallqui in Leymebamba herausgegebenen zusammenfassenden Darstellung der Chachapoya-Kultur: «Unter den verstreuten Berichten der Kolonialzeit über die Chachapoya kommentierten fast alle Chronisten die Schönheit und die weiße Haut der Frauen. Sogar Vater Calancha [ein Augustinermönch, der 1639 in der *Cronica Moralizada* über seine Missionsarbeit berichtete, H.G.] erlag ihrer Schönheit und schrieb: ‹Sie sind die weißesten und anmutigsten Indianer in ganz Südamerika, und die Frauen sind die schönsten.›»[29] Auch Peter Lerche entdeckte in den Chroniken aus der Konquista-Zeit «über ein halbes Dutzend Berichte über das Aussehen der Chachapoya», die alle erstaunt die weiße Haut der Chachapoya und die besondere Schönheit ihrer Frauen zur Kenntnis nahmen.[30]

Die Berichte dieser Chronisten sind noch heute für Historiker die wichtigste und verlässlichste Quelle zu jener Epoche. Ihren Aussagen ist sicherlich nicht immer zu trauen: Sie neigten dazu, die Rolle der Spanier zu glorifizieren, um sich bei ihren Lesern und ihrem König beliebt zu machen. Wenn die Chronisten jedoch das Aussehen der Indianer beschrieben und ihnen bei den Chachapoya europäisches Aussehen auffiel, gibt es keinen Grund, an ihrer Faktentreue zu zweifeln. Weder wollten sie damit irgendetwas beweisen noch den Chachapoya eine besondere Rolle zuweisen. Wir können deshalb unterstellen, dass die Chronisten einfach nur das, was sie erstaunte, wahrheitsgemäß berichteten.

NACHFAHREN
VON KELTEN – BIS HEUTE?

Sind die Chachapoya wirklich ausgestorben?

Wenige Jahrzehnte nach den ersten Kontakten mit Europäern der Neuzeit fielen die Chachapoya den Krankheiten, die die Spanier nach Peru gebracht hatten, zum Opfer und starben aus – so steht es in der Fachliteratur.[31] Und ab etwa hundert Jahren nach den ersten Begegnungen mit den Spaniern wird nichts mehr über die Chachapoya berichtet. Sind sie wirklich ausgestorben?

Der Chronist Garcilaso de la Vega berichtet, dass beim Eindringen der Inka einige Gruppen der Chachapoya in die Berge flüchten und sich dort verstecken konnten.[32] In isolierten Bergdörfern wären sie wohl auch von den Seuchen aus Spanien verschont geblieben. Dann könnten ihre Nachfahren heute noch leben. Auf unseren ersten Reisen waren wir in alten Chachapoya-Dörfern seltsamen rothaarigen und blonden Menschen begegnet – «Gringuitos», die «kleinen Gringos» (S. 20 f.). Könnten sie etwas mit in die Berge geflohenen hellhaarigen Chachapoya keltischer Abstammung zu tun haben?

Manfred Kayser, den Molekulargenetiker, fasziniert die Frage: «Wenn also diese rote Haarfarbe tatsächlich zumindest teilweise europäische Abstammung anzeigt, bleibt immer noch die Frage: Von wo in Europa kommt diese Anlage? Natürlich gibt es verschiedene Regionen in Europa, in denen rothaarige Individuen häufig sind – Westeuropa, teilweise Osteuropa, es kann auch Nordwesteuropa sein.»

Die Region lässt sich laut Kayser mit gezielten DNA-Analysen eingrenzen. Wenn die Vorfahren der Gringuitos aus einer Gegend stammen würden, die keine Verbindung zu spanischen Kelten aufweist, hätten sie

auch nichts mit der Hypothese zu tun. Kayser wollte diese Frage weiter
verfolgen und schlug mir vor, ihm DNA-Proben von diesen Gringuitos ins
Labor zu bringen.

Kurze Zeit nach unserem Gespräch erhielt ich ein Paket aus Rotterdam, gefüllt mit Sets, die das derzeit modernste Verfahren für die sterile
Entnahme und für sichere Zwischenlagerung und Transport von DNA-
Proben bieten. Falls ich Gringuitos ausfindig machen und Speichelproben
von ihnen mitbringen könnte, würde Kayser die Analysen in seinem Institut durchführen.

Allerdings: Große Hoffnungen auf eindeutige Ergebnisse dürfe man
sich nicht machen. Mehr als vage Hinweise auf die ursprüngliche Herkunft der Gringuitos seien von einer begrenzten Anzahl von Proben nicht
zu erwarten. Und ob die Gringuitos tatsächlich zu den letzten Nachfahren der Chachapoya gehören oder ob ihr Aussehen andere Wurzeln hat –
das lässt sich allein mit ihrer DNA nicht feststellen. Denn es können ja in
den letzten Jahrhunderten irgendwelche hellhaarigen Menschen aus Europa oder Nordamerika in die abgelegene Region eingewandert sein, und
vielleicht sind nicht antike Kelten, sondern solche Einwanderer für das
Aussehen der Gringuitos verantwortlich.

Wir brauchten zusätzliche Informationen, die sich vielleicht in den
Ursprungsorten der Gringuitofamilien finden ließen. Doch das entpuppte
sich als ein weiteres Problem. Gringuitos haben die meisten Menschen
der Region schon gesehen, aber weder aus der Literatur noch bei den zu-
ständigen Behörden und Archäologen ließ sich in Erfahrung bringen, aus
welchen Orten die über das Chachapoya-Gebiet verstreuten Gringuitos
ursprünglich stammen.

Und jetzt folgt das Protokoll einer ganz anderen Art von Recherche.

Die Suche nach hellhaarigen Nachfahren der Chachapoya

Diesmal konnte kein Fachwissenschaftler mehr helfen. Wir, mein Kameramann und ich, fragten die Menschen, die Gringuitos kennen und sich
vor Ort mit den Gringuitos und der Geschichte ihrer Familien befasst ha-

ben: Priester, Lehrer, Heimatforscher und auch schon mal einen Kneipenwirt oder einen Taxifahrer.

Der erste Tipp: die Stadt Lamas weit im Osten des Chachapoya-Gebiets. Fehlanzeige: Die angeblichen Gringuitos erwiesen sich als eine französische Aussteiger-Kommune. Nächster Tipp: Yorongo bei Rioja, weiter westlich. Dort erfuhren wir immerhin, dass die hier lebenden Gringuito-Familien alle aus dem Städtchen Mendoza stammen. In Mendoza erhielten wir genauere Informationen. Der Ortspriester hat geforscht und herausgefunden, dass viele Gringuito-Familien ursprünglich aus drei heute bedeutungslosen kleinen Dörfern im Chachapoya-Gebiet stammen, aus Limabamba, Chirimoto und Huancas. Die Überraschung: Die drei Dörfer liegen sehr isoliert, weit entfernt von allen anderen Orten, und sind nur auf stundenlangen Fahrten mit dem Auto zu erreichen – über abenteuerliche, erst vor einigen Jahren gebaute Buckelpisten, entlang tiefer Schluchten: am Ende der Welt.

Die Dörfer sind uralt. Die indianischen Namen verraten, dass sie schon vor der Ankunft der ersten Konquistadoren existierten. Keine Orte, in die es europäische Auswanderer ziehen würde, die hätten sicher die überall aufblühenden spanischen Kolonialstädte bevorzugt. Aber solche Orte wären perfekt geeignet gewesen, vor den Inka geflohenen Chachapoya über Jahrhunderte sicheren Schutz zu bieten – auch vor den Krankheiten, an denen die meisten ihrer Landsleute nach der Ankunft der Spanier starben.

Die Wege von Huancas wirkten wie leergefegt. Doch in der Schule des Ortes ließ sich vielleicht etwas in Erfahrung bringen. Den Lehrern der Schule erzählte ich lediglich, dass wir eine Untersuchung zur Geschichte der Gringuito-Familien vorbereiteten. Je unvoreingenommener meine Gesprächspartner waren, desto ehrlicher und informativer würden – so hofften wir – die Auskünfte sein.

Die Lehrer führten uns zu einem kleinen, lehmverputzten Haus am Dorfrand. Dort lebt eine erstaunliche kleine Familie: Großmutter, Vater, Mutter, Kind (siehe Abb. 6, S. 20). Der Vater ist schwarzhaarig, er scheint spanische und indianische Vorfahren zu haben. Die Mutter, ebenfalls schwarzhaarig, sieht rein indianisch aus. Die Mutter des Vaters hat hellbraune Haare, und das Kind, ein Mädchen, ist strohblond! Seine dunkel-

*95 Gringuito-Mädchen
aus Limabamba*

braunen Augen und die Sommersprossen verraten, dass es kein Albino ist. Die Mutter des Vaters sagte, dass ihre Großeltern, die ebenfalls aus Huancas stammen, der Grund für die blonden Haare des Mädchens seien. Von irgendwelchen ausländischen Ahnen wisse sie nichts, alle Vorfahren des Kindes seien in Huancas geboren.

Der Vater gab brav seine Speichelprobe ab. An seinem männlichen Y-Chromosom lässt sich mehr erkennen als an der DNA der Tochter – das hatte Manfred Kayser mir eingeschärft. Zu jeder Speichelprobe wurde ein Protokoll geschrieben, mit den Namen und Geburtsorten der Eltern und Großeltern und der Unterschrift, mit der die Speichelspender bestätigten, dass ihre DNA für wissenschaftliche Zwecke untersucht werden durfte.

In den folgenden Tagen suchten wir weitere Kandidaten für DNA-Proben. Früher gab es viel mehr Gringuitos in den Dörfern Limabamba, Chirimoto und Huancas. In den letzten Jahren hat sich ein großer Teil von ihnen über das ganze Land zerstreut, weil sie sich in größeren Orten bessere Berufschancen versprachen. Zugleich führte die Überbevölkerung in Peru dazu, dass Bauern auch in den abgelegensten Regionen nach Land suchten. Heute sind hier die meisten Schulkinder Nachfahren von Spaniern und Indianern, und das sieht man ihnen auch an: glatte, schwarze Haare.

Erwachsene waren auch in den anderen Dörfern kaum aufzutreiben, sie arbeiteten irgendwo auf weit entfernten Feldern. Wir machten es uns leicht und besuchten wieder die Schulen. Die Lehrer, die wir nach

*96 Ein typischer Gringuito
mit roten Haaren, Sommer-
sprossen und dunkelbraunen
Augen bei der Abgabe seiner
DNA-Probe in seinem
Klassenraum in Limabamba*

Gringuitos fragten, bescherten uns eine Überraschung: Der Ausdruck
«Gringuitos» war hier unbekannt. «Mushas» nennen die Leute aus diesen
Dörfern ihre hellhaarigen Mitbürger – das ist Quetchua, die Inkasprache.
Nebenan in der Grundschulklasse – so erklärte ein Lehrer aus Huancas –
gebe es eine Musha.

Auch dieses Kind hat Sommersprossen und rötlich braune Haare
(Abb. 9, S. 21). Ich fragte ihre Lehrerin Alejandrina Saucedo Santillán, ob
sie irgendetwas zur Herkunft der Musha-Familien wisse. Nichts.

Die Kleine heißt Lleiry, mit Nachnamen Quistan, und das ist interes-
santerweise ein echter Chachapoya-Name. Von der kleinen Lleiry nahmen wir keine Speichelprobe. Das Team um Manfred Kayser in Rotterdam benötigte die DNA von nicht miteinander verwandten Männern
oder Jungen. Auch in den anderen Gringuito-Ursprungsdörfern besuchten wir die Dorfschulen, fanden weitere Gringuito-Kinder und konnten
weitere Speichelproben sammeln.

Die Nachnamen der Spender, der Eltern und der Großeltern aus den
Protokollen enthalten – wie im Spanischen üblich – stets die Namen des
Vaters und der Mutter. So bekamen wir auch Informationen über die Generation der Urgroßeltern. Was verraten diese Namen? Nirgendwo taucht
ein mittel- oder nordeuropäischer oder ein englischer oder französischer
Name auf, sondern ausschließlich spanische und indianische Namen –
manche davon in Quetchua, der Sprache der Inka. Doch das heißt nicht

viel: Chachapoya-Nachfahren erhielten im Lauf der letzten Jahrhunderte oft spanische oder Quetchua-Namen.

Aber Yoplac, Puscan, Quistan, Hitnay – diese Namen sind uralte Chachapoya-Namen. Auf solche Namen trifft man nur noch sehr selten in der Region, doch in den Dörfern und besonders den Familien der Gringuitos sind sie ungewöhnlich häufig. Die Indizien verdichteten sich.

Noch auffallender aber sind die rotblonden Haare, die gewöhnlich mit Erbanlagen für helle, grüne und blaue Augen kombiniert sind, aber hier mit dunklen braunen Augen! Hat sich in jahrtausendelanger Isolation ein neuer Menschentyp entwickelt?

Segundo Nicolas Diaz Ramirez, Direktor der Oberschule No 18040 in Huancas, lebt schon lange hier und hat sich intensiv mit der Geschichte des Dorfes und der Familien seiner Schüler befasst. Er müsste mehr wissen, und wir filmten das Gespräch als Dokument unserer Ermittlungen.

Er erklärte uns, warum diese Menschen hier Mushas genannt werden: «Wegen ihrer Vorfahren, das ist so etwas wie ihr Erbe … Das bedeutet Gringo, farbige Haare, ein sehr alter Name, Quechua.» Musha – ein Spitzname für fremdartig, europäisch aussehende Menschen in der Sprache der Inka und ein Hinweis darauf, dass die Vorfahren der Gringuitos schon den Inka auffielen.

Segundo: «Das hier ist die einzige Region, in der man Leute mit diesen Farben findet. Diese einzigartige Farbe, die Mischung von kastanienbraunen Augen und orangefarbenen Haaren. Eine sehr seltene Farbe. Woanders in Peru habe ich das noch nie gesehen.»

Von unseren Überlegungen zur Herkunft der Gringuitos hatten wir auch Segundo nichts erzählt, wir wollten den Direktor nicht beeinflussen. Untersuchungen zum Ursprung dieser Familien gebe es nicht, sagte er, aber diese Familien seien sehr alt. Und die Hellhaarigen kämen im Laufe der Generationen immer wieder hervor.

Auf meine Frage, ob jemand wisse, aus welchem Teil Europas die hellhaarigen Vorfahren kommen, vielleicht aus Nordeuropa oder Nordamerika, antwortete Segundo empört: «Sie sind Naturales – Einheimische!» Frage: «Also gibt es sie hier schon seit Jahrhunderten? Schon vor den Spaniern?» Segundo: «Ja – vor den Spaniern.» Frage: «Alle Mushas aus dieser Region?» Segundo: «Ja.»

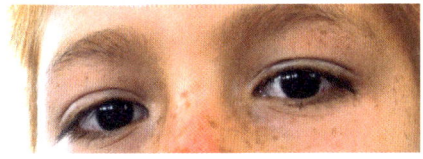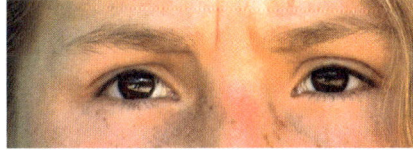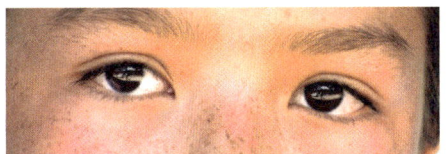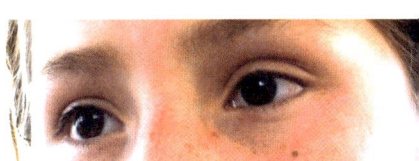

97–100 Die seltsamen braunen Augen der Gringuitos

Dann wären also auch die hübschen, hellhaarigen Gringuito-Mädchen aus diesen Dörfern direkte Nachfahren der von den Inka und den Spaniern wegen ihrer hellen Haut und ihrer Schönheit gepriesenen Chachapoya-Frauen. Die abgelegenen, isolierten Dörfer, in denen sie noch heute leben, boten ihren Ahnen Schutz vor den Inka und vor den Seuchen, die die Spanier mitbrachten. Die Heimatforscher in den Gringuito-Dörfern kennen die Geschichte der Familien genau. Und sie sind überzeugt, dass die Gringuitos von hellhaarigen Chachapoya abstammen.

Selbst im «Instituto Nacional de Cultura» in Chachapoyas möchte man dies nicht ausschließen. Rocío Paz Sotero antwortete auf meine Frage, ob die Gringuitos von den Chachapoya abstammen: «Oh ja, ja, das kann sein – aber Forschung dazu gibt es nicht. Das ist das Problem … Ganz vieles wissen wir einfach nicht.»

Nun, das hat sich jetzt geändert. Die Ergebnisse unserer Recherchen zu den Gringuitos lassen kaum daran zweifeln, dass diese von den Chachapoya abstammen und nichts mit neuzeitlichen Einwanderern aus Europa zu tun haben. Und dass die extrem ungewöhnliche und in Peru nur im Chachapoya-Gebiet beobachtete Farbmischung von Haut, Haaren und Augen in ganz verschiedenen Familien aus voneinander isolierten, alten Indianerdörfern vorkommt, ist ein weiterer Hinweis darauf, dass dieser Menschentyp schon vor sehr langer Zeit entstand.

Das letzte Puzzlestück?
Weitere DNA-Analysen

Die Speichelproben der Gringuitos kamen heil im Molekulargenetischen Forschungslabor in Rotterdam an und wurden für die Analyse aufbereitet. Erst vor kurzem hat man in diesem Labor erstmals die DNA-Marker identifiziert, die rote und braune Haarfarbe anzeigen.[33] Vor der Analyse überraschte mich Manfred Kayser mit einer für mich neuen Information: Es lasse sich nicht ausschließen, dass das europäisch anmutende rote Haar durch eine Mutation, vollständig unabhängig von einer europäischen Herkunft, entstanden ist. Danach könnte – wegen der lange andauernden Isolation – diese Mutation häufig geworden sein. Die DNA-Analyse könne nun zwei Dinge klären: Einerseits die allgemeine genetische Herkunft dieser Menschen, andererseits aber auch, ob eine Anlage wie die rote Haarfarbe ihren Ursprung bei Europäern hat oder bei anderen Menschen, etwa bei Indianern. Das heißt, die Gringuitos könnten zwar durchaus direkte Nachfahren der Chachapoya sein, müssten aber genetisch nichts mit antiken Einwanderern aus Europa zu tun haben. Dann wären die roten Haare nur eine Laune der Natur.

Endlich war es soweit: Die DNA-Präparate der Speichelproben liefen durch den DNA-Sequencer, und nach einer Weile erschienen die Ergebnisse auf dem Computer. Kayser erläuterte sie: «Alle Proben zeigen sowohl indianische als auch europäische Vorfahren an. Und wir können klar sagen, dass die rote Haarfarbe europäischen Ursprung hat. Also: Obwohl die Leute in Amerika leben und offenbar Indianer sind, besitzen sie rotes Haar, das durch Mutationen verursacht wurde, die typisch für Europäer sind.»[34] Das war also geklärt.

Doch lässt sich aufgrund von DNA-Analysen auch auf die geografische Herkunft von Menschen schließen? Kayser erklärte, dass dies früher nur möglich war, indem man die genetische Information getrennt untersuchte, die vom Vater (Y-chromosomalen) beziehungsweise der Mutter (mitochondrialen) vererbten Anlagen (Y-DNA beziehungsweise mt-DNA). Aber seit wenigen Jahren sei man in der Lage, die geografische Abstammung auch über DNA-Marker, welche von beiden Eltern vererbt werden, zu untersuchen. Dadurch lasse sich sogar die Herkunft einer Person rekonstruieren, deren väterliche und mütterliche Vorfahren aus unterschiedlichen Regionen der Erde stammen. Um geografische Informationen aus DNA-Analysen zu gewinnen, so erklärte mir Kayer auch, muss man auf eine Menge genetischer Daten von Individuen aus allen Teilen der Welt zugreifen können. Erst dann lassen sich spezifische DNA-Marker im Genom identifizieren, die Aussagen über die Herkunft aus bestimmten Regionen erlauben, «einfach weil diese Marker in manchen Teilen der Erde sehr häufig sind, in anderen Teilen sehr selten.»

So ergaben die Analysen der mitochondrialen (mt)-DNA, dass alle getesteten Gringuitos mütterlicherseits von Indianerinnen abstammen. Das passt zur Arbeitshypothese: Danach bestand die Einwanderergemeinschaft im Wesentlichen aus Männern. Sie vermischten sich dann mit den einheimischen Frauen.

Doch ein anderes Ergebnis irritierte. Wir hatten uns zunächst vorgestellt, dass die europäischen Vorfahren der getesteten Gringuitos irgendwann in vorspanischer Zeit in diese Region eingewandert waren und sich mit den dort lebenden Indianerinnen zusammengetan hatten. Diese hätten sicher zu einer bestimmten Volksgruppe gehört und demnach vermutlich auch dieselben mt-DNA-Marker beziehungsweise «Haplogruppen» besessen.

Zu Kaysers Überraschung ergaben die Analysen etwas anderes: «Es zeigten sich drei verschiedene mt-DNA-Haplogruppen, nämlich A, B, und C. In der Urbevölkerung Südamerikas gibt es nur noch zwei weitere dieser Haplogruppen, nämlich D und X. Eine derartige Variabilität der mt-DNA ist bei der geringen untersuchten Stichprobe durchaus auffällig.»

Was kann man aus einem solchen Befund schließen? Die mütterlichen indianischen Vorfahren der Gringuitos stammten offenbar ursprünglich aus unterschiedlichen Regionen Südamerikas. Aber das passt nicht zu der Idee, dass die ersten Kontakte zwischen männlichen Einwanderern aus der Alten Welt und Indianerinnen im heutigen Chachapoya-Gebiet stattfanden. So scheint ein anderes Bild nahezuliegen: dass sich nämlich Einwanderer schon zuvor, in anderen Regionen Südamerikas, mit Indianerinnen zusammengetan hatten und diese dann nach Nordostperu mitbrachten.

Das wiederum führt zu einer weiteren Folgerung: Soweit wir wissen,

lebten die Gringuitofamilien bereits in ihren Dörfern, als die Konquistadoren nach Peru kamen. Und abgesehen von den letzten Jahrzehnten kamen danach offenbar auch keine neuen Zuwanderer in die Dörfer. Die
«Variabilität der mt-DNA», die unterschiedliche Herkunft der mütterlichen Gringuito-Vorfahren, lässt sich dann nur so erklären, dass die Begegnungen zwischen Indianerfrauen und europäischen Einwanderern,
den männlichen Gringuito-Vorfahren, schon in präkolumbischer Zeit
stattgefunden haben müssen.

So liefern die mt-DNA-Befunde zwar keinen Beweis, jedoch eine zusätzliche Bestätigung sowohl der Aussagen der örtlichen Heimatforscher
als auch unserer Arbeitshypothese: Irgendwann zogen europäische Einwanderer quer durch den Kontinent und taten sich auf den verschiedenen Stationen ihrer Reise mit Indianerfrauen unterschiedlicher Herkunft
zusammen. Und auch deren Erbanlagen gelangten vor der Ankunft der
Spanier ins Chachapoya-Gebiet. Die neuzeitlichen Entdecker Perus, die
spanischen Konquistadoren, kommen schon allein deshalb nicht als Vorfahren der Gringuitos in Frage, weil sie bei eventuellen Besuchen in den
Dörfern sicher nicht Indianerfrauen aus weit entfernten Gegenden mitgebracht und dann in den Dörfern gelassen hätten.

Ein neues, interessantes Projekt, das zurzeit in Peru zur Chachapoya-
DNA durchgeführt wird (siehe S. 243 ff.), hat schon erste Ergebnisse geliefert. Sie sichern das Ergebnis unserer wenigen Stichproben durch eine vergleichsweise große Zahl von Proben ab: «Die mtDNA-Daten zeigen eine
hohe Diversität unter den Chachapoya: Alle analysierten Individuen gehörten zu einer der indigenen mtDNA Haplogruppen. Haplogruppe D
überwog (28 %), gefolgt von den Haplogruppen A, B und C (jeweils
24 %).» Diese das gesamte Südamerika übergreifende genetische Diversität
in der mütterlichen Linie der Chachapoya-Vorfahren sei sehr untypisch für
die Andenregion und besteht offenbar schon sehr lange.[35] Mich überraschte das Ergebnis nicht – schon die archäologischen Befunde in der Alten
und der Neuen Welt und die Untersuchungen zu Motiv und Gelegenheit
lassen keinen Zweifel daran, dass die Einwanderung so wie hier beschrieben stattgefunden haben muss (siehe das Szenario auf S. 152). Für alternative Erklärungen der Befunde der Forscher liegen nach meinem Wissen
keine Indizien vor.

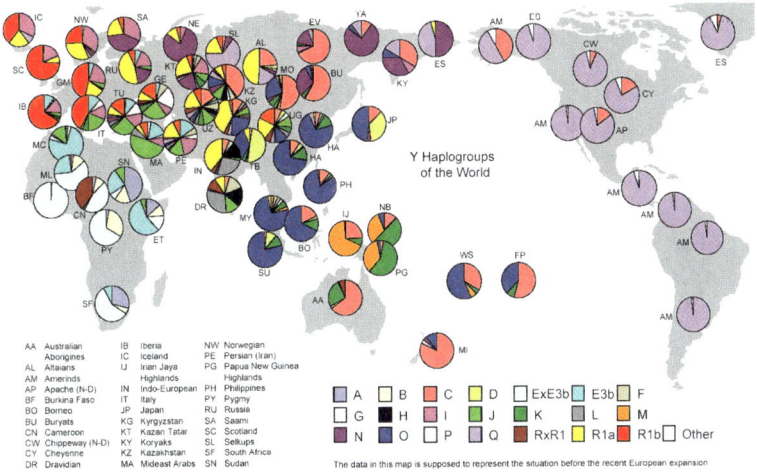

Y Haplogroups
of the World

AA	Australian	IB	Iberia	NW	Norwegian
	Aborigines	IC	Iceland	PE	Persian (Iran)
AL	Altaians	IJ	Irian Jaya	PG	Papua New Guinea
AM	Amerinds		Highlands	PH	Highlands
AP	Apache (N-D)	IN	Indo-European	PH	Philippines
BF	Burkina Faso	IT	Italy	PY	Pygmy
BO	Borneo	JP	Japan	RU	Russia
BU	Buryats	KG	Kyrgyzstan	SA	Saami
CN	Cameroon	KT	Kazan Tatar	SC	Scotland
CW	Chippeway (N-D)	KY	Koryaks	SL	Selkups
CY	Cheyenne	KZ	Kazakhstan	SF	South Africa
DR	Dravidian	MA	Mideast Arabs	SN	Sudan

☐ A ☐ B ☐ C ☐ D ☐ ExE3b ☐ E3b ☐ F
☐ G ☐ H ☐ I ☐ J ☐ K ☐ L ☐ M
☐ N ☐ O ☐ P ☐ Q ☐ RxR1 ☐ R1a ☐ R1b ☐ Other

The data in this map is supposed to represent the situation before the recent European expansion

101 Die weltweite Verbreitung der Y-Haplogruppen

Doch kann die DNA der Gringuitos Auskunft darüber geben, wer diese frühen europäischen Einwanderer gewesen sein könnten? Gibt es überhaupt denkbare Alternativen zu unseren Einwanderungsszenarien?

Im Prinzip ja. Im Zusammenhang mit der Herkunft der Gringuitos waren wir zwei anderen Theorien begegnet: der Mormonentheorie und der Wikingertheorie (siehe S. 42 f.). Auch diese Theorien gehen davon aus, dass frühe Einwanderer aus der Alten Welt sich erst nach langen Reisen durch Südamerika im Chachapoya-Gebiet ansiedelten.

Nach den Ursprüngen innerhalb Europas zu suchen, erfordert eine detailliertere Analyse. Aber Kayser erklärte, dass das sehr wohl möglich ist, nämlich «indem man das Y-Chromosom benutzt und dort nach speziellen DNA-Markern, die bestimmte Y-Haplogruppen anzeigen, sucht.» Auf der Basis der weltweit gesammelten DNA-Daten haben die Humangenetiker Karten gestaltet, die die Verteilung der «Y-Haplogruppen» auf der Erde zeigen. Y-Haplogruppen nennt man Typen von Y-Chromosomen, die von bestimmten, sich relativ langsam verändernden DNA-Markern charakterisiert werden.

Die Variationen der Y-Haplogruppen sind nicht gleichmäßig über die

Erde verteilt. Während etwa in Amerika die Y-Haplogruppe Q dominiert, gibt es in anderen Regionen, wie Zentralasien und Europa, mehrere unterschiedliche Y-Haplogruppen. Wenn also zum Beispiel in einer DNA-Probe die Y-Haplogruppe Q festgestellt wird, dann kann man aufgrund dieser Verteilung auf eine amerikanische väterliche Abstammung dieser Person schließen. So liefert die Verteilung der Y-Haplogruppen ein Instrument, das eine Beurteilung von unterschiedlichen Einwanderungsszenarien möglich macht.

Die seltsame Mormonentheorie von den verlorenen Stämmen Israels käme vielleicht doch in Frage, wenn sich Haplogruppen wie J oder E3b zeigen würden. Und wenn sich nun Wikinger vor tausend Jahren in die Anden verirrt hätten und die Vorfahren der Gringuitos wären, wie viele Einheimische vermuten, dann müsste man die Y-Haplogruppe I1 in der Gringuito-DNA finden. Zwar entstand die Kultur der Chachapoya lange vor den ersten großen Reisen der Wikinger, und auch Kulturmerkmale der Wikinger haben wir nirgendwo bei den Chachapoya entdeckt. Doch vielleicht besuchten die Wikinger irgendwann später die Chachapoya und vermischten sich mit ihnen, und die genetische Vermischung erfolgte ohne die Weitergabe von Kulturmerkmalen. Das würde zwar unseren Ermittlungsergebnissen nicht widersprechen, doch die Chronistenberichte in Bezug auf «weiße Indianer» und das Phänomen der Gringuitos ließen sich so durchaus auch mit Besuchen der Wikinger erklären.

Und was wäre, wenn sich herausstellen würde, dass die Gringuitos aus Osteuropa stammen? Darauf würde zum Beispiel die Haplogruppe R1a hinweisen. Auch dann hätten die Gringuitos nichts mit unserer Theorie zu tun.

Welches Ergebnis könnte unsere Vermutungen in Bezug auf keltische Vorfahren der Gringuitos bestätigen? Zunächst: «Keltengene» existieren nicht. Ethnologen verstehen heute unter «Kelten» eine Gruppe von genetisch unterschiedlichen Völkern, die lediglich eine gemeinsame Kultur verbindet.[36] Zur Frage der Herkunftsregionen lieferten die zuvor untersuchten Hinweise auf hellhaarige Chachapoya keine Informationen. Die Forschungen zur Arbeitshypothese haben ergeben, dass sich Kelten verschiedener Herkunft unter den Einwanderern befunden haben müssen. So müsste die Y-DNA der Gringuitos also auf Keltenregionen verwei-

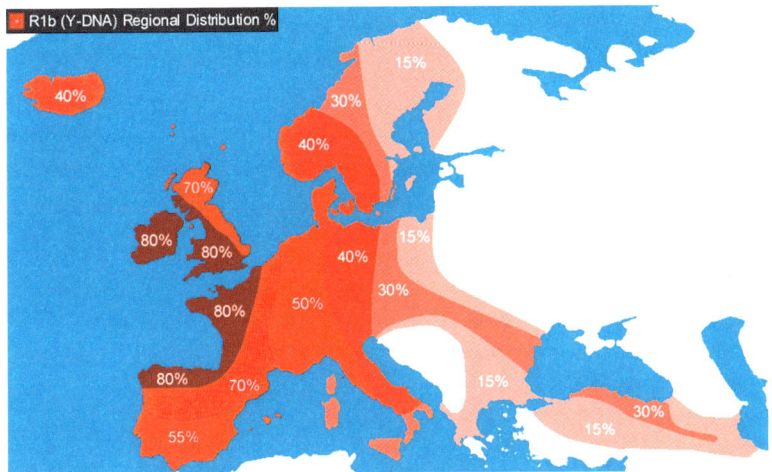

102 *Die Verteilung der Y-Haplogruppe R1b in Europa*

sen, vermutlich auf die Regionen, in denen noch heute keltisches Brauchtum besonders lebendig ist. Das ist hauptsächlich der Fall in Schottland, Irland, Wales, Cornwall, der französischen Atlantikküste, zum Beispiel der Bretagne, und dem Norden und Nordwesten der Iberischen Halbinsel.

Wenn die dort häufige Y-Haplogruppe auch bei unseren Gringuito-Stichproben auftreten würde, und nicht die Gruppen J, E3b, I1 oder R1a, dann spräche das Ergebnis klar gegen die Mormonen-, Wikinger- oder Osteuropa-Spekulationen zur Herkunft der Gringuitos. Ein solches Ergebnis würde die Hinweise auf hellhaarige Chachapoya erklären und unsere Arbeitshypothese bestätigen.

Der große Moment war da. Kayser erklärte uns das Ergebnis: «Die Y-chromosomalen Daten, die wir zur Zeit zu den europäischen Vorfahren der Gringuitos besitzen, sprechen für den Westteil Europas als Region der väterlichen Abstammung. Wir haben einen Typ des Y-Chromosoms entdeckt, der Y-Haplogruppe R1b genannt wird, und der ist am häufigsten im Westen der Britischen Inseln, an der Atlantikküste Frankreichs und im Norden und Nordwesten Spaniens, der Iberischen Halbinsel. Wenn man also eine Region innerhalb Europas für den väterlichen Ursprung dieser

Leute beziehungsweise ihrer Vorfahren bestimmen will, dann wäre das der westliche Teil von Westeuropa.» Genau das wollte ich wissen!

Am dichtesten – mit teilweise über 90 Prozent – häuft sich R1b in Nord- und Nordwestspanien. Und genau dort blühten noch bis vor über zweitausend Jahren die Bautraditionen der Keltiberer und der Castro-Kultur, die den Wohn- und Bauformen der Chachapoya verblüffend gleichen, und spanische Kelten hinterließen eine Vielzahl weiterer kultureller Traditionen, die man in derselben Form wieder bei den Chachapoya fand.

Möglicherweise habe ich bei meinen Begegnungen mit Gringuitos in die Augen von über zweitausend Jahren bisher unbekannter keltischer Geschichte geblickt – ein faszinierender Gedanke.

Die Verlässlichkeit der Arbeitshypothese hängt nicht von dem Ergebnis der Forschungen zu den Gringuitos ab. Doch der Hinweis auf eine Herkunftsregion hellhaariger Chachapoya entspricht exakt den Szenarien der Arbeitshypothese. Vielleicht erweisen sich die Untersuchungen zu den Gringuitos als Hebel, mit dessen Hilfe es gelingt, Dogmatismus im Wissenschaftsbetrieb abzubauen. Wie viele spannende und wichtige neue Forschungsergebnisse, von denen wir noch nichts ahnen, könnte Wissenschaft liefern, wenn die Bedingungen anders wären!

Die Analysen der Gringuito-DNA fanden lange vor dem vermutlich nicht so bald abgeschlossenen Drama um das aktuelle DNA-Forschungsprojekt in Peru statt – ein Anlass für eine persönliche Bitte insbesondere an die Kollegen der Altamerikanistik: Falls Sie mit dem Gedanken spielen sollten, einem der in diesem Buch vorgestellten Ergebnisse öffentlich zuzustimmen, bedenken Sie bitte zuvor das damit für Sie verbundene Risiko.

Falls Sie jedoch eine überzeugendere Erklärung für all das, was die vorgestellte Arbeitshypothese erklärt, entdecken sollten, werde ich es halten wie ein Forscher, dessen bisherige Veröffentlichungen den Pfad des Mainstream nicht allzu sehr verlassen haben, nämlich Warren B. Church. Er schrieb mir: «Ich bin voll und ganz darauf eingestellt, dass mir jemand einen Irrtum nachweist. Wenn irgendetwas, was ich geschrieben habe, jemanden veranlasst, meine Interpretationen zu widerlegen, wird es mich glücklich machen, dass ich zum wissenschaftlichen Prozess beigetragen habe.»

ANMERKUNGEN

1. Die Rätsel der Chachapoya

1. Dazu u. a. Mendoza Pizarro 1998, S.23, 45 ff.
2. Vgl. die umfassende Darstellung der Geschichte der archäologischen Forschung zu den Chachapoya Schjellerup 1997, dort S. 111: «From the earliest times people recognized the uniqueness of the regional architectural style.»
3. Es sind nur wenige Berichte der Inka über ihre Begegnungen mit den Nachfahren der Erbauer Kuelaps erhalten. Die umfassendsten stammen von dem spanisch-indianischen Chronisten Garcilaso Inca de la Vega (dazu Vega und Plackmeyer).
4. Zu den verschiedenen Deutungen des Begriffs «Chachapoya» vgl. u. a. Schjellerup 1997, S. 25 und Lerche 1995, S. 26 ff. Auch alle Versuche, die Sprache der Chachapoya zu rekonstruieren und dadurch auf die Herkunft zu schließen, schlugen fehl (vgl. Church 2013).
5. Im Büro des staatlichen Instituto Nacional de Cultura in der Stadt Chachapoyas wird zum Beispiel eine 1,80 m große Mumie aufbewahrt.
6. Präzise Quellenangaben sucht man allerdings bei solchen Hinweisen meist vergeblich. Im 4. Kapitel, Abschnitt «'Weiße Indianer': Die Berichte der Konquistadoren» gehe ich diesen Berichten nach.
7. Das berichtet u. a. Peter Lerche in Lerche 96, S. 104.
8. Die Aussage stammt aus einem vom Autor im Mai 2008 aufgezeichneten Gespräch mit Frau Paz Sotero. Bis heute hat sich an dieser Situation nichts geändert.
9. Vgl. dazu Lerche 1996, S. 35; Kauffmann-Doig 1991, S. 328; Church / von Hagen 2008, S.907 ff.; Church 1996.
10. Zick 2011, S.132.
11. Kurella 2008, S. 233. Der peruanische Archäologe Duccio Bonavía schrieb 1991: Sie «müssen im nördlichen Andenbergland eine bedeutende Gruppe gewesen sein, von der es einige archäologische Nachweise gibt, aber auch über ihre Organisation wissen wir nichts.» (zitiert in Lerche 1995, S. 31, vgl. auch Lerche 1995, S. 22 ff.)
12. Zick 2011, S.132.
13. So äußerte sich Peter Lerche in einem 2011 mit dem Autor geführten Briefwechsel.
14. Vgl. dazu Lerche 1986 und 1996, S. 41 f. sowie 2011.
15. Zu keltischen Gesellschaftsformen vgl. James 1996, S. 53, zu den Chachapoya Zick 2011, S. 132, Lerche 1996, S. 50, Zetzsche / Koschmieder 2010, S. 39, Informationen des INC Chachapoyas vom Mai 2008.
16. Die Aussagen zur Ausdehnung der Chachapoya-Kultur und zur Bevölkerungszahl stützen sich u. a. auf Informationen von Peter Lerche im Mai 2008 sowie auf Lerche 1995, S. 21 f., 36; Lerche 1996, S. 50; Schjellerup 1997, S. 20.

17 Lerche 1996, S.50; Pedro Pizarro und Cieza de Leon in Lerche 1995 S.37 f.

18 Zetzsche / Koschmieder 2010, S.39, vgl. auch von Hagen o. J., S.4

19 Dazu Nystrom u. a. 2010, S.477–495.

20 Lerche in Korrespondenz aus 2012.

21 «Comentarios Reales de los Incas», Buch 8, Kap. 2, in Plackmeyer 1986, S. 285, vgl. zum Verlauf der Inkakriege auch Schjellerup 1997, S.60 ff.

22 Lerche 1996, S. 50 f.

23 Vgl. dazu Hartmann 1991, S. 102 f.

24 Dazu Lerche 1995, S. 83 f.

25 Dazu Schjellerup 1997, S. 26. Der Linguist Alfredo Torero vermutet sogar, dass sich schon vor dem Eindringen der Inka das Quechua als Umgangssprache auch auf das Chachapoya-Gebiet ausgebreitet hatte (u. a. Torero 2002).

26 Von Hagen o. J., S. 2.

27 Lerche 1996 S. 52 ff.

28 Kurella 2008, S. 234.

29 Dazu u. a. Schjellerup 1997, S. 66 ff.

30 Schjellerup 1997, S.67 f., und Engl 1991, S. 207.

31 Dazu Lerche 1996, S. 52 ff., und Lerche 1995, S. 5 ff.

32 Zitiert bei Lerche 1996, S. 50.

33 Zitiert bei Lerche 1995, S. 38.

34 Dazu Engl 1991, S.207 f. und Schjellerup 1997, S. 67 f., S. 77.

35 Lerche 1996, S. 55; Schjellerup 1997, S.74 ff.

36 Geldner 2010, S. 1: «Die letzten Chachapoya starben schließlich durch die eingeschleppten Krankheiten der Konquistadoren.» Vgl. auch Lerche 1996, S. 56.

37 Dazu Schjellerup 1997, S.200 ff.

38 Ciezas Äußerungen zur Webkunst der Chachapoya fielen mehreren Forschern auf, zum Beispiel Inge Schjellerup 1997, S.199.

39 Beispiele zeigen u. a. Kauffmann-Doig 2003, S. 400 f., Schjellerup 1991, S. 320, und Schjellerup 1997, S. 160 ff. Auch Peter Lerche fiel die Vorliebe der Chachapoya für Kultsteine und Spiraldarstellungen auf (Korrespondenz mit dem Autor 2011).

40 Lerche 1996, S. 51.

41 Schjellerup 1997, S.160 ff.

42 Vgl. Zetzsche 2009, S. 94.

43 Lerche 1996, S. 51.

44 Vgl. zum Beispiel Schultz 1994. Zum Thema Trepanation, insbesondere ähnlich scheinende Formen bei Kelten, in Südosteuropa und im präkolumbischen Mexiko vgl. Kapitel 5.4 in Giffhorn 2014.

45 Schjellerup 1991, S.317, und 1997, S. 199 und 222. Inge Schjellerup beschreibt die Trepanation an diesen Chachapoya-Schädeln als die «typischen Bohrlöcher».

46 Zu den präkolumbischen Trepanationstechniken zum Beispiel Verano 2003, S. 228 ff.

47 Von Hagen o. J., S.1.

48 Birkhan 1997, S. 340 ff., S. 817 ff., Arnott u. a., S. 147 ff.

49 Zur Entdeckung Kuelaps durch Richter Nieto: Mendoza Pizarro 1998, S. 23, 45 ff., Lerche 1996, S. 45 ff., Kauffmann-Doig und Ligabue 2003, S. 136.

50 Detaillierte Berichte zur frühen Erforschung der Chachapoya-Region finden sich besonders bei Lerche 1995, S. 22 ff., 121 und 127 und Schjellerup 1997, S. 104 ff.

51 Zick 2011, S. 129.

52 Zick 2011, S. 128 und Wurster 1991.

53 Zu «Gran Pajatén» und seiner Entdeckung vgl. von Hagen o. J., S. 2, 13 f.; Church 1994 und Zick 2011, S. 128 ff.

54 In fast allen Arbeiten zu den Chachapoya versucht Kauffmann-Doig, die Chachapoya-Kultur auf Wurzeln in den Hochanden zurückzuführen, u. a. in Kauffmann-Doig 1991 und 2013.

55 Dazu Savoy 1970, S. 131 ff. und 1974, S. 3 ff.

56 Lerche 1996, S. 51.

57 Zitiert in Zick 2011, S. 136.

58 Lerche 1986

59 Vgl. ihre Dissertation: Schjellerup 1997.

60 Arbeiten von Adriana von Hagen: u. a. von Hagen o. J. und Church/von Hagen 2008.

61 Das Bayrische Fernsehen sendete diesen Film unter dem etwas seltsamen, von der Redaktion formulierten Titel «Chachapoya – die blonden Andenkrieger». Der Autor hatte gehofft, dadurch Diskussionen unter Fachleuten und weitere Forschungen anzuregen. Manche der im Film genannten, damals noch völlig ungesicherten Spekulationen tauchten bald im Internet auf, meist als verkürzte Tatsachenbehauptungen, aber zum Glück, ohne den Autor als Quelle zu nennen. Die Fachwelt reagierte aus verständlichen Gründen nicht auf den Film.

62 Lerche 1998, S. 56 ff., 2000/1 und 2000/2, S. 138 ff.

63 Lerche 1998, S. 66.

64 Zu den Forschungen Koschmieders vgl. Zetzsche 2009 und 2010.

65 Schjellerup 1997 S. 110.

66 Dazu u. a. von Hagen o. J., S. 4 und Church 1996, 2013.

67 Zick 2011, S. 139. Vgl. auch einen von Perus Behörden gratis verbreiteten Prachtband: Kaufmann-Doig 2013.

68 Kauffmann-Doig 1991, S. 449 ff.

69 Kauffmann-Doig und Ligabue 2003, S. 111.

70 Zitiert auf der englischsprachigen Wikipedia-Seite zu den Chachapoya, Aufruf vom 21.08.2012.

71 Lerche 1996, S. 38.

72 Das vertrat Koschmieder z. B. 2010 in einer TerraX-Dokumentation zu den Chachapoya.

73 Means 1920, S. 319

74 Church/von Hagen 2008, S. 911 ff.; von Hagen o. J., S. 4; Church 1996, 2013.

75 Lerche 1995, S. 25.

76 Korrespondenz mit Lerche 2012.

77 Zick 2011, S. 131.

78 Zick 2011, S. 130.

79 James 1996, S. 66 ff.

80 Birkhan 1997, S. 796 ff.; Wood 1998, S. 102; James 1996, S. 94 f., 97, 99.

81 James 1996, S. 82; Birkhan 1997, S. 296 ff., 817 ff.

82 Strabon IV, 4, 5, zitiert in Herrmann 1988, S. 181.

83 Zitiert in Herrmann 1988, S. 177.

84 Wood 1998, S. 27; auch Birkhan 1997, S. 751 ff

85 Juliette Wood spricht von «Heiligen Spiralen», siehe Wood 1998, S. 23.

86 Etwa der sogenannte «Granit-Cippus von Kermania» bei Pont-l Ábbé (Dép. Finistère) in Birkhan 1997, Abb. 465.

87 Beispiele zeigen u. a. Lerche 1995, S. 50, Lerche 1996, S. 108 f. und Schjellerup 1997, S. 302.

88 Vgl. dazu Birkhan 1997, S. 694 ff., dazu auch die abgebildete Sandsteinstele mit gehörntem Kopf, etwa 500 v.Chr., aus Holzgerlingen in Birkhan 1997, S. 88.

89 Dazu u. a. Wood 1998, S. 50 ff.

90 Das Metallrelief ist Teil des berühmten «Gundestrupkessels» (vgl. Wood 1998, S. 50 f.)

91 Birkhan 1997, S. 725 ff.

92 Lerche 1996, S. 51, auch Garcilaso de la Vega in Plackmeyer, S. 283.

93 In den vorangegangenen Jahren hatte ich die Bauernkultur Ibizas und ihre karthagischen Wurzeln dokumentiert; dazu die vom Bayrischen Fernsehen 2001 ausgestrahlte Doku «Ibiza – Rätsel der Vergangenheit».

94 Die Funde sind im Museum in Leymebamba gelagert.

95 Schlette 1976, S. 170.

96 Krings 1995, S. 775.

97 Vgl. dazu Kauffmann-Doig 1991, S. 331 und von Hagen o. J., S. 19.

98 Das berichtete u. a. der Chronist Garcilaso de la Vega (in Plackmeyer, S. 283).

99 Dazu Korfmann 1986, S. 134.

100 James 1996, S. 52.

101 Dazu auch Lerche 1998, 2000.

102 Diodor 5,27 zitiert in James 1996, S. 64.

103 Vgl. Roberts und Buikstra 2003, S. 87 ff.

104 Vgl. Roberts und Buikstra 2003, S. 187 ff.

105 Mackowiak u. a. 2005, S. 515.

106 Einen Überblick zur Geschichte der frühen Besiedlung Amerikas liefert Zick 2011, S. 38 ff.

107 Ortner, zitiert in Wilford 1994.

108 Dies teilte er mir im Sommer 2006 in einem Telefongespräch mit.

109 Vgl. dazu Laschinski 2006, S. 5.

110 Siehe dazu u. a. die Veröffentlichungen von Michael Schultz 1988, 1999/1, 1999/2, 2001.

111 Michael Schultz in einem filmisch dokumentierten Gespräch, 2011.

112 Roberts und Buikstra 2003, S. 193 f.

113 Vgl. u. a. Roberts und Buikstra 2003, S. 191 f.

114 Roberts und Buikstra 2003, S. 193 f., S. 212.

115 Roberts und Buikstra 2003, S. 193.

116 Mackowiak u. a. 2005, S. 516.

117 Roberts und Buikstra 2003, S. 212.

118 Vgl. u. a. Roberts und Buikstra 2003, S. 191.

119 Das geschah u. a. durch die Forschungen von Warren Church, vgl. S. 51 f.

120 «Los Chachapoyas: Origenes y trayectoria cultural» in Kauffmann-Doig 2013, S. 41 ff.

121 Alfredo Narváez: El legado arquitectónico, in Kaufmann-Doig 2013, S. 150 f. An anderer Stelle hatte Narváez auch von Radiokarbon-Datierungen aus dem Jahr 500 n. Chr. berichtet: Narváez 2010.

122 Vgl. Church 1994.

123 Church 1988, S. 277 f. Die Ausgrabungen wurden (wie in der Arbeit dokumentiert) von erfahrenen und angesehenen Archäologen sowie von Fachwissenschaftlern verschiedener Disziplinen der Universitäten Colorado-Boulder, Yale und Trujillo betreut.

124 Church hat dieses Ergebnis nie veröffentlicht (ich besorgte mir das Original der Arbeit aus Amerika). Church schrieb mir am 21.07.2013, dass er wegen seiner Ergebnisse zum «Building No 1» «heftige Kritik von einigen sehr seltsamen peruanischen Archäologen erleiden musste» und am 06.08.2013, dass ihm «weisere Archäologen» klargemacht hätten, dass er die Verbindung des Baubeginns mit seiner Datierung der Keramik nicht beweisen könne.

125 «Sample K-6082 10A. D., cal. Stuiver and Pearson, 1993. C-14 Laboratory, The National Museum of Denmark» – Schjellerup 1997, S. 201.

126 Schjellerup 1997, S. 299. Vergleiche zeigten, dass die Altersbestimmung von Huepon als repräsentativ für die ganze Gegend gelten kann (Schjellerup 1997, S. 202).

127 Church 1988, S. 55.

128 Lerche 1996, S. 38.

129 Aus einem offiziellen Schreiben des Instituto Historico e Geografico de São Paulo vom 16.01.2005.

130 Die wichtigsten Veröffentlichungen zur Marajó-Kultur verdanken wir der auf Marajó forschenden Archäologin Denise Schaan, vgl. u. a. 1997, 2001.

131 Schaan 2001, S. 110 f.

132 Neves u. a. 2001, S. 16.

133 Neves u. a. 2001, S. 16.

134 Brochado / Noelli 2011, S. 6579.

135 Dazu u. a. Zick 2011, S. 39.

2. Völker der Antike: Ein möglicher Schlüssel

1 Zick 2011, S. 38.

2 Zick 2011, S. 38.

3 Hornig 1996, vgl. auch Hornig 1997, 2000, 2001, 2007.

4 In einem im Sommer 2011 aufgezeichneten Gespräch.

5 In Caragol 2004.

6 Bégoin 2009.

7 Dazu gehörten u. a. Rodolfo Fattovich, Universität Neapel, Kathryn Bard, Universität Boston und Prof. Shamuel Ward, Universität Florida.

8 In einem im Sommer 2011 aufgezeichneten Gespräch.

9 Tilley 2004.

10 Statement Hornig 2011.

11 Vgl. zu den nautischen Möglichkeiten der Karthager Moscati 1988, 1996, S. 243 ff.

12 Moscati 1996, S. 21 ff.

13 Caragol 2004.
14 Zur Geschichte und Kultur der Phönizier vgl. u. a. Sommer 2008.
15 Dazu Moscati 1996, S. 27 ff.
16 Moscati 1996, S. 243 ff.
17 Bericht in der *Historia naturalis* von Plinius dem Älteren, vgl. Plinius 1961.
18 Vgl. zur Kultur und den nautischen Möglichkeiten der Karthager Moscati 1988 und 1996, S. 243 ff.
19 Vgl. u. a. Henning 1944, S.147.
20 So u. a. Karin Hormig in einem Statement vom Sommer 2011.
21 Aristoteles 1981, S. 16.
22 Vgl. die Anmerkung in Aristoteles 1981, S. 109.
23 Diodoros 1992, S. 449 f.
24 Diodoros 1992, S. 450.
25 Baumhauser S. 27 f.
26 Kommentar in Diodor 1831, S. 514.
27 Zum Beispiel im Kommentar von Thomas Nothers in Diodoros 1992, S. 599.
28 Diodoros 1992, S. 448 f.
29 Aristoteles 1981, S. 18.
30 Aristoteles 1981, S.18 f.
31 Diodoros 1992, S. 448 f.
32 Vgl. zur ursprünglichen Natur Madeiras u. a. Press u. a. 1994.
33 Schulten 1920, S. 49 f.
34 Konrad 1980, S. 106 f.
35 Konrad 1980, S. 107.
36 Vgl. die Anmerkung bei Plutarch 1980, S. 189.
37 Konrad 1980, S. 106 f.
38 Schulten 1920, S. 49 f.
39 Plutarch 1980, S. 189.
40 Schulten 1920, S. 4 in der Anmerkung.
41 Kolumbus in der Übersetzung von Zahorsky 1941.
42 Diodoros 1992, S. 448 f.
43 In Wallisch 2002, S. 13.
44 Vespucci in Wallisch 2002, S. 23.
45 Vespucci in Wallisch 2002, S. 25.
46 Aristoteles 1981, S. 18, und Diodoros 1992, S. 449.
47 Dazu Wallisch 2002, S. 50.
48 Dazu das erste Kapitel von Teil 2.
49 Diodoros 1992, S. 450.
50 Dazu Wallisch 2001.
51 Moscati 1996, S. 243 ff.
52 Diodoros 1992, S. 450.
53 Statement Hornig 2011.
54 Statement Hornig 2011.
55 Vgl. die Literaturangaben bei Schwabacher 1963, S. 24.
56 Am gründlichsten durch Henning 1944, S. 138 ff.
57 Henning 1944, S. 145.

58 Henning 1944, S. 153 ff.

59 Henning 1944, S. 146.

60 Schwabacher 1963 S. 22 ff.

61 Statement Hornig 2011.

62 Vgl. Simons in «New York Times» vom 25.06.1985.

63 Vgl. Moscati 1988, S. 570.

64 Diodoros 1992, S. 448 f.

65 Gutachten des Departamento de Mineralogia e Geotectonica der uni Sao Paulo, ausgefertigt von Prof. José Barbosa de Madureira Filho und am 20.01.2003 unterschrieben von Maria Lucia Rocha Campos, Direktorin des Museu de Geociências, Sao Paulo.

66 Dies war auch ein Hauptargument in der Diskussion zur berühmten Himmelsscheibe von Nebra. Vgl. Internetseite des Landesamts für Denkmalpflege und Archäologie Sachsen-Anhalt / Himmelsscheibe von Nebra / Echtheit und Datierung, 2009.

67 Bökemeier 2006, S. 6.

68 Zu Methoden, Möglichkeiten und Grenzen der C14-Analyse vgl. Wild 2011, S. 48–55.

69 Dazu u. a. Prümers 2009 und Prümers u. a. 2006, S. 254.

70 Vgl. zum Beispiel Prümers u. a. 2006, S. 254.

71 Neves 2001, S. 16, dazu auch Schaan 2001.

72 Vgl. dazu die Abbildung eines Rhytons aus dem Ausstellungskatalog «Sumer –Assur – Babylon», Roemer- und Pelizaeus-Museum Hildesheim 1978, Abb. 155.

73 Die Zusammenstellung von Abbildungen karthagischer Artefakte bei Moscati 1996, u. a. auf S. 152 bis 207, belegt eindrucksvoll die Vielzahl unterschiedlichster Stile und Einflüsse.

74 Vgl. das Gutachten, beantragt von Heinz Budweg, im Auftrag des Instituto Historico e Geografico de São Paulo und am 20.3.2006 im Namen des Instituto de Geosciéncias, Departamento de Mineralogia e Geotectónica, Laboratório de Química der Universität São Paulo unterschrieben von Prof. Horstpeter Ulbrich.und Sandra Andrade.

75 Vgl. dazu Bray 1991, S. 58–81 und Llorens 1991, S. 82–97.

76 Statement Hornig 2011.

77 Fröhlich 1979, S. 6.

78 Schönnenbeck 2001, S. 3.

79 Auskunft des Rathgen-Forschungsinstituts, Berlin 2007.

80 Dokumentiert in Baur 2003, vgl. auch Docter 2008.

81 So der Kommentar in Baur 2003.

82 Bökemeier 2006, S. 6, dort auch Abb. S. 10.

83 Bökemeier 2006, S. 6.

84 Ulbrichs Mitarbeiterin Sandra Andrade in einem 2008 im Laboratório de Química an der Universität São Paulo aufgezeichneten Gespräch zwischen ihr, Heinz Budweg und mir.

85 Dazu Baumhauser 1985, S. 27 f.

86 Baumhauser 1985, S. 38 und Sepúlvedas Diskussion mit dem Dominikanermönch Las Casas, dazu u. a. Meier 1992.

87 Dazu auch Baumhauser 1985,.S. 38 f.

88 Pirckheimer 1530.

89 Vgl. zum Beispiel Kuhn 2009.
90 Zick 2011, S. 39 f.
91 Luik 2005, S. 3.
92 Vgl. Luik 2005, u. a. S. 16 f., 51 ff., 71 f., 107 ff.
93 Luik 2005, S. 15 f.
94 Luik 2005, S. 6 ff.
95 Luik 2005, S. 110 f.
96 Houten 2013.
97 Luik 2005, S. 110 f.
98 Houten 2013, S. 66, 69, 88.
99 Plantalamor o. J.
100 Guerrero 2006.
101 Guerrero 2006, S. 247.

3. Von der Alten Welt in die Anden: Rekonstruktion einer Auswanderung

1 Caamano Gesto 2007.
2 Caamano, 28.10.2013.
3 Caamano, 29.10.2013
4 Arias Vilas, 31.10.2013.
5 Caamano, 30.10.2013.
6 Caamano, 31.10.2013.
7 Arias Vilas, 04.11.2013.
8 Luik 2005, S. 14 f.; Houten 2013, S. 73.
9 Caamano, 28.11.2013.
10 Houten 2013, S. 4, 73.
11 Vgl. dazu den bericht über die Zusammenarbeit in Kapitel 5.4 in Giffhorn 2014.
12 Vgl. dazu Korfmann 1986, S. 134.
13 Das berichtete mit der Experte für Trepanationen der Iberischen Halbinsel Doménec Campillo in einem Gespräch in Barcelona im April 2013. Er hatte auf Mallorca und Menorca gefundene Schädel untersucht.
14 In einem von meinem Kameramann im Sommer 2005 dokumentierten Interview an der Universität Recife.
15 Vgl. dazu die Internet-Veröffentlichungen der Universidade Catolica de Pernambuco zu «Furna do Estrago».
16 Brito 1993; Pessoa 1987.
17 Brito 1993, S. 37 ff.
18 Vgl. dazu zum Beispiel Baraldi 1997.
19 «Heilige Spiralen», vgl. Wood 1998, S. 23.
20 Martínez 2005, S. 419.
21 Ruprechtsberger 1997, S. 72 f.
22 Vgl. dazu die Internet-Veröffentlichungen der Universidade Catolica de Pernambuco zu «Furna do Estrago».
23 Campillo 2007, S. 64.

24 Vgl. Neves u. a. 2001, S. 15.
25 Neves u. a. 2001, S. 16.
26 Vgl. zum Beispiel Lilliu 1967, S. 23, 178, 193.
27 Vgl. Faber 1984.
28 Vgl. Vespucci in Wallisch 2002 S. 17, 21.
29 Vgl. Carvajal 1960.
30 Vgl. dazu Petersen u. a. 2001, S. 86–107.
31 Neves u. a. 2001, S. 15.
32 Dazu u. a. Schaan 1997, 2001.
33 Schaan 2001, S. 111.
34 Schaan 2001, S. 111.
35 Schjellerup 1997, S. 199.
36 Church 2006 S. 477.
37 Beispiele dafür finden sich bei Schaan 2011, S. 120 ff. (Marajó-Urnen) und Guapindaia 2011, S. 163 f. (Urnen anderer Amazonas-Kulturen).
38 Schaan 2001, S. 112.
39 Guapindaia 2001, S. 160.
40 Lenerz-de Wilde 1991, S. 206, Martínez 2005, S. 33 f.
41 Carvajal 1960.
42 Peterson u. a. 2001, S. 86–107.
43 Orellanas Berichte finden sich in Gaspar de Carvajals Chronik – Carvajal 1960
44 Vgl. Bentes 2006.
45 Bentes 2006, S.13.
46 Schjellerup 1991, S. 320. Die Vorliebe der Chachapoya für Spiraldarstellungen fiel auch Peter Lerche auf.
47 Vgl. u. a. Longhena / Alva 1999, S. 18.
48 Zick 2011, S. 132.
49 Paz Sotero im Interview mit dem Autor 2008.
50 Nystrom fand Hinweise darauf. Vgl. Nystrom 2010, S. 477–495.
51 Publiziert in peruanischen und amerikanischen Fachzeitschriften: Guillen et. At. 2004, Conlogue 2002.
52 Dieses und die folgenden wörtlichen Zitate von Michael Schultze stammen aus einem im Herbst 2011 an der Universität Göttingen von mir aufgezeichneten Statement.
53 Martínez 2005, S. 31 f.
54 Martínez 2005, S. 32; James 1996, S.80 f.; Lenerz-de Wilde 1991, S. 203.

4. Die Ursprünge der Chachapoya-Kultur

1 Dieses und die folgenden Zitate aus Church 2013.
2 Dieses und die folgenden Zitate aus Weismann 1868, S. 14 f.
3 Vgl. Carrier 2011, S. 68.
4 Kurella 2013, S. 71.
5 Schjellerup 1997, S. 222, vgl. dort auch die Abbildungen auf S. 199 und 222 und die Abbildung in Schjellerup 1991, S. 317 sowie Nystrom 2007.

6   Campillo 2007, S. 68 f.

7   Sampillo 2007, S. 64.

8   In einem filmisch Dokumentierten Gespräch an der Universität Göttingen im August 2011.

9   Martínez 2005, S. 227 f.

10   Strabon IV, 4,5, zitiert in Herrmann 1988, S. 181, dort auch Diodor, S.177.

11   So zum Beispiel Peter Lerche in Gesprächen mit mir.

12   Vgl. Hartmann 1991, S. 175.

13   Vgl. Birkhan 1997, S. 1134.

14   Cieza de Leon in der Crónica del Peru, 3. Teil, Kap. LXXXIX; vgl. auch Schjellerup 1997, S. 66, 76.

15   Garcilaso de la Vega bei Plackmeyer 1986, S. 283.

16   Vgl. auch Lerche 2011.

17   Vgl. Birkhan 1997, S. 1135 f.

18   Dokumentiert in Graffe 2004.

19   Means 1920.

20   Vgl. Means 1920, S. 317 ff.

21   Means 1920, Abb. 22–27.

22   Dazu Schjellerup 1997, S. 48 f.

23   Comentarios Reales de los Incas, Buch 8, Kap. 1, in: Plackmeyer 1986, S. 283.

24   Garcilaso in Plackmeyer 1986, S. 283.

25   Vgl. Lerche 1995, S. 35.

26   Vgl. von Hagen, S. 5.

27   Strabo 2005, S. 231.

28   Vgl. Martínez 2005, S. 32 ff., und Pena Graña 2006.

29   Unter «Protokelten» versteht man die Völker, die schon vor dem ersten Auftauchen von Zeugnissen eindeutig keltischer Kultur in den später den Kelten zugeordneten Gebieten lebten und deren Verhältnis zu den Kelten bei den Archäologen noch ungeklärt ist: Waren diese Menschen zufällige Vorläufer späterer keltischer Zuwanderer? Oder entstanden die ersten keltischen Kulturformen bei diesen Protokelten? Gerade bei der Castro-Kultur ist diese Frage umstritten, für unsere Argumentation jedoch unerheblich.

30   Beispiele zeigt zum Beispiel Martínez 2005, Abb. Nr.103 und 104.

31   Dazu Plinius und Strabon: Plin. IV, 111, Ptlo. II 6, 22; Strab. 3,3.5, in Pena Graña 2006, u. a. S. 394.

32   Vgl. Martínez 2005, S. 74 f., und Pena Graña 2006, S. 396.

33   Vgl. Pena Graña 2006, u. a. S. 396 und Zick 2011, S. 132.

34   Vgl. Martinez 2005, S. 247 und Pena Graña 2006, S. 396.

35   Dazu Foix 2006, S. 44.

36   Hornig in einem im Herbst 2011 vom Autor aufgezeichneten Statement.

37   Vgl. Martinez 2005, u. a. S. 131 u. 200.

38   Das zeigten die Vergleiche der Chachapoyamauern mit einer Fülle von Abbildungen und Beschreibungen keltiberischer Festungsmauern, vgl. u. a. Martinez 2005.

39   Lamb 2012, S. 24.

5. Das letzte verbleibende Rätsel:
Hinweise auf «hellhaarige Chachapoya»

1   Church 2006, S. 473.
2   Zetzsche / Koschmieder 2010, S. 36 f.
3   Rocío Paz Sotero in einem 2008 aufgezeichneten Interview.
4   Pena Graña 2006, S.390 f.
5   James S. 64.
6   Quellen in James S. 42, 64.
7   Pena Graña 2006.
8   Vgl. zum Beispiel Lerche 1996, S. 50.
9   Schjellerup 1997, S. 221.
10   Kongressbericht, IV Reunón de la Asociación de Paleopatologia en Sudamerica, PAMinSA IV, November, Lima 2011 (Guillén u. a. 2011).
11   Evelyn Guevara Torres und Jukka Palo: «Genetic Diversity and Divergence in a contemporary Chachapoya Population from Amazonas, – Peru. aSTRs, Y-STRs and mtDNA Evidence», in: Guillén u. a. 2011, S. 91.
12   Ebd.
13   Vgl. Ken-Ichi Shinoda, Sonia Guillén und Evelyn Guevara: «DNA Analysis of the ancient Chachapoyas, Amazonas, Peru», in: Guillén u. a. 2011, S. 43.
14   Schjellerup 1997, S. 67 f. und Engel 1991, S. 207.
15   Cieza de Leon 1984, Bd. I, Kap. 78, S. 304.
16   Cieza de Leon 1984, Bd. II, Kap. 63, S. 183.
17   Vgl. auch Howard / Pleticha 1970, S. 47 f.
18   Poma de Ayala 1936, S. 114.
19   In Longhena 1999, S. 159.
20   Poma de Ayala 1936, S. 161
21   Das ist sicher keine Fantasie-Darstellung. Obwohl Poma nie das Chachapoya-Gebiet bereist und seine Chronik erst Jahrzehnte nach der Ankunft der Spanier verfasst hat, kannte er Angehörige dieses Volks aus eigener Anschauung, denn Ende des 16. Jahrhunderts führte er einen erbitterten Rechtsstreit um Landansprüche gegen eine Gruppe von Chachapoya, deren Vorfahren die Inka in den Süden Perus deportiert hatten.
22   Dieses und die folgenden Zitate stammen aus einem Interview mit Prof. Schultz im August 2011
23   Vgl. Winkle 1997, S. 838 ff.
24   Darüber informierte mich Peter Lerche am 26.9.2011.
25   Zick 2011, S. 130.
26   Zum Beispiel Schjellerup und von Hagen.
27   Cieza de Leon 1984, S. 104.
28   Pizarro 1978 S. 240 f.
29   Von Hagen o. J., S. 5.
30   Lerche 1995, S. 34 f.
31   U. a. Lerche 1996, S. 56.

32　Garcilaso de la Vega, in: Comentarios reales de los Incas, Buch 9, Kap. 7, in: Plackmeyer 1986, S. 380.

33　Dazu Kayser 2011/3.

34　Alle wörtlichen Zitate von Manfred Kayser stammen aus einem im Frühsommer 2011 in Rotterdam aufgezeichneten Gespräch, das von ihm im März 2012 überarbeitet wurde. Zu den neuesten hier angesprochenen Methoden vgl. u. a. auch Kayser 2011/1.

35　Siehe Anmerkung 11–13.

36　Vgl. u. a. James 1996, S. 8.

QUELLEN UND LITERATUR

Filme:

Bégoin, Stéphane: Wie die alten Ägypter übers Meer fuhren (Quand les égyptiens naviguaient sur la mer rouge), TV-Dokumentation, prod. von Arte-France und Musée du Louvre 2009

Baur, Manfred / Schuler, Hannes: Die Macht der Städte. Karthago. Die Stadt der Seefahrer, Dokumentation ZDF 2003

Caragol, Pamela: Aufstieg und Fall der Phönizier, TV-Dokumentation, prod. von National Geographic 2004

Graffe, Georg / Koester, Stephan: Imperium. Der Fall Karthagos, Dokumentation ZDF 2004

Literatur:

Adorno, Rolena: Guaman Poma and his Illustrated Chronicle from Colonial Peru, Kopenhagen 2001

Arias Vilas, Felipe: Briefe aus der Korrespondenz mit dem Autor, 2013

Arnott, R. / Finger, S. / Smith, C. (Hrsg.): Trepanation. History, Discovery, Theory, Lisse 2003

Aristoteles: Mirabilia. Übersetzt von Hellmut Fashar, Berlin 1981

Baraldi, Gabriele D'Anunzio: Os Hititas Americanos, Editora Imega Instituto de Cultura Megalítica, São Paulo 1997

Baumhauser, Nikolaus: Der Ursprung der Indianer. Theorien über die indianische Herkunft bis zum Ende des 18. Jahrhunderts, Wyk auf Föhr 1985

Bentes, Dorinethe dos Santos: Centro Cultural dos Povos da Amazônia As Primeiras Imagens da Amazônia, Manaus 2006

Birkhan, Helmut: Kelten. Versuch einer Gesamtdarstellung ihrer Kultur, Wien 1997

Bökemeier, Rolf: Wird die Frühphase der Varusschlacht durch neue metallurgische Fundanalysen, Grabungen, ergänzte römische Münzdokumentationen und topografische Untersuchungen belegt?, Stadthagen (http://www.roemerfreunde-weser.info) 2006

Bray, Warwick: La metalurgia en el Perú prehispánico, in: Los Incas y el antiguo Perú, hrsg. vom Centro cultural de la villa de Madrid, Madrid 1991

Brito, Gilvan de: Viagem ao Desconhecido. Os Segredos da Pedra do Ingá, Brasília 1993

Brochado, José / Noelli, Francisco S.: The Amazon. Terra firme, várzea, terras pretas, tipiti, beiju. Archaeological Investigations of the Mouth of Amazon, in: Free Enzyclopedia jrank.org/history/pages/6519/The-Amazon.html, 2011

Caamano Gesto, X. M.: A Cultura castrexa. A Coruña. La Voz de Galicia, in: A gran his toria de Galicia, Santiago de Compostela 2007

–: Briefe aus der Korrespondenz mit dem Autor, 2013

Campillo, Domènec: La trepanación prehistórica, Barcelona 2007

Carrier, Martin: Werte in der Wissenschaft, in: Spektrum der Wissenschaft, Heidelberg 2011

–: Wissenschaftstheorie. Zur Einführung, Hamburg 2008

Carvajal, Gaspar de: Relación del nuevo discubrimiento del famoso río grande, in: Bibliotheca ecuatoriana minima, Band: Historeadores, Quito 1960

Centro cultural de la villa de Madrid (Hrsg.): Los Incas y el antiguo Perú, Madrid 1991

Church, Warren B.: Briefe aus der Korrespondenz mit dem Autor, 2013

–: «Chachapoya Indians», in: Encyclopedia of Anthropology, hrsg. von Jim Birx, Volume 2, California 2006, S. 469–477

–: Early Occupations at Gran Pajatén, Peru, in: Andean Past 4, New York 1994, S. 281–318,

–: Prehistoric cultural development and interregional Intercation in the Tropical Montane Forest of Peru, Dissertation Yale 1996

–: Test Excavation and Ceramic Artifacts from Building No. 1 at Gran Pajatén, Departement of San Martin, Peru, Manuskript der Universität of Colorado, Department of Anthropology, 1988

– / von Hagen, Adriana: Chachapoyas: Cultural Development at an Andean Cloud Forest Crossroads, in: Silverman / Isbell (Hrsg.): Handbook of South American Archaeology, New York 2008

Cieza de Leon, Pedro: Obras Completas, Bd. I: La cronica del Peru, Bd. II : El señorio de los Incas, Madrid 1984

Conlogue, Gerald: More TB in Peruvian Mummies, in: Newsbriefs (hrsg. vom Archaeological Institute of America) Vol. 55, Nr. 2, März / April 2002

Craddock, Paul / Lang, Janet (Hrsg.): Mining and Metal Production Through the Ages, London 2003

D. H. E. = Colleción de documentos inéditos para la historia de Espana, Madrid 1842

Diodor / Diodorus of Sicily, London Cambridge, Massachusetts 1970

Diodor: Diodor´s von Sicilien historische Bibliothek, übersetzt von Julius Friedrich Wurm, Stuttgart 1831

Diodoros: Griechische Weltgeschichte I-X, Buch V, übersetzt von Otto Veh, Stuttgart 1992

Docter, Roald (Hrsg.): Carthage Studies, Ghent 2008

Engl, Lieselotte und Theodor (Hrsg.): Die Eroberung Perus, München 1991

Faber, Gustav (Hrsg.): Hans Staden: Brasilien. Die wahrhaftige Historie der wilden, nackten, grimmigen Menschenfresser-Leute, 1548–1555, Stuttgart 1984

Foix, Arturo Oliver (Hrsg.): Arquitectura defensiva, Castellón de la Plana 2006

Fröhlich, Max: Gelbgiesser im Kameruner Grasland, Zürich 1979

Geldner, Wilfried: Die versunkene Stadt der Wolkenmenschen (Terra X: Schliemanns Erben), in: Neue Presse 3.1.2010, Coburg

Giffhorn, Hans: Chachapoya. Wurde Amerika in der Antike entdeckt? Eine Beweisführung, in: Amerindian Research, Band 9 / 1 Nr. 31, 2014

Guapindaia, Vera: Encountering the Ancestors – The Maracá Urns, in: Unknown Amazon, hrsg. von Colin McEwan, Cristiana Barreto und Eduardo Neves, British Museum Press, London 2001

Guerrero, Victor u. a.: Historia de las Islas Baleares, Palma de Mallorca, 2006

Guillén, Sonia u. a.: PAMinSA IV (Kongressbericht), Lima 2011

– / Conlogue, Gerald / Bravo, Anthony / Seidler, Horst: Las Momias de la Laguna de los Cóndores: Una evaluación radiográfica, in: Sian 9 / 15, Lima 2004

Hagen, Adriana von: An Overview of Chachapoya Archaeology and History, hrsg. von Centro Mallqui, Leymebamba o. J.

Hartmann, Roswith (Hrsg.): Die Inka und der Krieg, in: BAS (Bonner Amerikanistische Studien) 17, Bonn 1991

Henning, Richard: Terrae Incognitae, Leiden 1944

Hornig, Karin: Nutzungsweisen von Wasserfahrzeugen im antiken Mittelmeerraum, Dissertation Freiburg 1996

–: Leben mit dem Schiff. Zur Verwendung und Wiederverwendung in der Antike, Weinstadt 2007

–: Briefwechsel des Autors mit Karin Hornig sowie vom Autor aufgezeichnete Statements, Freiburg 2011

Houten, P. H. A.: Celtiberian Cities and Roman Rule, Magisterarbeit Utrecht (NL), 26.06.2013

Howard, Cecil / Pleticha, Heinrich: Pizarro und die Eroberung Perus, Reutlingen 1970

James, Simon: Das Zeitalter der Kelten, Düsseldorf 1996

Kauffmann-Doig, Federico: Los Andes amazónicos, in: Los Incas y el antiguo Perú, hrsg. vom Centro cultural de la villa de Madrid, Madrid 1991

– u. a.: Los Chachapoyas, Lima 2013

– / Ligabue, Giancarlo: Los Chachapoya(s). Moradores ancestrales de los Andes amazónicos peruanos, Lima 2003

Kayser, Manfred / Liu, F. / van Duijn, K. / Vingerling, JR. / Hofman, A. / Uitterlinden, A. G. / Janssens, ACJW: Eye Color and the Prediction of Complex Phenotypes from Genotypes, in: Current Biology, 19(5), R192–R193, 2009

– / Walsh, S. / Liu. F. / Ballantyne, K. / van Oven, M. / Lao, O.: IrisPlex: a sensitive DNA tool for accurate prediction of blue and brown eye colour in the absence of ancestry information, in: Forensic Science International: Genetics, 5, S. 170–180, 2011 / 2

– / Branicki, W. / Liu, F. / van Duijn, K. / Draus-Barini, J. / Pośpiech, E. / Walsh, S. / Kupiec, T. / Wojas-Pelc, A.: Model-based prediction of human hair color using DNA variants, in: Human Genetics, Epub Jan 4 2011, DOI 10.1007 / s00439-010-0939-8, 2011 / 3

Kolumbus, Christoph: Bordbuch (übersetzt von Anton Zahorsky), Zürich 1941

Konrad, C. F.: Plutarch´s SertoriuS. A Historical Commentary, in: The University of North Carolina Press, Chapel Hill 1980

Korfmann, Manfred: Die Waffe Davids, in: Saeculum, Bd. 37, Jahrgang 1986, Freiburg i. Br. / München 1986

Krings, Véronique : La Civilisation Phénicienne et Punique, in: Altenmüller u. a. (Hrsg.): Handbuch der Orientalistik, Bd. 20, Leiden / New York / Köln 1995

Kuhn, Thomas: Die Struktur wissenschaftlicher Revolutionen, 2. Auflage, Frankfurt am Main 2009

Kurella, Doris: Kulturen und Bauwerke des Alten Peru, Stuttgart 2008

Lamb, Trevor D.: Das Auge. Organ mit Vergangenheit, in: Spektrum der Wissenschaft, Februar 2012

Lambert, Joseph B.: Traces of the Past. Unraveling the Secrets of Archaeology through Chemistry, Reading MasS. 1997

Langlois, Luis: Utcubamba, Lima 1939

Laschinski, C.: Die Neolithisierung Europas im Spiegel des Mensch-Tier-Verhältnisses, Dozentin: Cornelia Becker, Institut für Prähistorische Archäologie der FU Berlin, Referat am 9.3.2006

Lenerz-de Wilde, Majolie: Iberia celtica. Archäologische Zeugnisse keltischer Kultur auf der Pyrenäenhalbinsel, Stuttgart 1991

Lerche, Peter: Chachapoyas, Lima 1996

–: Häuptlingstum Jalca. Bevölkerung und Ressourcen bei den vorspanischen Chachapo- ya, Peru, Berlin 1986

–: Los Chachapoya y los Simbolos de su Historia, Lima 1995

–: Lost Tombs of Peru, in: National Geographic USA, September 2000/1

–: Mumienfund in den Anden. Das Geheimnis der Wolkenmenschen, in: GEO Juli 1998

–: Tote im Fels, in: National Geographic Deutschland, September 2000/2

–: Aussagen aus einem mit dem Autor geführten Briefwechsel im November 2011

Lilliu, G., Schubart, H.: Frühe Randkulturen des MittelmeerraumS. Korsika-Sardinien- Balearen-Iberische Halbinsel, Baden-Baden 1967

Llorens, Sarvador Rovina: Metales y aleaciones del antiguo Perú, in: Los Incas y el anti- guo Perú, hrsg. vom Centro cultural de la villa de Madrid, Madrid 1991, S.82–97

Longhena, Maria/Alva, Walter: Die Inka und weitere bedeutende Kulturen des Anden- raumes, Erlangen 1999

Luik, Martin: Der schwierige Weg zur Weltmacht. Roms Eroberung der Iberischen Halbinsel 218–19 v. Chr., Mainz 2005

Mackowiak, Philip A./Tiesler Blos, Vera/Aguilar, Manuel/Buikstra, Jane E: On the Ori- gin of American Tuberculosis, in: Clinical Infectious Diseases, 15. August 2005, Balti- more MD 2005

Marshall, John: Taxila: An Illustrated Account of Archaeological Excavations Carried out at Taxila under the Orders of the Government of India between the years 1913 and 1934, London 1951

Martínez, Alfredo Jimeno (Hrsg.): CeltíberoS. Tras la estela de Numancia, Soria 2005

Mayer, Eugen Friedrich: Vorspanische Metallwaffen und -werkzeuge in Peru, Mainz 1998

McEwan, Colin/Barreto, Cristiana/Neves, Eduardo (Hrsg.): Unknown Amazon, British Museum Press, London 2001

Means, Philip Ainsworth: Distribution and Use of Slings in Pre-Columbian America. With a Descriptive Catalogue of Ancient Peruvian Slings in the United States Natio- nal Museum, in: Proceedings of the United States National Museum, Vol. 55, Wa- shington 1920

Meier, Johannes/Langenhorst, Annegret: Bartolomé de Las CasaS. Der Mann, das Werk, die Wirkung. Mit einer Auswahl von Texten Las Casas' und einem Interview mit Gustavo Gutiérrez, Frankfurt am Main 1992

Mendoza Pizarro, Luis: Kuelap – Guia etnoarqueologigica, Lima 1998

Moscati, Sabatino: Die Karthager. Kultur und Religion einer antiken Seemacht, Stutt- gart 1996

Moscati, Sabatino (WisS. Leitung): Die Phönizier, Ausstellungskatalog, Hamburg 1988

Narváez, Alfredo: Breve historia de las intervenciones en Kuélap, in: Antiguas civilzaciones en la frontera de Ecuador y Perú Una propuesta binacional para la integración andina. Tagungsbericht Jaén, Perú 2010

Needham, Joseph: Science and Civilisation in China, Vol. 5, Part 2, Cambridge 1974

Neves, Eduardo / Barreto, Cristiana / McEwan, Colin: Introduction, in: Unknown Amazon, hrsg. von Colin McEwan, Cristiana Barreto und Eduardo Neves, British Museum Press, London 2001

Nystrom, Kenneth C. / Buikstra, Jane E. / Muscutt, Keith: Chachapoya Mortuary Behavior. A Consideration of Method and Meaning, in: Chungará, Revista de Antropología Chilena, vol. 42, No. 2 Arica, Dezember 2010

–: Trepanation in the Chachapoya Region of Northern Peru, in: International Journal of Osteoarchaeology 17: 39–51, 2007

Oviedo y Valdés, Gonzalo Fernández de: Historia general y natural de las Indias Occidentales, islas y tierra firme del Mar Océano, Sevilla 1535

Parfit, Michael: Hunt for the First Americans, in: National Geographic Dezember 2000

Pedley, John Griffith: Griechische Kunst und Archäologie, Köln 1999

Pena Graña, Andres: Las TrebaS. «Tribus» Celtas de Gallaecia y su constitución política, in: Gallaecia Nr. 25, 2006, S. 371–399

Pessoa Faria, Francisco C.: Os Astrônomos Pré-históricos do Ingá, Instituto Brasileiro de Difusão Cultural Ltda., São Paulo 1987

Petersen, James B. / Neves, Eduardo / Heckenberger, Michael J.: Gifts from the Past: Terra Preta and Prehistoric Amerindian Occupation, in: Unknown Amazon, hrsg. von Colin McEwan, Cristiana Barreto und Eduardo Neves, British Museum Press, London 2001

Pirckheimer, Willibald: Germaniae ex variis scriptoribus perbrevis explicatio, Nürnberg 1530

Pizarro, Pedro: Relacion del Descubrimiento y Conquista de los Reinos del Peru, hrsg. von der Universidad Catolica del Peru, Lima 1978

Plackmeyer, Wilhelm: Wahrhaftige Kommentare zum Reich der Inka von Garcilaso de la Vega, Berlin 1986

Plantalamor, Lluís: Datos arqueológicos sobre Trepucó y Mahón durante la Il Guerra Púnica, Mahón, Menorca o. J.

Plinius Secundus: Historia naturalis / Natural History, übersetzt von W. H. S. Jones, London / Cambridge MasS. 1961

Plutarch, in: Große Griechen und Römer, Bd. 5, München 1980

Poma de Ayala, Guaman: Nueva corónica y buen gobierno (1615), Manuskript Königliche Bibliothek Kopenhagen, Paris 1936

Press, J. R. / Short, M. J. (Hrsg.): Flora of Madeira, London 1994

Prümers, Heiko: Mit Jaguarzähnen ins Jenseits, in: Archäologie in Deutschland 3 / 2009, Stuttgart 2009, S. 14–19

– / Jaimes Betancourt, C. / Plaza Martíncz, R.: Algunas tumbas prehispánicas de Bella Vista, Prov. Iténez, Bolivia, in: Zeitschrift für Archäologie Außereuropäischer Kulturen 1 / 2006, Wiesbaden, S. 251–284,

Roberts, Charlotte A. / Buikstra, Jane E.: Bioarchaeology of Tuberculosis, University Press of Florida, Gainsville 2003

Ruprechtsberger, Erwin: Die Garamanten, Mainz 197

Savoy, Gene: Antisuyu, New York 1970

–: On the Trail of the Feathered Serpent, Indianapolis / New York 1974

Schaan, Denise: A Linguagem Iconográfica da Cerámica Marajoara, Porto Alegre 1997

–: Into the Labyrinths of Marajoara Pottery; Status and Cultural Identity in Prehistoric Amazonia, in: Unknown Amazon, hrsg. von Colin McEwan, Cristiana Barreto und Eduardo Neves, British Museum Press, London 2001

Schjellerup, Inge R.: Incas and Spaniards in the Conquest of the Chachapoyas. Archaeological and Ethnohistorical Research in the North-Eastern Andes of Peru, Göteborg 1997

–: Investigaciones históricas y arqueoloógicas en la provincia de Chachapoyas, en Perú, in: Los Incas y el antiguo Perú, hrsg. vom Centro cultural de la villa de Madrid, Madrid 1991

Schlette, Friedrich: Kelten zwischen Alesia und Pergamon. Eine Kulturgeschichte der Kelten, Leipzig 1976

Schönnenbeck, Marianne / Neumann, Frank: Geschichte des Zink, seine Herstellung und seine Anwendung, Hannover 2001

Schulten, Adolf: Sertorius, Leipzig 1920

Schultz, Michael: Microscopic Investigation in Fossil Hominoidea. A clue to axonomy, unctional natomy, and the istory of iseases ANAT REC, 257(6), 1999 / 1, S. 225–232

–: Paleohistopathology of Bone: A new approach to the study of ancient diseases, in: Yearbook of Physical Anthropology 44 / 2001, S. 106–147

–: The Role of Tuberculosis in Infancy and Childhood in Prehistoric and Historic Populations, in: Palfi, G. / Dutour, O. / Deak, J. / Hutas, I. (Hrsg.): Tuberculosis Past and Present, Szeged 1999 / 2, S. 501–507

–: Trephination as a Medical Indication Following Trauma Observed in the Middle Bronze Age Population from Lidar Höyük (Turkey), in: Homo. Journal of Comparative Human Biology 45 (Suppl.), 1994

Schwabacher, Willy: Die Azoren und die Seefahrt der Alten, in: Schweizer Münzblätter X–XII, Basel 1963

Silverman, Helaine / Isbell, William (Hrsg.): Handbook of South American Archaeology, New York 2008

Simons, Marlise: Underwater Exploring is Banned in Brazil, in: New York Times vom 25. Juni 1985

Sommer, Michael: Die Phönizier. Geschichte und Kultur, München 2008

Staden, Hans: Brasilien. Die wahrhaftige Historie der wilden, nackten, grimmigen Menschenfresser-Leute. 1548–1555, hrsg. und eingeleitet von Gustav Faber, Stuttgart 1984

Stifter, David: Old Celtic Languages, Vorlesungsskript Sommersemester Uni Wien, Wien 2008

Strabo: Geographica, übersetzt von A. Forbiger, Wiesbaden 2005

Tilley, Alec: Seafaring on the Ancient Mediterranean. New thoughts on triremes and other ancient ships, Oxford 2004

Torero, Alfredo: Idiomas de los AndeS. Lingüística e historia, Lima 2002

Vega, Inca Garcilaso de la: Comentarios Reales de los Incas, Lisboa 1609; Neuauflage: Fondo de Cultura Económica, Lima 1991

Verano, John W.: Trepanation in Prehistoric South America: Geographic and temporal trends over 2000 years, in: R. Arnott, S. Finger und C. U. M. Smith (Hrsg.): Trepanation. History, Discovery, Theory, Lisse 2003, S. 223–236.

BILDNACHWEIS

Wenn nicht anders angegeben, stammen die Abbildungen aus dem Filmmaterial von Hans Giffhorn.

Nr. 4: St. Fagans, National History Museum, Cardiff, UK | 10, 14, 60: © Juan Manuel Borrero | 12, 49, 50, 52: aus: Theodor de Bry, Collectiones peregrinationum in Indiam Orientalem et Indiam Occidentalem XXV partibus comprehensae. Opus illustratum figuris aeneis Fratrum de Bry et Meriani, Frankfurt am Main 1590–1634 | 21: aus: Kauffmann-Doig / Ligabue 2003, S. 450 | 22: aus: ebd., S. 140 | 23: aus: Birkhan 1997, S. 465 | 26: aus: ebd., S. 88 | 29: aus: Wood 1998, S. 51 | 30: Musée du Louvre Paris, aus: Moscati 1988, S. 115 | 31: aus: Kauffmann-Doig 1991, S. 331 | 34: MUW-ments 3/2006, Mitarbeiterzeitung der Medizinischen Universität Wien, S. 4 | 35: aus: Sumer – Assur – Babylon. Ausstellungskatalog, Rocmer- und Pelizaeus Museum Hildesheim 1978, Abb. 155 | 37: aus: Neves/Barreto/McEwan 2001, S. 114 | 38: aus: ebd., S. 118 | 39: Archiv von Karin Hornig | 42: nach Moscati 1988, S. 570 | 46: nach Javier de Hoz: La Lengua y la Escritura Celtibéricas, in: Martinez 2005, S. 419 | 47a: aus: Schlette 1976, S. 144 | 47b: Praia de Bastira, La Coruña | 54: aus: Neves/Barreto/McEwan 2001, S. 109 | 55: aus: Kauffmann-Doig/Ligabue 2003, S. 401 | 56b: aus Fabre, Olivier u. a. «Los chachapoya de la región de Soloco. Chaquill, del sitio de hábitat a la cueva Funeraria», Paris 2008 | 56c: aus dem Archiv von Dr. Jordi Hernandez, Mallorca | 57: aus: Conlogue 2002 | 58: aus: Campillo 2007, S. 69 | 61: aus: PM History 10/2008, S. 39 | 63: Magnus Manske | 65: Schjellerup 1991, S. 32 | 66: Museo Arqueolóxico Provincial De Ourense, Portugal | 67: aus: Francisco Calo Lourido, A plástica da cultura castrexa galego-portuguesa, Conde de Fenosa 1994 | 68: aus: Means 1920, Pl. 25 | 69: aus: Poma de Ayala 1936 | 71: aus: Spiegel Online, 25.10.2011 | 73: Markus Braun | 74: Henrique Matos | 77: Froaringus | 79: aus: Schjellerup 1997, S. 186 | 80: aus: Martinez 2005, S. 247 | 82: aus: Moscati 1988, S. 264 | 84: aus: Martinez 2005, S. 131 | 87: Foto Ron Wagter, aus: Lerche 1998, S. 57 | 91: aus: Howard/Pleticha 1970 | 92: aus: Longhena/Alva 1999, S. 158, Foto Mireille Vautier | 93: aus: Poma de Ayala 1936, S. 163 | 101: World Haplogroups: provided by the McDonald Group of the University of Illinois at Urbana-Champaign's School of Chemical Sciences, http://www.scs.illinois.edu/~mcdonald/WorldHaplogroupsMaps.pdf | 102: aus: Cadenas 2008

Karten: Peter Palm, Berlin

Wallisch, Robert (Hrsg.): Das Schreiben über die Entdeckung BrasilienS. Das Schreiben des Pêro Vaz de Caminha an König Manuel von Portugal, Frankfurt 2001

–: Der Mundus Novus des Amerigo Vespucci (Text, Übersetzung und Kommentar), Wien 2002

Weismann, August: Über die berechtigung der Darwinschen Theorie, Leipzig 1868

Wild, Eva Maria / Kutschera, Walter: 14C und die Chronologie Ägyptens, in: Spektrum der Wissenschaft, 12 / 2011, S. 48–55

Wilford, John Noble: Tuberculosis Found to Be Old Disease in New World, in: The New York Times vom 15.3.1994

Winkle, Stefan: Geißeln der Menschheit, Kulturgeschichte der Seuchen, Mannheim 1997

Wood, Juliette: Die Lebenswelt der Kelten, Augsburg 1998

Wurster, Wolfgang W.: Die Schatzgräber. Archäologische Expeditionen durch die Hochkulturen Südamerikas, in: GEO, Hamburg 1991

Zetzsche, Viola: Totenkult der Wolkenkrieger, in: Spektrum der Wissenschaft – Epoc, 4 / 2009

Zetzsche, Viola / Koschmieder, Klaus: Im Reich der Wolkenkrieger, in: Antike Welt 1 / 2010

Zevallos Quiñones, Jorge. Onomástica prehispánica de Chachapoyas, in: Lenguaje y Ciencias No. 20, Trujillo, Peru 1966, S. 27–41

Zick, Michael: Die rätselhaften Vorfahren der Inka, Stuttgart 2011

N

Río Marañón

3779 m

3923 m

Huancabamba

Chamaya

Utcubamba

AMAZONAS

4062 m

Chotano

4193 m

Chiclayo

Cajamarca

Cajamarca

4333 m

Pazifischer
Ozean

Trujillo

●●●● Vermutete Ausdehnung
der Chachapoya-Kultur

● Siedlung

◆ Archäologische Stätte